Einfach entzückende

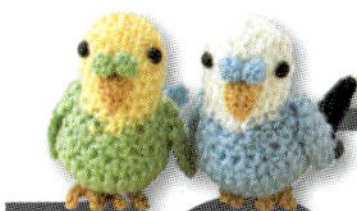

# Häkel-Minis

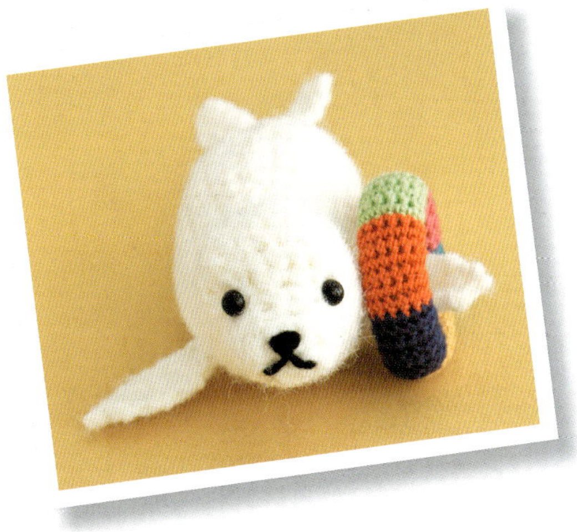

Amigurumis, Tiere, Blüten & Accessoires

stv

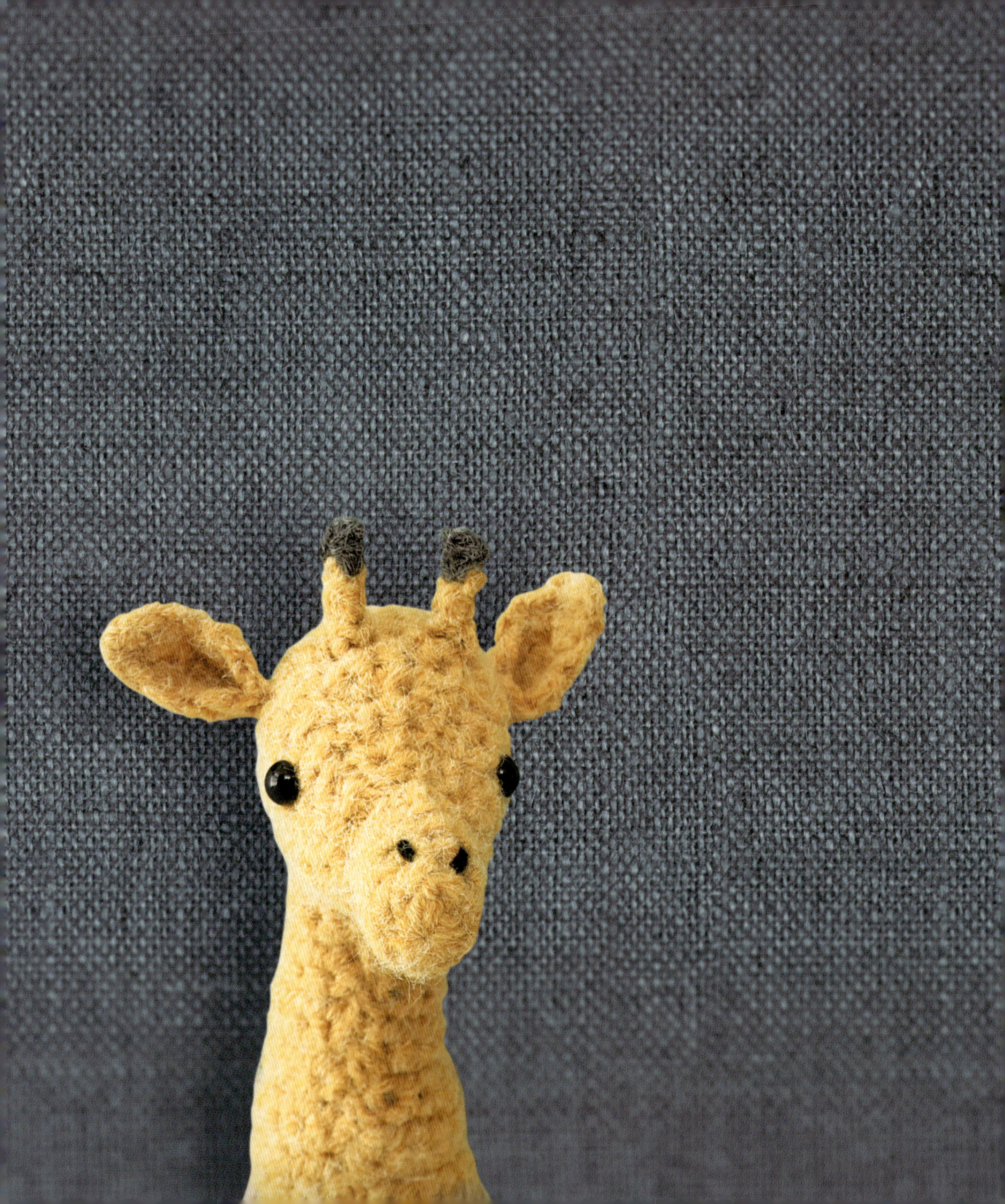

Maki Oomaci

# Einfach entzückende Häkel-Minis

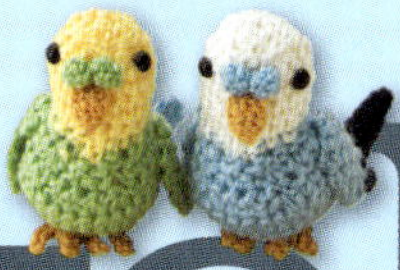

Amigurumis, Tiere, Blüten & Accessoires

Leopold Stocker Verlag

Graz – Stuttgart

Umschlaggestaltung: Werbeagentur Rypka GmbH, A-8143-Dobl/Graz
Bildnachweis: Cover und Innenteil © Gakken Co. Ltd.

Titel der Originalausgabe [Title of original edition]: Maki Oomaci: Cute Critter Crochet. 30 Adorable Patterns.
Originally published in 2014 by Race Point Publishing, a division of Quarto Publishing Group USA Inc.
Based on Amigurumi Chiisana Zakka by Maki Oomaci, first published in Japan by Gakken Publishing Co., Ltd, 2011, and Amigurumi no Takaramono, first published in Japan by Gakken Publishing Co., Ltd, 2012.

Aus dem Englischen ins Deutsche übertragen von Nina Schön.

Bibliographische Information der Deutschen Nationalbibliothek
Die Deutsche Nationalbibliothek verzeichnet diese Publikation in der Deutschen Nationalbibliographie; detaillierte bibliographische Daten sind im Internet über http://dnb.d-nb.de abrufbar.



Hinweis:
Dieses Buch wurde auf chlorfrei gebleichtem Papier gedruckt. Die zum Schutz vor Verschmutzung verwendete Einschweißfolie ist aus Polyethylen chlor- und schwefelfrei hergestellt. Diese umweltfreundliche Folie verhält sich grundwasserneutral, ist voll recyclingfähig und verbrennt in Müllverbrennungsanlagen völlig ungiftig.

Auf Wunsch senden wir Ihnen gerne kostenlos unser Verlagsverzeichnis zu:
Leopold Stocker Verlag GmbH
Hofgasse 5 / Postfach 438, A-8011 Graz
Tel.: +43 (0)316/82 16 36
Fax: +43 (0)316/83 56 12
E-Mail: stocker-verlag@stocker-verlag.com
www.stocker-verlag.com

ISBN 978-3-7020-1548-0


Layout: Werbeagentur Rypka GmbH, A-8143-Dobl/Graz, www.rypka.at

FSC www.fsc.org
MIX
Papier aus verantwortungsvollen Quellen
FSC® C016973

# Inhalt

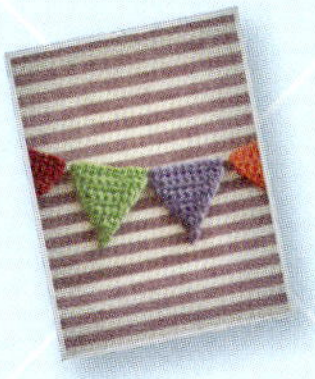



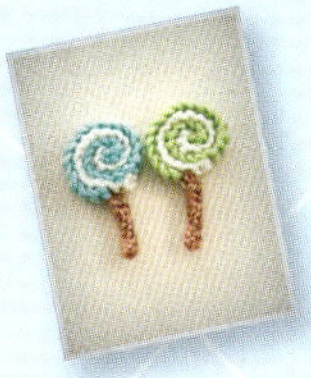



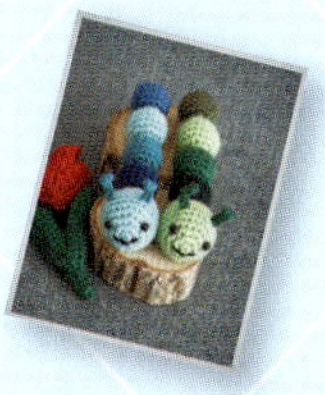



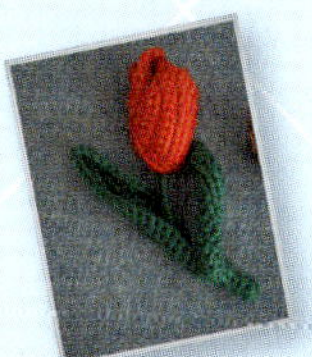



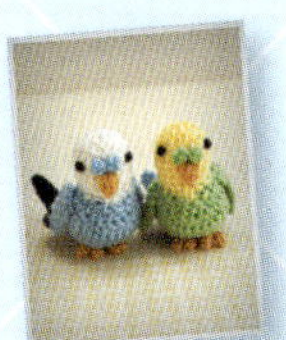



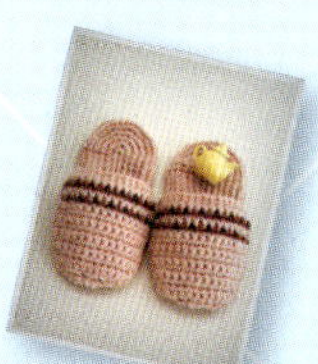



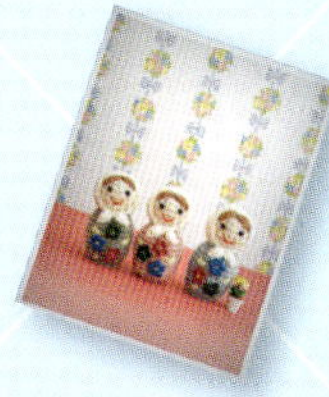



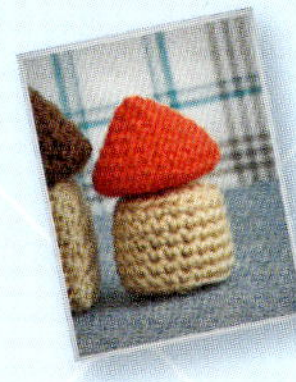



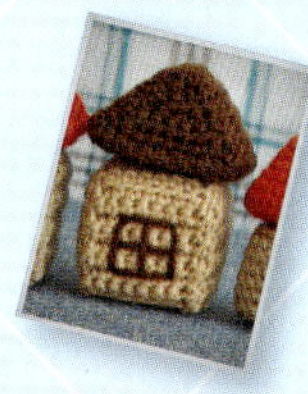



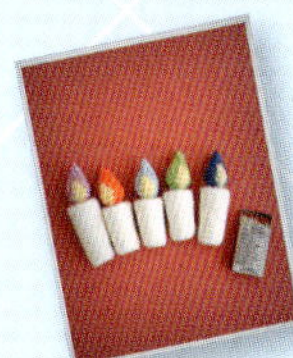



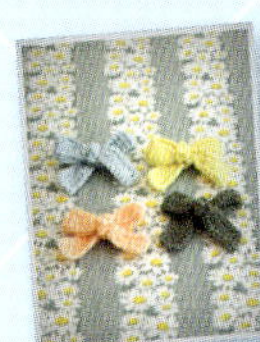

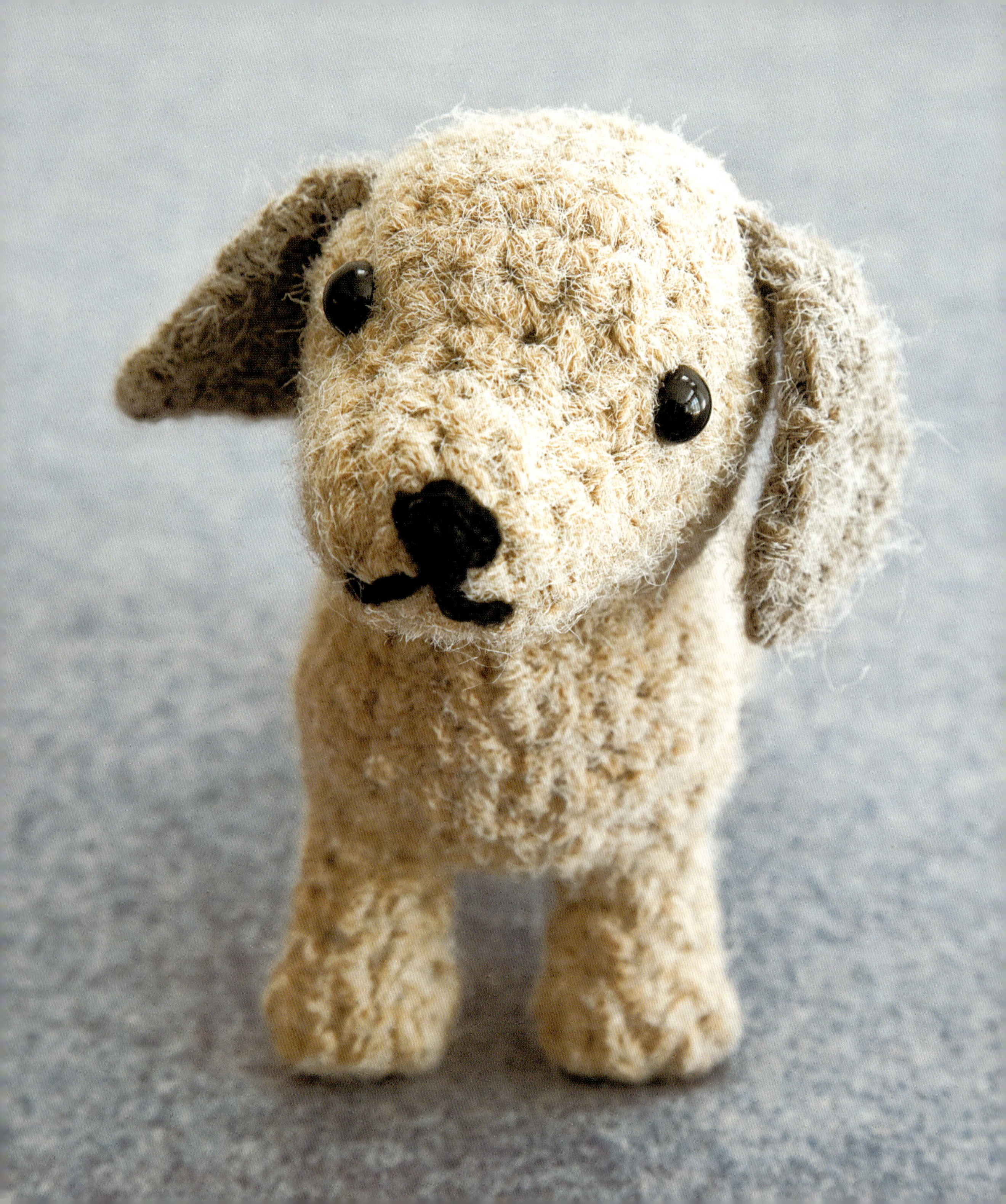

# Einleitung

Als ich ein Kind war, habe ich all meine Schätze in einer leeren Bonbon-Schachtel verstaut, auf deren Deckel eine schöne Zeichnung war.

Meine Schätze – das waren Steine, die ich auf der Straße gefunden, und Muscheln, die ich am Strand aufgelesen hatte, Sticker, Spielzeugringe, das Papier von Süßigkeiten und vieles mehr.

Während der Gestaltung dieses Buches dachte ich an diese Schachtel und machte mir Gedanken über diese Fundgrube an Tierchen darin.

Ich hoffe, diese herzerwärmenden und handgemachten Häkel-Minis und -Accessoires werden Fröhlichkeit in Ihr Leben zaubern!

*Maki Oomaci*

Mama Känga füttert Baby Ru mit Bananen, doch Mi und Ma, die Raupenkinder, fressen am liebsten Tulpen. Zum Schwimmen bringt Seehund Sven immer noch seinen Schwimmreifen mit und Eisbär Nanuk einen roten Schal, weil ihm so leicht kalt wird.

In der Zwischenzeit bereitet Panda Bao ein Sommerfest vor. Oma Gartenbunt und die farbenfrohe Sittichfamilie Pieps ist geladen, Prinz und Prinzessin Pferd mit ihrer Krone werden kommen und die schüchterne Giraffe Gerda möchte Schokoladenkekse mitbringen. Alpaka Ana steckt sich für den Anlass Blumen in das Haar. Die drei Glücksferkel mit ihren schicken Bowlern üben währenddessen schon einen Stepptanz für Silvester!

# Häkelmaschen

## Luftmasche (Lm)

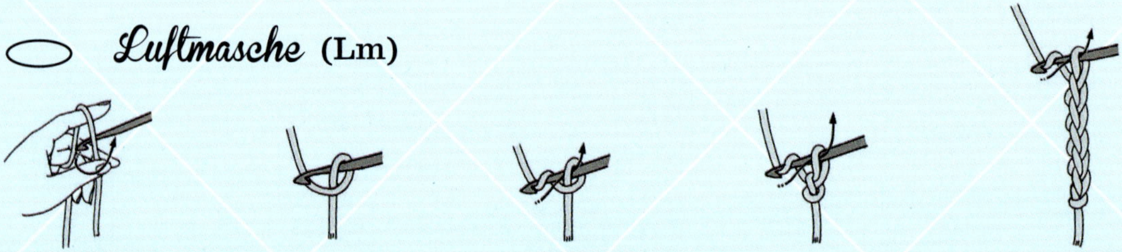

1 Die Häkelnadel wie gezeigt führen.

2 Eine Schlinge machen.

3 Das Garn umschlagen und durch die Schlinge auf der Nadel ziehen.

4 Das Garn umschlagen und erneut durchziehen.

5 Schritt 4 wiederholen, um die benötigte Länge der Luftmaschenkette zu häkeln.

## Feste Masche (fM)

Wenn Sie eine Reihe fester Maschen beginnen, häkeln Sie immer eine Wendeluftmasche (= eine Luftmasche)!

1 Die Nadel von vorne nach hinten in die nächste Masche der Luftmaschenkette stechen. Das Garn um die Häkelnadel schlagen und durch die Masche nach vorne ziehen.

2 Das Garn noch einmal um die Häkelnadel schlagen und durch beide Schlingen auf der Nadel ziehen.

3 Die ersten beiden Schritte für die nächste Masche wiederholen.

4 Weiterhäkeln, bis die Reihe fertiggestellt ist.

## Halbes Stäbchen (hStb)

Wenn Sie eine Reihe halber Stäbchen beginnen, häkeln Sie immer 2 Wendeluftmaschen!

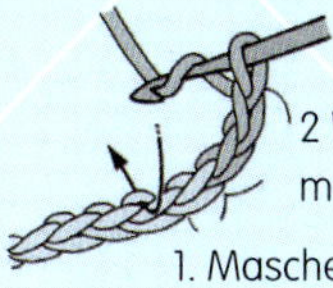


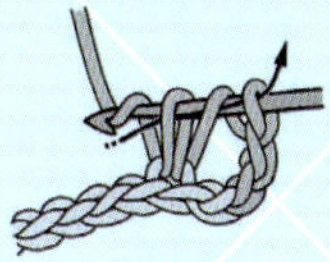

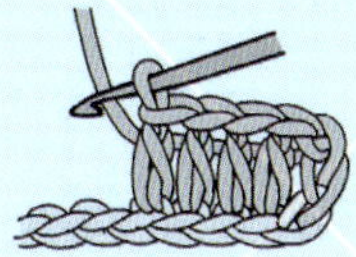

1 Das Garn um die Nadel schlagen, dann die Nadel von vorne nach hinten in die nächste Masche der Luftmaschenkette stechen. Das Garn um die Nadel schlagen und durch die Masche nach vorne ziehen.

2 Das Garn erneut um die Häkelnadel schlagen und durch alle 3 Schlingen auf der Nadel ziehen.

3 Die Schritte für den Rest der Reihe wiederholen.

> Haben Sie Probleme damit, Ihre Reihenanzahl im Auge zu behalten? Dann versuchen Sie es mit einem Reihenzähler! Einfach einmal am Ende jeder Reihe klicken und schon haben Sie Ihre Reihenanzahl immer im Blick, damit Ihnen kein Fehler mehr unterlaufen kann.

## Einfaches Stäbchen (Stb)

Wenn Sie eine Reihe einfacher Stäbchen beginnen, häkeln Sie immer 3 Wendeluftmaschen!

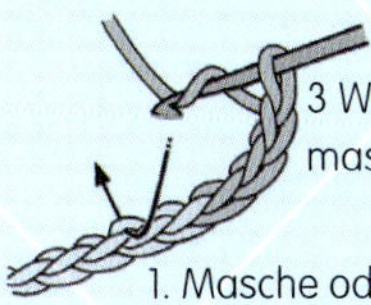


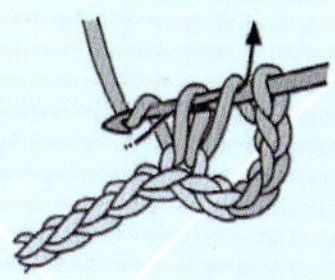

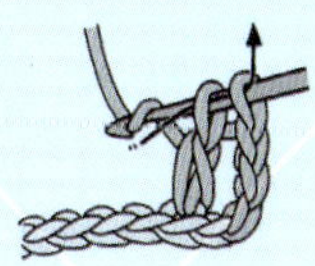

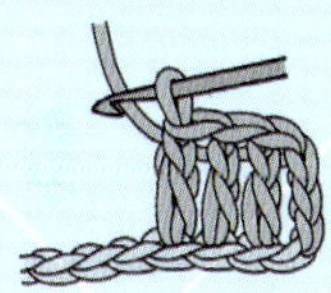

1 Das Garn um die Nadel schlagen, dann die Nadel von vorne nach hinten in die nächste Masche der Luftmaschenkette stechen. Das Garn um die Nadel schlagen und durch die Masche nach vorne ziehen.

2 Das Garn erneut um die Häkelnadel schlagen und durch die ersten beiden Schlingen auf der Nadel ziehen.

3 Erneut das Garn umschlagen und durch die verbleibenden beiden Schlingen auf der Nadel ziehen.

4 Die Schritte für den Rest der Reihe wiederholen.

## Einfache Zunahme
### (1 fM zun)

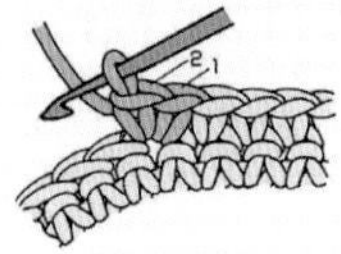

Zwei feste Maschen in dieselbe Masche häkeln.

## Doppelte Zunahme
### (2 fM zun)

Wie fM zun häkeln, aber drei feste Maschen in dieselbe Masche häkeln.

## Einfache Abnahme
### (2 fM zus häkeln)

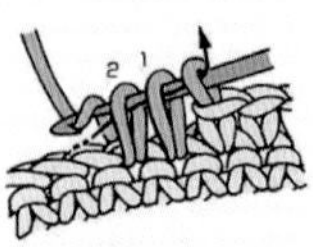

1 Eine Schlinge durch die erste Masche ziehen (KEIN Umschlag und die Masche nicht fertig häkeln), dann die Nadel in die 2. Masche stechen und das Garn durchziehen. Nun haben Sie drei Schlingen auf der Nadel.

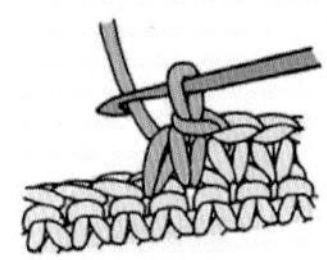

2 Das Garn umschlagen und die Nadel durch alle 3 Schlingen ziehen.

## Doppelte Abnahme
### (3 fM zus häkeln)

Wie Schritt 1 von fM zus häkeln, aber die Nadel dann weiter in die 3. Masche stechen und durchziehen. Nun haben Sie vier Schlingen auf der Nadel. Das Garn umschlagen und die Nadel durch alle 4 Schlingen ziehen.

## Kettmasche (Km)

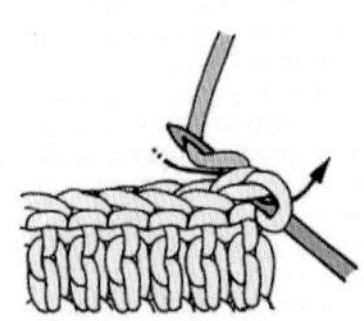

1 Die Nadel von vorne nach hinten in die nächste Masche stechen und das Garn holen.

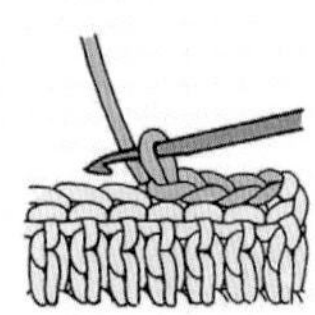

2 Das Garn durch die Masche und die Lm auf der Nadel ziehen.

## Büschelmasche aus einfachen Stäbchen (Bm Stb)

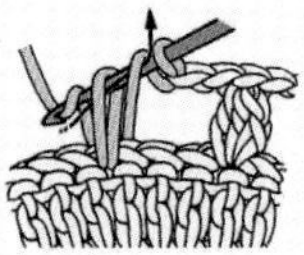

1 Das Garn umschlagen, in die nächste Masche stechen, einen Umschlag machen und eine Schlinge durch die Masche ziehen. Erneut umschlagen und das Garn durch die ersten beiden Schlingen auf der Nadel ziehen.

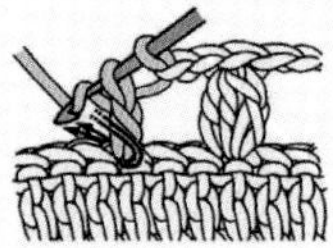

2 Das Garn umschlagen, in dieselbe Masche stechen, einen Umschlag machen und die Schlinge durch die Masche ziehen, Garn umschlagen und das Garn durch die ersten beiden Schlingen auf der Nadel ziehen. Schritt 2 sooft wiederholen, wie für die Büschelmasche angegeben.

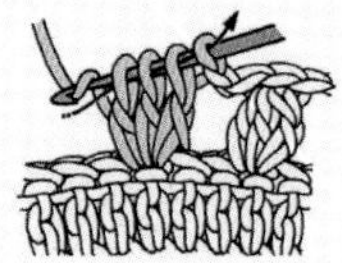

3 Garn erneut umschlagen und durch alle Schlingen auf der Nadel ziehen.

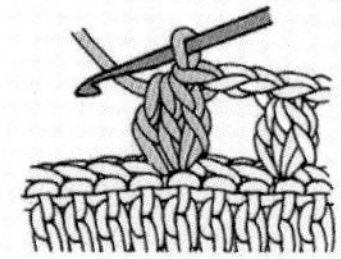

4 Im Beispiel ist eine Bm aus 3 Stb gezeigt.

## In das hintere Maschenglied häkeln

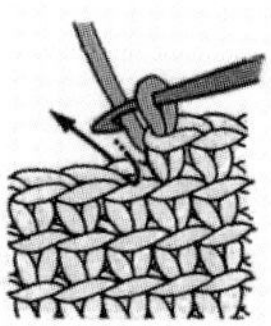

1 Die Nadel von vorne nach hinten durch die Rückseite der Masche führen.

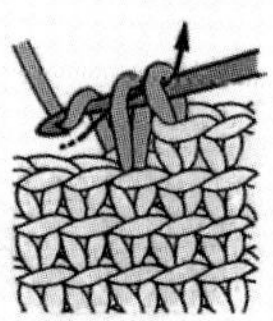

2 Das Garn umschlagen, durchziehen und wie eine feste Masche abhäkeln.

## Garnwechsel

◁ Neues Garn einhäkeln

◀ Garn abschneiden

## Häkeln in Runden

Heften Sie einen Maschenmarkierer an die 1. Masche einer neuen Reihe, um den Überblick nicht zu verlieren.

Bilden Sie zuerst einen Fadenring:

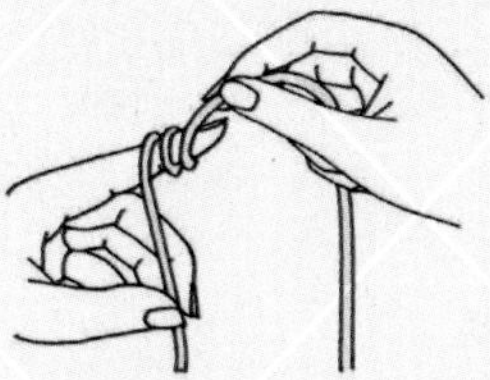

1 Das Garn 2-mal um Ihren Zeigefinger wickeln und so einen Ring formen.

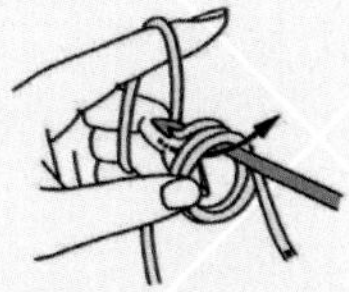

2 Die Häkelnadel durch die Mitte des Rings führen, einen Umschlag machen und durchziehen.

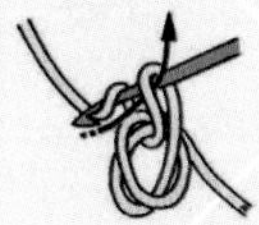

3 Das Garn umschlagen und durchziehen, um eine Lm zu häkeln.

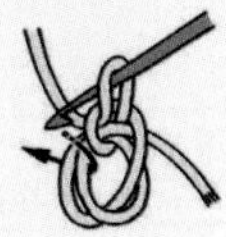

4 Bei der nächsten Masche die Nadel in den Ring stechen, das Garn erst umschlagen und dann durchziehen.

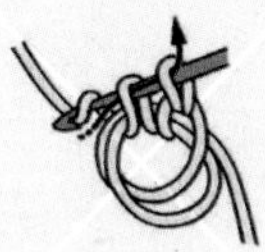

5 Wie gezeigt das Garn umschlagen und durch die 2 Schlingen ziehen.

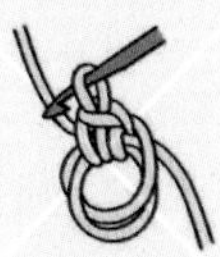

6 Die 1. fM der Runde ist nun fertiggestellt.

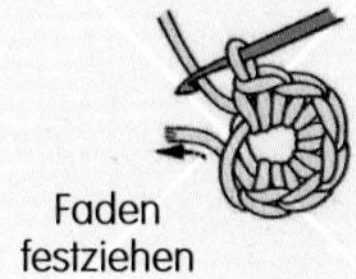


7 Schritt 4 und 5 wiederholen und die benötigte Maschenanzahl häkeln. Das Ende des Garns festziehen, um den Fadenring zu schließen.

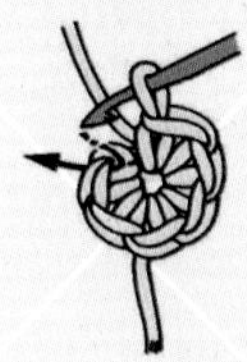

8 Beenden Sie die Runde, indem Sie eine Kettmasche in die erste Masche der letzten Runde häkeln.

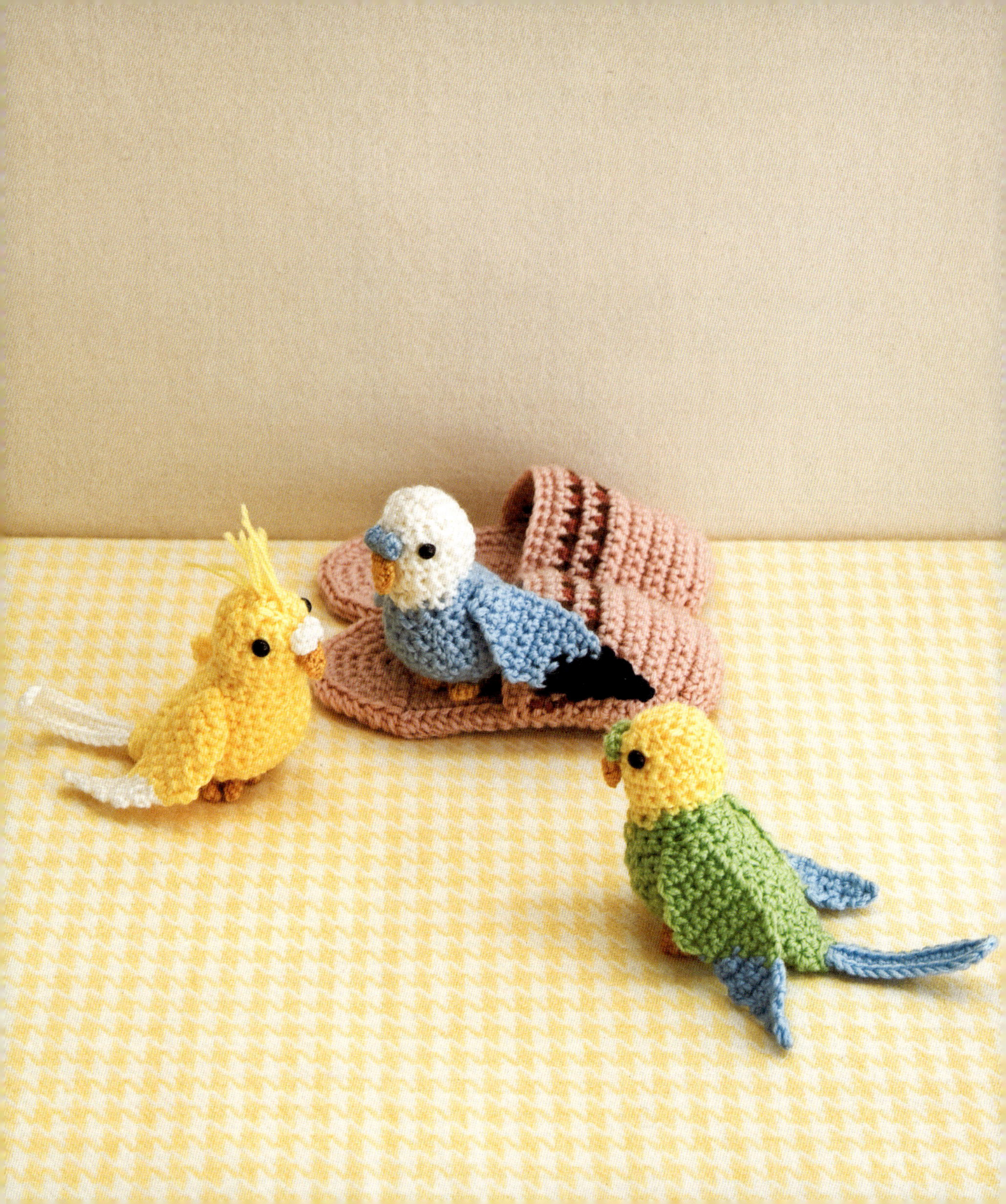

# Tipps und Techniken zum Zusammensetzen einer Figur

Hier finden Sie die Techniken, die Sie benötigen, um Figuren zusammenzusetzen. Darüber hinaus finden Sie hier einige meiner Lieblingstipps und -tricks, die ich über die Jahre gelernt habe. Bitte beachten Sie, dass auf den Fotos hier Garn in einer Kontrastfarbe verwendet wurde, um Ihnen zu helfen, die einzelnen Schritte besser zu erkennen und richtig auszuführen. Sie sollten aber eine passende Farbe verwenden, wenn Sie an Ihren eigenen Stücken arbeiten.

## Stücke aneinanderfügen

Wenn Sie Körperteile aneinander befestigen, legen Sie die mit Sternchen im Häkeldiagramm gekennzeichneten Spitzen übereinander und nähen Sie die Stücke mithilfe des Überwendlingsstichs zusammen. (Siehe Seiten 62–69 und 146–147 mit Ablauffotos zu Techniken für das Zusammensetzen von Häkelfiguren.)

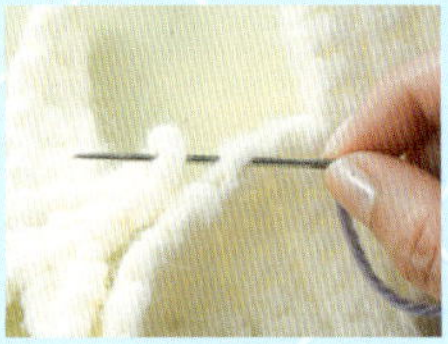

1 Zuerst eine Seite des Hauptteils des Körpers mit dem Unterteil des Körpers befestigen und mit dem Überwendlingsstich zusammennähen.

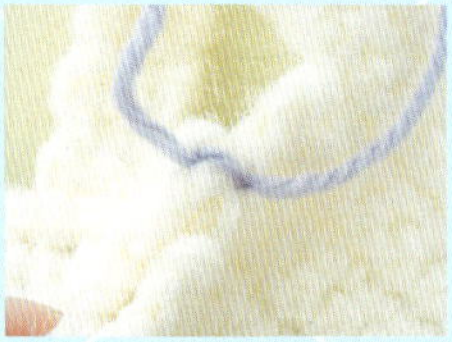

2 So sieht der erste Überwendlingsstich der ersten Häkelreihe aus.

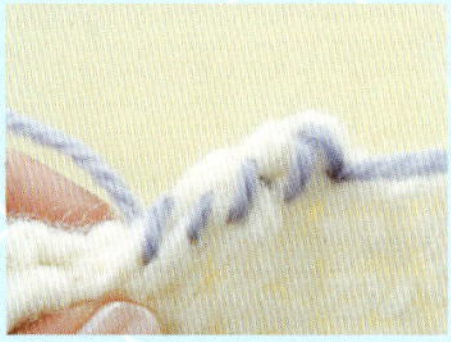

3 Nähen Sie pro Reihe einen Überwendlingsstich.

## So füllen Sie Ihr Tierchen

Nun kommt ein wichtiger Arbeitsschritt; denn wie Sie Ihr Tier ausstopfen, beeinflusst maßgeblich seine Körperform und seinen Gesichtsausdruck. Die einzelnen Körperteile erfordern verschiedene Mengen an Füllmaterial. Versuchen Sie, die Füllung nicht in kleine Stücke zu reißen, da dies die fertige Figur plump wirken lässt.

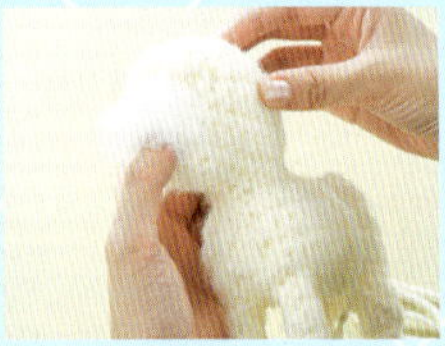

1 Füllen Sie den Kopf recht fest. So stellen Sie sicher, dass er sich nicht mehr verformt, wenn Sie an den Details des Gesichts arbeiten.

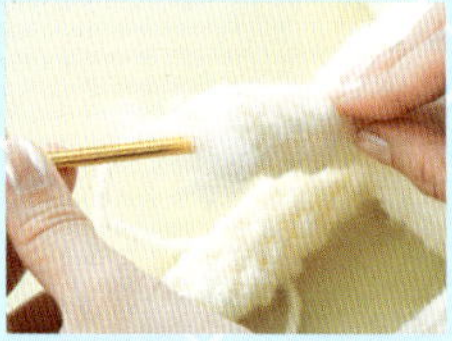

2 Verwenden Sie die Rückseite einer Häkelnadel, um die Beine des Tierchens mit mittlerer Dichte zu stopfen, um ihm ein bisschen Halt zu verleihen. Gleichmäßig füllen, sodass die Beine lang und gerade sind, damit Ihr Tier auch sicher sitzen oder stehen kann.

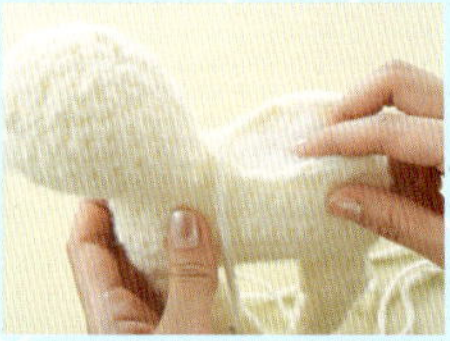

3 Füllen Sie den Rücken des Tieres als letztes und verwenden Sie genügend Füllmaterial, sodass der Rücken zwar voll, aber noch immer weich ist.

## Garn befestigen

Um Ihre Häkelarbeit vor dem Auftrennen zu bewahren, müssen Sie das Garnende befestigen.

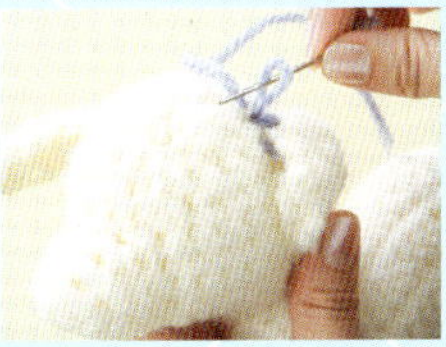

1 Ziehen Sie die letzte Schlinge der letzten Masche hoch und führen Sie die Nadel zurück durch die eben erzeugte Masche.

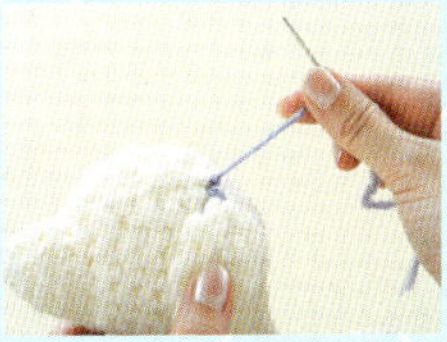

2 Ziehen Sie das Ende des Garns fest, um den Knoten zu befestigen.

## Garn nach dem Füllen abschneiden

Fahren Sie nach dem Befestigen damit fort, das Garn weiter durch Kopf und Körper zu führen, um nochmals sicherzustellen, dass sich Ihre Arbeit nicht auftrennt.

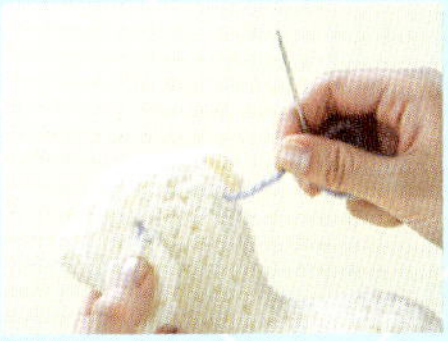

1 Führen Sie das Garn mit einer Sticknadel an einer versteckten Stelle durch den Körper und kehren Sie mit der Nadel durch den Körper zurück an den Punkt, wo das Garn vorher befestigt wurde.

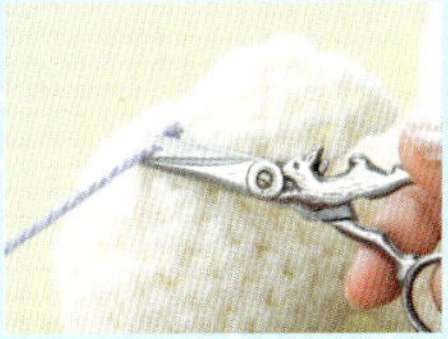

2 Schneiden Sie das Garn ganz nah am Körper ab, sodass das Ende im Inneren versteckt ist.

## Enden vernähen

Fädeln Sie das Ende des Garns in eine Nadel, weben Sie es durch die Rückseite einiger Maschen, um es zu vernähen, und schneiden Sie es nach der letzten Masche ab. Dies versteckt die Enden Ihrer Arbeit und sorgt auch dafür, dass sie sich nicht auftrennt.

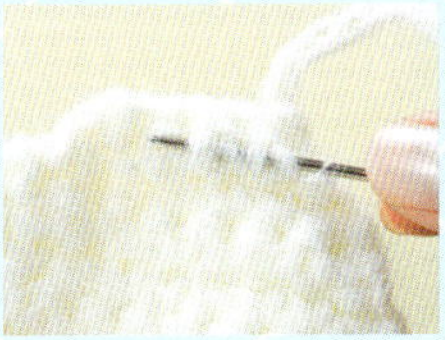

# Benötigtes Handarbeitszeug

## Dies sind die grundlegenden Utensilien, die Sie für die Häkelarbeit zur Hand haben sollten:

### Häkelnadel

Die Stärke der Häkelnadel hängt von der Stärke des verwendeten Garns ab. Die Stärken variieren zwischen 2,00 mm bis hin zu 16,00 mm! Je dicker das Garn, umso stärker die Nadel, die Sie verwenden, und umgekehrt.

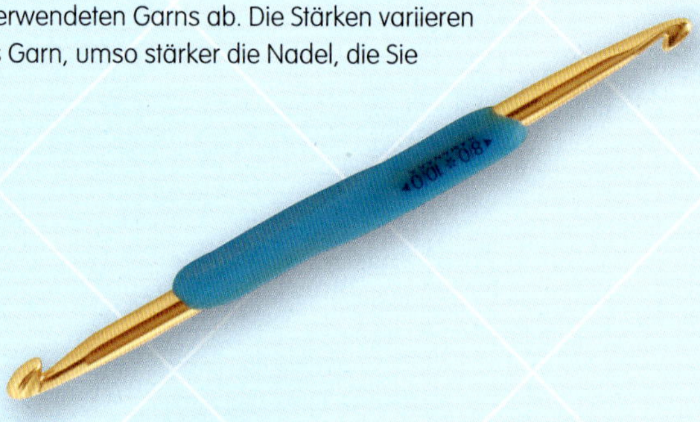

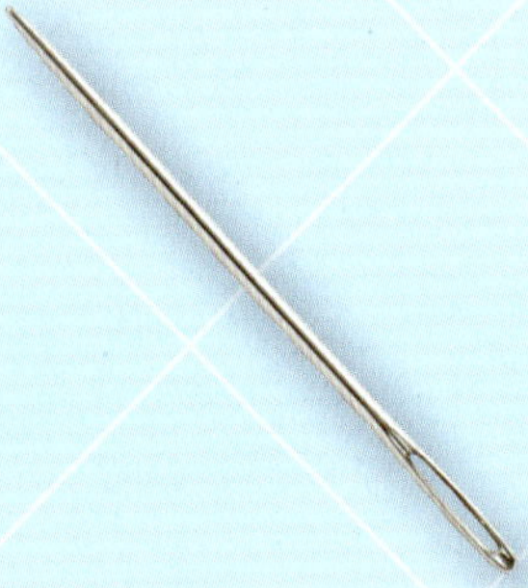

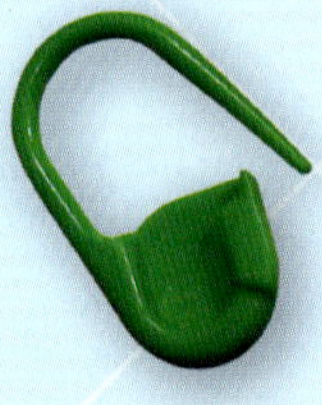

### Sticknadel

Verwenden Sie eine (stumpfe) Sticknadel, um einzelne Stücke zusammenzunähen oder Verzierungen an einer Figur anzubringen. Die Größe des Nadelöhrs sollte zum verwendeten Garn passen.

### Verschließbare Maschenmarkierer

Maschenmarkierer helfen dabei, bestimmte Punkte Ihrer Arbeit, wie etwa die Position der Ohren oder anderer Stücke, die noch angenäht werden sollen, zu kennzeichnen. Außerdem sind sie praktisch, um den Rundenanfang zu markieren.

## Markiernadeln/ Stecknadeln mit Glaskopf

Manche Häkelbegeisterte verwenden gerne spezielle Markiernadeln zum Stricken, um Einzelteile zu positionieren und zusammenzuhalten, während Öffnungen zu- und die Teile aneinandergenäht werden. Verwenden Sie Stecknadeln mit runden Spitzen, damit Ihr Garn nicht gespalten wird.

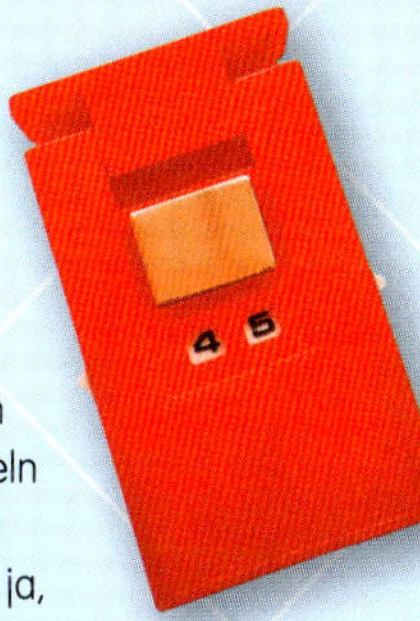


## Reihenzähler

Dieses Helferlein erleichtert Ihnen das Zählen Ihrer Maschen und Reihen. Einfach am Ende einer Reihe oder nach dem Häkeln der Masche (je nachdem, was Sie gerade zählen) oben auf den Knopf drücken. Und ja, dafür gibt es sogar eine Handy-App! Wenn Sie ein Smartphone haben, suchen Sie doch einfach in Ihrem Appstore nach Apps wie „Reihenzähler" oder „Knitting Counter".

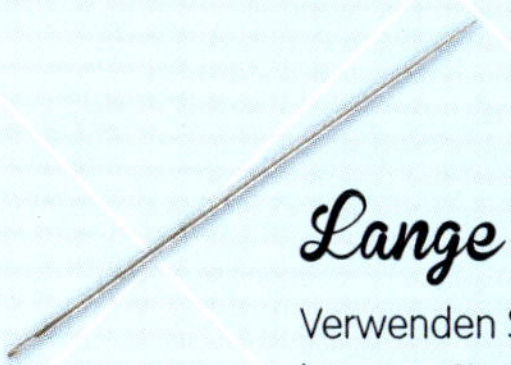

## Lange Garnnadel

Verwenden Sie die längste Nadel, die Sie finden können. Sie sollte lang genug sein, um durch den ganzen Körper Ihrer Häkelfigur stechen zu können, damit etwa Augen oder Schwanz problemlos angenäht werden können.

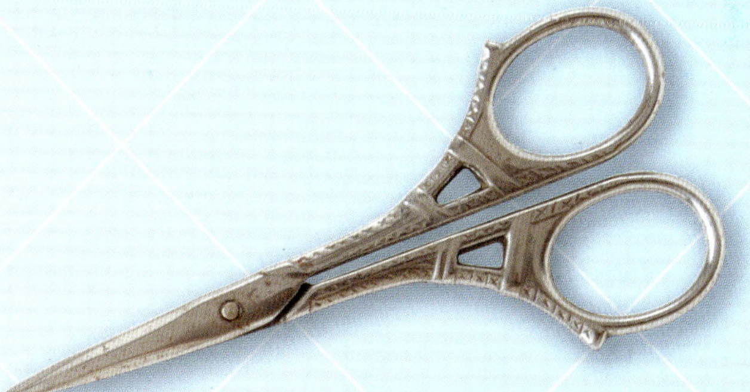

## Schere

Sie brauchen eine Schere, um das Garn abzuschneiden. Ich empfehle eine kleine, spitze Schere, die präzises Schneiden erlaubt, ohne die Arbeit dabei in Mitleidenschaft zu ziehen.

# Empfohlene Materialien

## Suchen Sie sich das richtige Material für Ihre Arbeit aus!

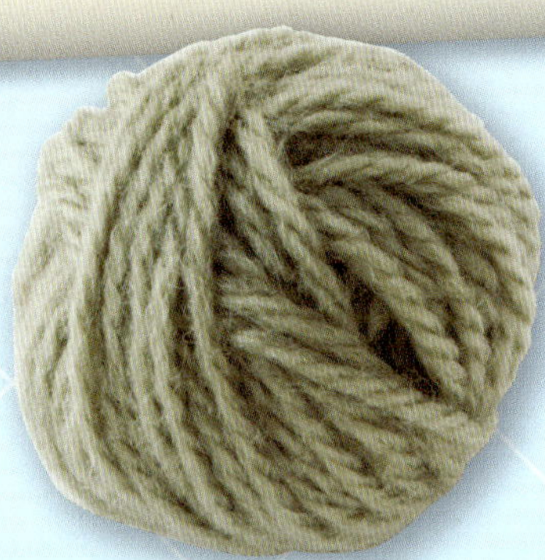

### Standardgarn

Standardgarn ist meistens aus Wolle oder Acryl, oft auch aus einem Gemisch aus beidem. Es ist für Arbeiten aller Schwierigkeitsgrade geeignet, auch für Anfänger, da es eine gleichmäßige Stärke hat, die es leicht macht, die Maschen zu zählen. Es wird in einer Vielzahl an Farben und Gewichten in den meisten Handarbeitsläden angeboten.

### Spezialgarn

Es gibt ein breites Spektrum verschiedenster Spezialgarne, wie etwa Mohair-Garn oder Garne mit variierender Stärke (vor allem auch im Handarbeitsladen Ihres Vertrauens zu finden). Diese Garne können es zwar schwieriger machen, die Maschen zu zählen, aber sie ermöglichen vor allem das Häkeln kreativer Effekte, die mit Standardgarn nicht möglich sind. Wenn Spezialgarne für Sie noch neu sind, empfehle ich Ihnen, ein bisschen damit zu üben, bevor Sie sie für eine „echte" Arbeit verwenden.

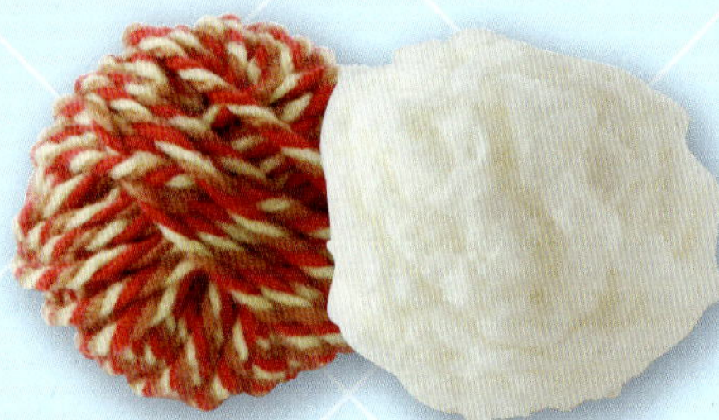

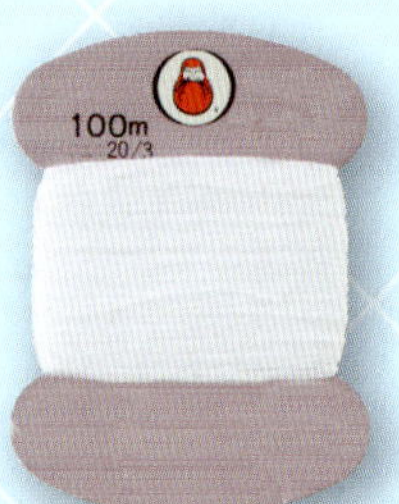


### Baumwollgarn

Verwenden Sie Baumwollgarn, wenn Sie Knöpfe annähen möchten oder um Augen oder Details Ihrer Figur zu befestigen. Verwenden Sie das Garn mit einer Nähnadel; Sticknadeln können mitunter zu dick sein, um durch die Löcher der Knöpfe zu passen.

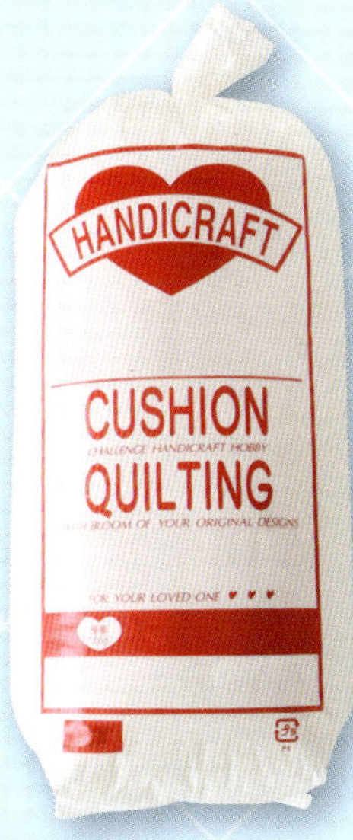


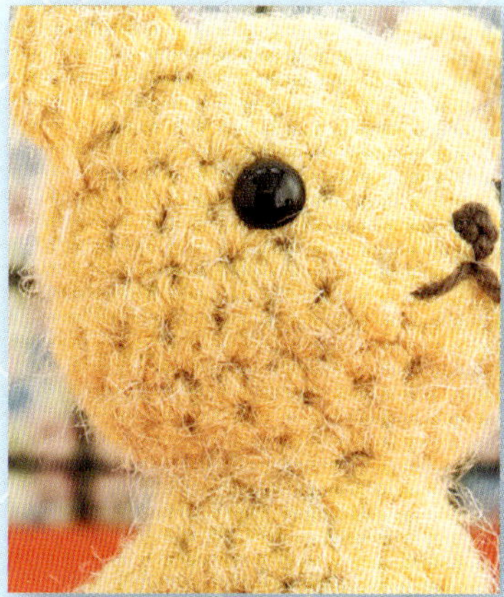

## Füllmaterial für Stofftiere (Füllwatte)

Füllen Sie Ihre Figuren mit Füllmaterial für Stofftiere. Ich empfehle Ihnen, Acryl- oder Polyesterfüllungen zu verwenden, da diese federleicht und einfach zu verwenden sind.

## Sicherheitsaugen aus Plastik

Es gibt spezielle Plastikaugen, die genau für Stofftiere wie diese gemacht sind. Sie sind mit einem Schaft versehen, der durch das Material geführt und mit einer Beilagscheibe aus Plastik fixiert wird. Für die Arbeiten in diesem Buch wurden massive schwarze Augen verwendet, aber es gibt Sicherheitsaugen in allen Farben und Formen. Verwenden Sie diese, um zu gewährleisten, dass Ihre fertige Arbeit kindersicher ist.

## Der letzte Schliff

Folgende Materialien machen Ihre Spielzeuge noch niedlicher und lebensechter!

1. Transparentes Nylongarn (auch Monofil genannt) eignet sich hervorragend, um Tiere mit Schnurrhaaren zu versehen.
2. Band: Ein kleines Stückchen besticktes Band bildet den perfekten Abschluss für Ihr Tier.
3. Haushaltsschwämme eignen sich hervorragend als Füllmaterial für Quadrate oder Rechtecke wie den Bus auf Seite 77.

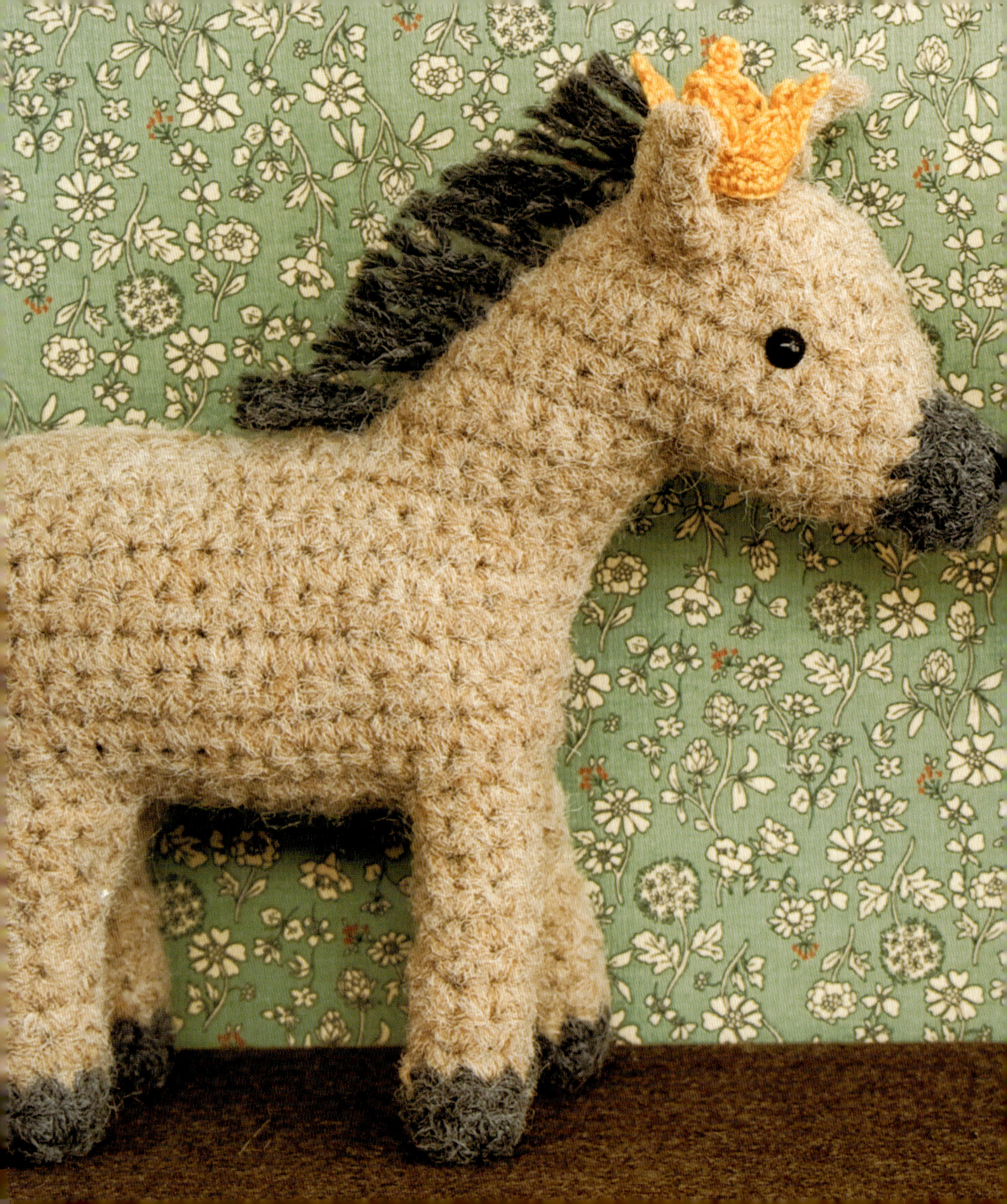

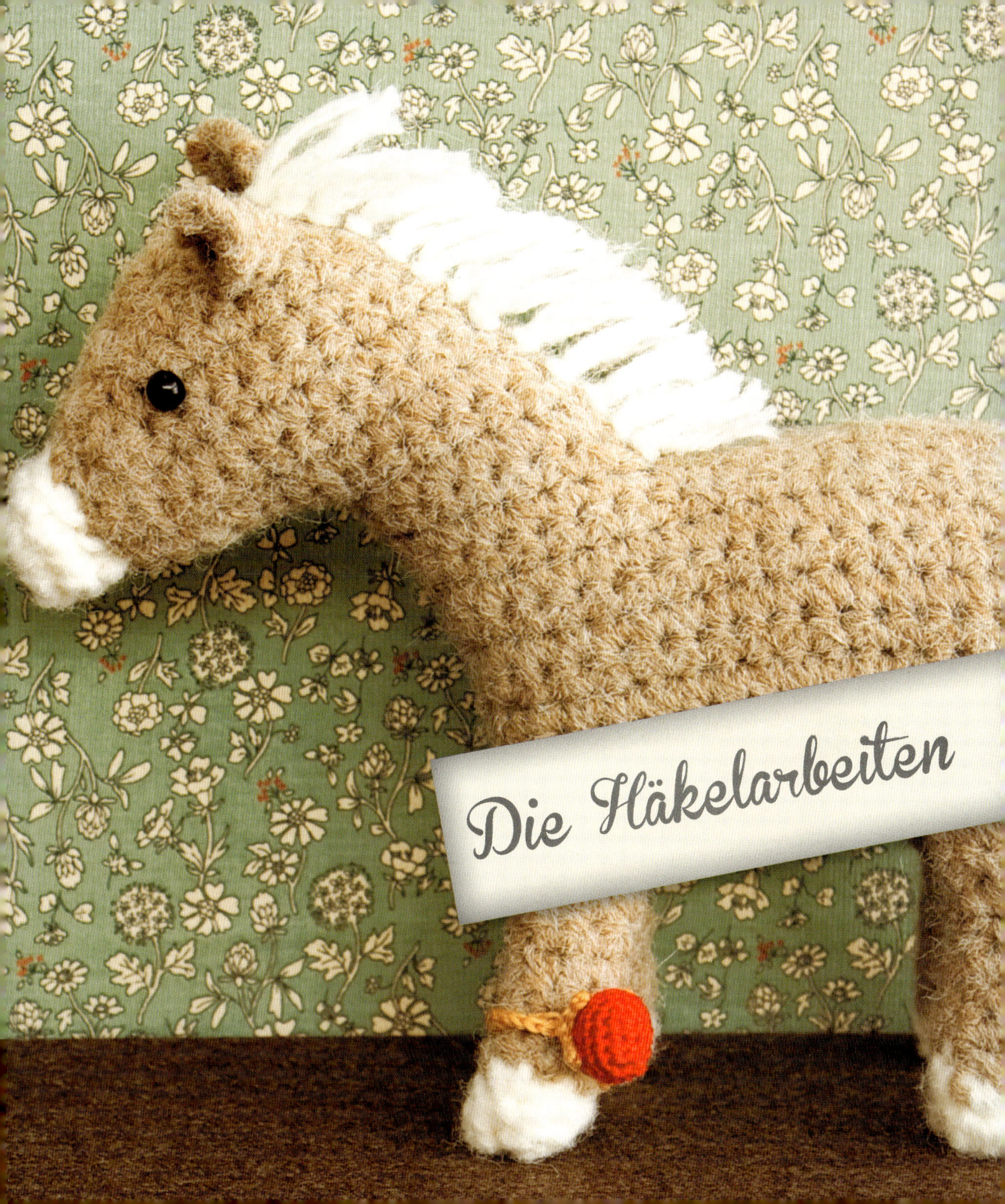
Die Häkelarbeiten

# Mama Känga

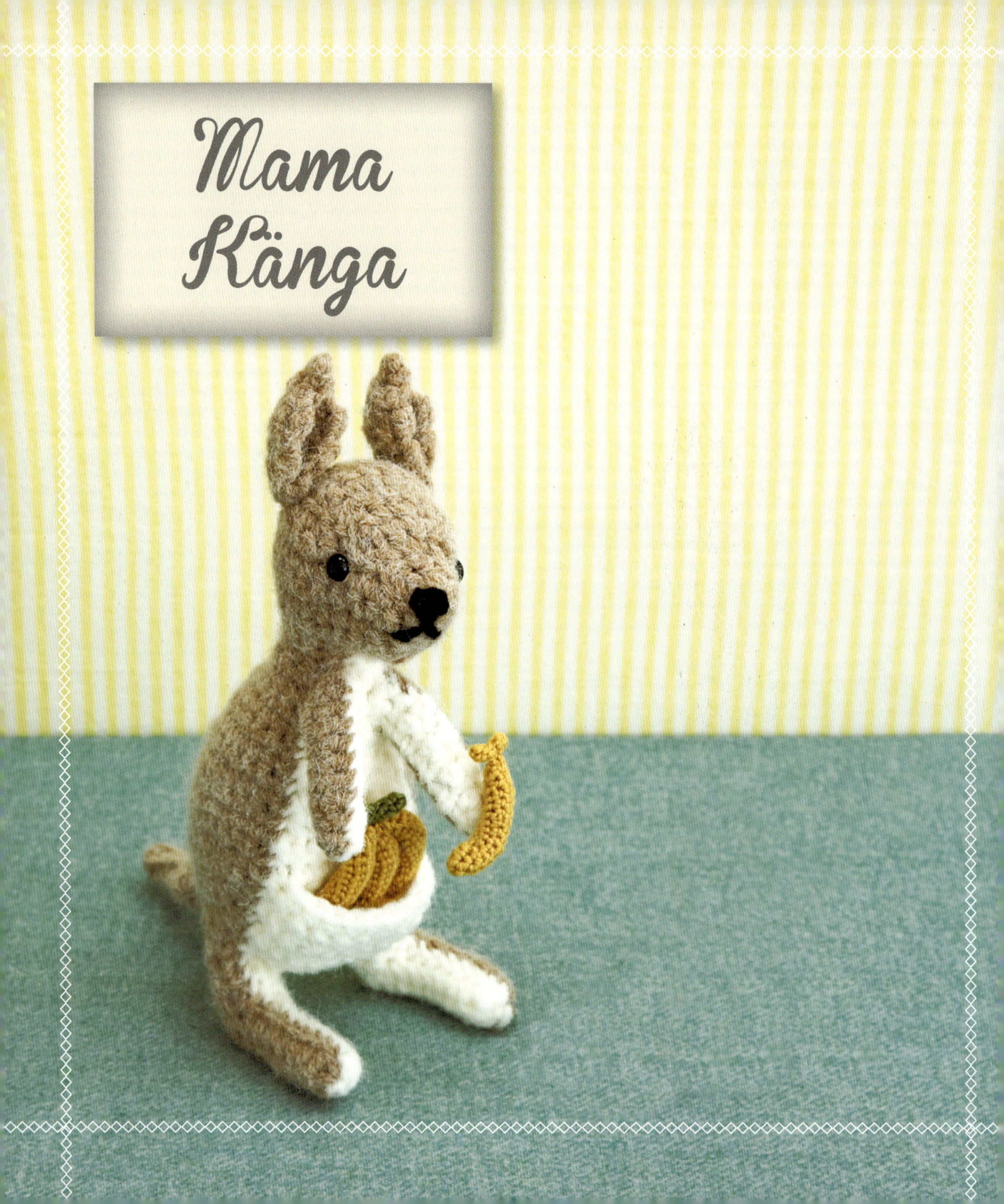

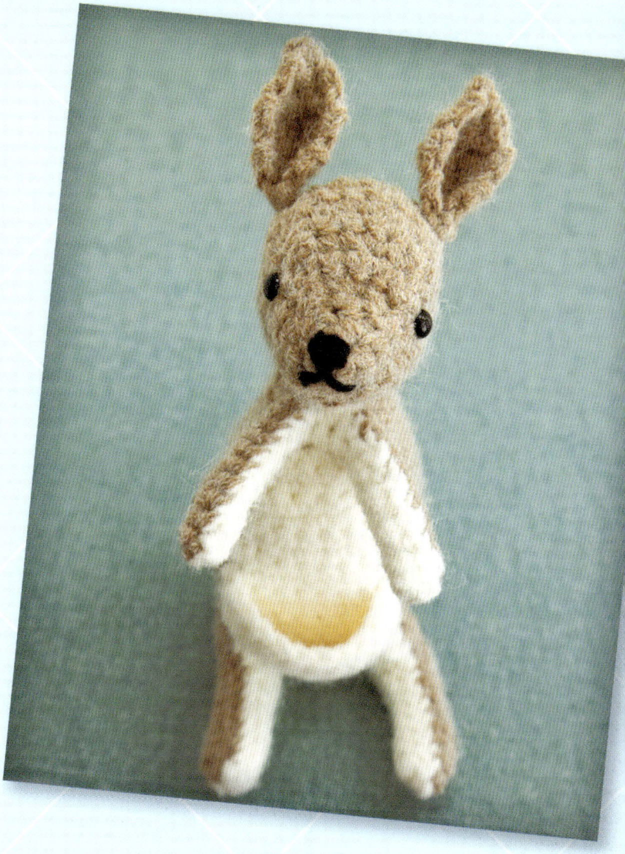

## Material

- Dickes Garn (Gemisch aus Wolle und Acryl) in Braun, 41,5 m (36 g)
- Dickes Garn (Gemisch aus Wolle und Acryl) in Weiß, 18,5 m (17 g)
- Mittleres Garn (Gemisch aus Wolle und Acryl) in Schwarz, kleine Menge
- Füllwatte
- 2 schwarze Knöpfe oder Sicherheitsaugen, 9 mm Durchmesser

## Handarbeitszeug

- Häkelnadel, 5 mm
- Häkelnadel, 4 mm
- Nähnadel und Nähseide (falls Sie Knöpfe für die Augen verwenden)
- Stick- oder Garnnadel

## Abmessungen

Die fertige Größe beträgt 20 cm x 24 cm.

## Verwendete Maschen

**Häkeln:** Luftmasche (Lm), feste Masche (fM), einfache Abnahme (2 fM zus häkeln), doppelte Abnahme (3 fM zus häkeln), einfache Zunahme (1 fM zun) und Kettmasche (Km). **Nähen:** Überwendlingsstich. (Siehe Seiten 10–17 für detaillierte Anleitungen.)

## Anmerkungen zum Muster

1. Alle Abmessungen sind geschätzt und variieren je nach Spannung und Garnwahl.
2. Mama Känga besteht aus 12 Teilen: 2 Körper-Seitenteile, 1 Bauchteil, 2 Hinterbeine, 2 Vorderbeine, 1 Hinterkopf, 2 Ohren, 1 Beutel und 1 Mäulchen. Die Vorder- und Hinterbeine werden direkt an die Seitenkanten des Bauchteils gehäkelt, um die Näharbeiten für das Känguruh so gering wie möglich zu halten. Alle übrigen Körperteile werden zusammengenäht.

# Seitenteile

(2-mal häkeln)

Mit dem braunen Garn und der größeren Häkelnadel 11 Lm häkeln.

**Hinterbein**

**Reihe 1 (Rückseite):** Mit der 2. Lm von der Nadel beginnen und je 1 fM in jede Lm. *(10 fm)*

**Reihe 2:** 1 Lm, wenden, je 1 fM in jede Masche.

**Reihe 3:** 1 Lm, wenden, je 1 fM in die ersten 3 M, restl. M ungehäkelt lassen. *(3 fM)*

**Reihe 4–6:** 1 Lm, wenden, je 1 fM in jede Masche. Garn nicht befestigen.

**Schwanz**

**Reihe 1 (Rückseite):** 19 Lm, wenden, je 1 fM in die 2. Lm von der Nadel und in die nächsten 17 Lm häkeln, je 1 fM in die nächsten 2 M, 1 fM zun in der letzten M. *(22 fM)*

**Reihe 2:** 1 Lm, wenden, 1 fM zun in der 1. fM, je 1 fM in die nächsten 5 M, 1 fM zun in der nächsten fM, je 1 fM in die nächsten 7 M, 1 Km in die nächste M, restl. M ungehäkelt lassen. *(16 fM)*

**Reihe 3:** Wenden, die Km ausl, je 1 Km in die nächsten 4 M, je 1 fM in die nächsten 12 M. *(12 fM)*

Garn nicht befestigen.

**Körper**

**Reihe 4 (Vorderseite):** 1 Lm, wenden, 1 fM zun in die 1. M, je 1 fM in die nächsten 7 M, 1 fM zun in der nächsten M; verbleibende M ungehäkelt lassen. *(11 fM)*

**Reihe 5:** 1 Lm, wenden, je 1 fM in jede M bis zur letzten, 1 fM zun in der letzten M. *(12 fM)*

**Reihe 6:** 1 Lm, wenden, je 1 fM in jede M.

**Reihe 7:** 1 Lm, wenden, je 1 fM in jede M bis zur letzten, 1 fM zun in der letzten M. *(13 fM)*

**Reihe 8 und 9:** 1 Lm, wenden, je 1 fM in jede M.

**Reihe 10:** 1 Lm, wenden, je 1 fM in jede M bis zu den letzten 2 M, 2 fM zus häkeln. *(12 fM)*

**Reihe 11:** 1 Lm, wenden, 2 fM zus häkeln, je 1 fM in jede M. *(11 fM)*

**Reihe 12:** 1 Lm, wenden, je 1 fM in jede M bis zu den letzten 2 M, 2 fM zus häkeln. *(10 fM)*

**Reihe 13:** 1 Lm, wenden, 2 fM zus häkeln, je 1 fM in jede M. *(9 fM)*

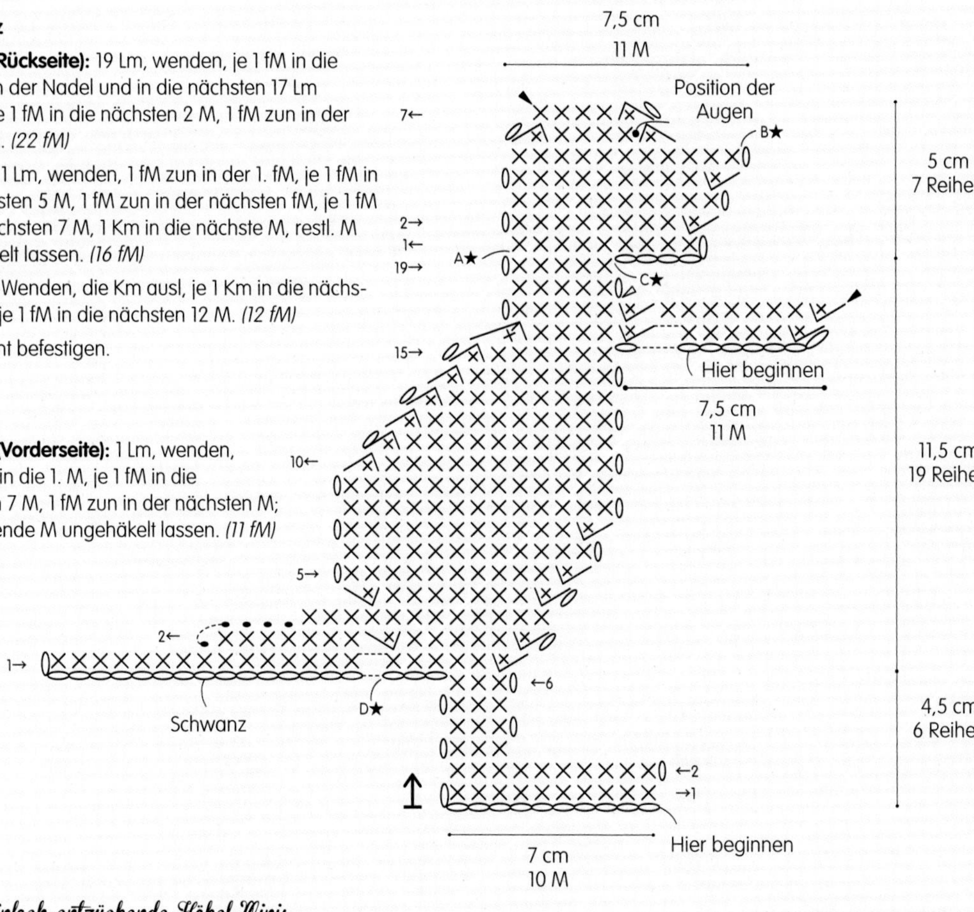

**Reihe 14:** 1 Lm, wenden, je 1 fM in jede M bis zu den letzten 2 M, 2 fM zus häkeln. *(8 fM)*

**Reihe 15:** 1 Lm, wenden, 2 fM zus häkeln, je 1 fM in jede M. *(7 fM)*

Garn nicht befestigen.

**Vorderbein**

**Reihe 16 (Vorderseite):** 8 Lm, wenden, je 1 fM in die 2. Lm von der Nadel und in die nächsten 5 Lm häkeln, 1 fM zun in der nächsten Lm, je 1 fM in die nächsten 4 M, 3 fM zus häkeln. *(13 fM)*

**Reihe 17:** 1 Lm, wenden, je 1 fM in die ersten 5 M, 1 fM zun in der nächsten M, je 1 fM in die nächsten 7 M, 1 fM zun in der letzten M. *(16 M)*

Garn befestigen.

**Hinterkopf**

**Reihe 18 (Vorderseite):** Mit der VS nach oben die ersten 10 M ausl und das Garn in der nächsten M wieder einhäkeln, 1 Lm, je 1 fM in die nächsten 5 M häkeln. *(5 fM)*

**Reihe 19:** 1 Lm, wenden, je 1 fM in jede M.

Garn nicht befestigen.

**Kopf**

**Reihe 1 (Vorderseite):** 5 Lm, wenden, je 1 fM in die 2. Lm von der Nadel und die nächsten 3 Lm, je 1 fM in die nächsten 5 M. *(9 fM)*

**Reihe 2:** 1 Lm, wenden, je 1 fM in jede M bis zur letzten M, 1 fM zun in der letzten M. *(10 fM)*

**Reihe 3:** 1 Lm, wenden, je 1 fM in jede M häkeln.

**Reihe 4:** 1 Lm, wenden, je 1 fM in jede M bis zur letzten M, 1 fM zun in der letzten M. *(11 fM)*

**Reihe 5:** 1 Lm, wenden, je 1 fM in jede M häkeln.

**Reihe 6:** 1 Lm, wenden, 2 fM zus häkeln, je 1 fM in die nächsten 4 M, 2 fM zus häkeln; restl M ungehäkelt lassen. *(6 fM)*

**Reihe 7:** 1 Lm, wenden, 2 fM zus häkeln, je 1 fM in jede M häkeln. *(5 fM)*

Garn befestigen

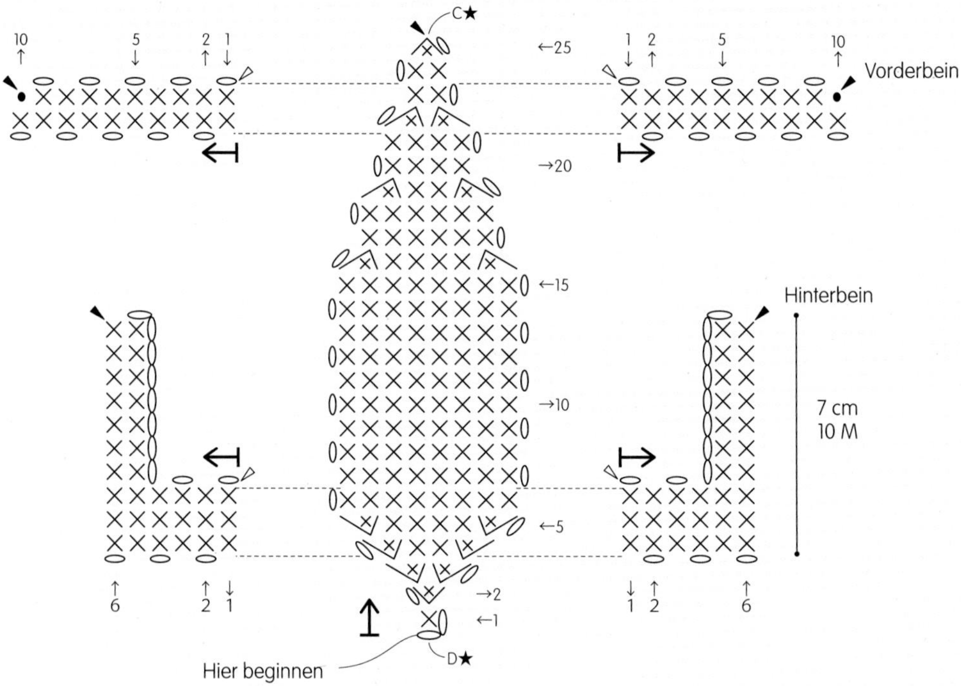


## Bauchteil

Mit dem weißen Garn und der größeren Häkelnadel 2 Lm häkeln.

**Reihe 1 (Vorderseite):** 1 fM in die 2. Lm von der Nadel häkeln. *(1 fM)*

**Reihe 2:** 1 Lm, wenden, 1 fM zun. *(2 fM)*

**Reihe 3:** 1 Lm, wenden, je 1 fM zun in den nächsten 2 M. *(4 fM)*

**Reihe 4:** 1 Lm, wenden, 1 fM zun in der nächsten M, je 1 fM in die nächsten 2 M, 1 fM zun in der letzten M. *(6 fM)*

**Reihe 5:** 1 Lm, wenden, 1 fM zun in der nächsten M, je 1 fM in die nächsten 4 M, 1 fM zun in der letzten M. *(8 fM)*

**Reihe 6–15:** 1 Lm, wenden, je 1 fM in jede M häkeln.

**Reihe 16:** 1 Lm, wenden, 2 fM zus häkeln, je 1 fM in die nächsten 4 M, 2 fM zus häkeln. *(6 fM)*

**Reihe 17 und 18:** 1 Lm, wenden, je 1 fM in jede M häkeln.

**Reihe 19:** 1 Lm, wenden, 2 fM zus häkeln, je 1 fM in die nächsten 2 M, 2 fM zus häkeln. *(4 fM)*

**Reihe 20 und 21:** 1 Lm, wenden, je 1 fM in jede M häkeln.

**Reihe 22:** 1 Lm, wenden, [2 fM zus häkeln] 2-mal. *(2 fM)*

**Reihe 23 und 24:** 1 Lm, wenden, je 1 fM in jede M häkeln.

**Reihe 25:** 1 Lm, wenden, 2 fM zus häkeln. *(1 fM)*

Garn befestigen.

## Erstes Hinterbein

**Anmerkung:** Das erste Hinterbein wird entlang des unteren, linken Randes des Bauchteils gehäkelt. Siehe Position im Diagramm für den Bauchteil.

Mit der größeren Nadel und dem weißen Garn am Ende der 6. Reihe des Bauchteils (Vorderseite nach oben) das Garn einhäkeln.

**Reihe 1 (Vorderseite):** 1 Lm, je 1 fM in die Randmaschen von R 6–4. *(3 fM)*

**Reihe 2–4:** 1 Lm, wenden, je 1 fM in jede M häkeln.

**Reihe 5:** 8 Lm, wenden, je 1 fM in die 2. Lm von der Nadel und in die nächsten 6 Lm, 1 je 1 fM in die nächsten 3 M. *(10 fM)*

**Reihe 6:** 1 Lm, wenden, je 1 fM in jede M häkeln.

Garn befestigen.

## Zweites Hinterbein

**Anmerkung:** Das 2. Hinterbein wird entlang des unteren, rechten Randes des Bauchteils gehäkelt. Siehe Position im Diagramm für den Bauchteil.

Mit der größeren Nadel und dem weißen Garn am Ende der 6. Reihe des Bauchteils (Rückseite nach oben) das Garn einhäkeln.

**Reihe 1 (Rückseite) – 6:** Häkeln Sie gleich wie die Reihen 1–6 des ersten Hinterbeins.

Garn befestigen.

## Erstes Vorderbein

**Anmerkung:** Das erste Vorderbein wird entlang des oberen, linken Randes des Bauchteils gehäkelt. Siehe Position im Diagramm für den Bauchteil.

Mit der größeren Nadel und dem weißen Garn am Ende der 23. Reihe des Bauchteils (Vorderseite nach oben) das Garn einhäkeln.

**Reihe 1 (Vorderseite):** 1 Lm, je 1 fM in die Randmaschen von R 23 und R 22 häkeln. *(2 fM)*

**Reihe 2–9:** 1 Lm, wenden, je 1 fM in jede M häkeln.

**Reihe 10:** 1 Lm, wenden, 1 fM in die 1. M, 1 Km in die letzte M.

Garn befestigen.

## Zweites Vorderbein

**Anmerkung:** Das zweite Vorderbein wird entlang des oberen, rechten Randes des Bauchteils gehäkelt. Siehe Position im Diagramm für den Bauchteil.

Mit der größeren Nadel und dem weißen Garn am Ende der 23. Reihe des Bauchteils (Rückseite nach oben) das Garn einhäkeln.

**Reihe 1 (Rückseite) – 10:** Häkeln Sie gleich wie die Reihen 1–10 des ersten Vorderbeins.

Garn befestigen.

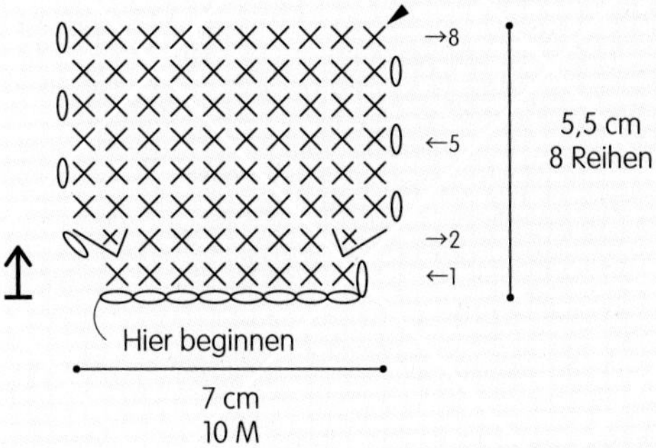


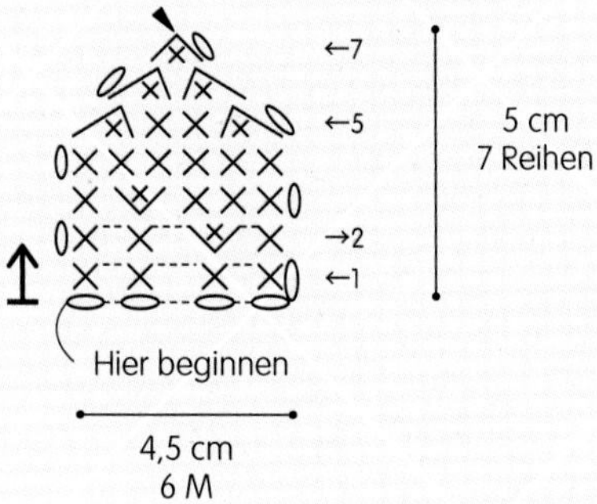


## Beutel

Mit dem weißen Garn und der größeren Häkelnadel 9 Lm häkeln.

**Reihe 1 (Vorderseite):** 1 fM in die 2. Lm von der Nadel und dann in jede Lm häkeln. *(8 fM)*

**Reihe 2:** 1 Lm, wenden, 1 fM zun in der 1. M, je 1 fM bis zur letzten M, 1 fM zun in der letzten M. *(10 fM)*

**Reihe 3–8:** 1 Lm, wenden, je 1 fM in jede M häkeln.

Garn befestigen und einen langen Faden stehen lassen, um den Beutel später anzunähen.

## Ohren

(2-mal häkeln)

Mit dem braunen Garn und der größeren Häkelnadel 4 Lm häkeln.

**Reihe 1:** Je 1 fM in die 2. Lm von der Nadel und die nächsten 3 Lm häkeln. *(4 fM)*

**Reihe 2:** 1 Lm, wenden, je 1 fM in die ersten 2 M, 1 fM zun, 1 fM in die letzte M. *(5 fM)*

**Reihe 3:** 1 Lm, wenden, je 1 fM in die ersten 3 M, 1 fM zun, 1 fM in die letzte M. *(6 fM)*

**Reihe 4:** 1 Lm, wenden, je 1 fM in jede M.

**Reihe 5:** 1 Lm, wenden, 2 fM zus häkeln, 1 fM in die nächsten 2 M , 2 fM zus häkeln. *(4 fM)*

**Reihe 6:** 1 Lm, wenden, [2 fM zus häkeln] 2-mal. *(2 fM)*

**Reihe 7:** 1 Lm, wenden, 2 fM zus häkeln. *(1 fM)*

Garn befestigen.

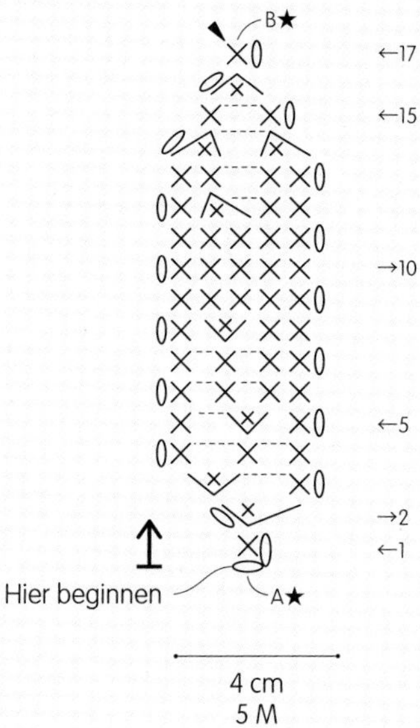



## Hinterkopf

Mit dem braunen Garn und der größeren Häkelnadel 2 Lm häkeln.

**Reihe 1 (Vorderseite):** 1 fM in die 2. Lm von der Nadel häkeln. *(1 fM)*

**Reihe 2:** 1 Lm, wenden, 1 fM zun. *(2 fM)*

**Reihe 3:** 1 Lm, wenden, 1 fM in die 1. M, 1 fM zun in die letzte M. *(3 fM)*

**Reihe 4:** 1 Lm, wenden, je 1 fM in jede M.

**Reihe 5:** 1 Lm, wenden, 1 fM in die 1. M, 1 fM zun, 1 fM in die letzte M. *(4 fM)*

**Reihe 6 und 7:** 1 Lm, wenden, je 1 fM in jede M.

**Reihe 8:** 1 Lm, wenden, 1 fM in die 1. M, 1 fM zun, je 1 fM in die letzten 2 M. *(5 fM)*

**Reihe 9–11:** 1 Lm, wenden, je 1 fM in jede M.

**Reihe 12:** 1 Lm, wenden, 1 fM in die 1. M, 2 fM zus häkeln, je 1 fM in die letzten 2 M. *(4 fM)*

**Reihe 13:** 1 Lm, wenden, je 1 fM in jede M.

**Reihe 14:** 1 Lm, wenden, [2 fM zus häkeln] 2-mal. *(2 fM)*

**Reihe 15:** 1 Lm, wenden, je 1 fM in jede M.

**Reihe 16:** 1 Lm, wenden, 2 fM zus häkeln. *(1 fM)*

**Reihe 17:** 1 Lm, wenden, 1 fM in die nächste M.

Garn befestigen.

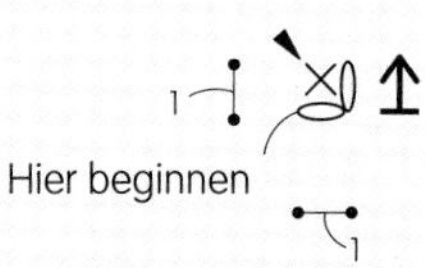



## Mäulchen

Mit dem schwarzen Garn und der kleineren Häkelnadel 2 Lm häkeln.

**Reihe 1:** 1 fM in die 2. Lm von der Nadel häkeln. *(1 fM)*

Das Garn abschneiden und einen langen Faden stehenlassen, damit Sie das Mäulchen an das Gesicht annähen und die Gesichtsdetails sticken können.

## Die Einzelteile zusammennähen

Befestigen Sie die Knöpfe (mit Nähgarn und Nadel) oder die Sicherheitsaugen an den Seitenteilen des Körpers, wie auf dem Diagramm gezeigt. Legen Sie die Punkte A, B, C und D (auf den Diagrammen mit Sternchen eingezeichnet) der Seitenteile, des Bauchteils und des Hinterkopfes aufeinander, nähen Sie sie mit dem Überwendlingsstich mit passendem Garn zusammen und füllen Sie die Figur, bevor Sie die Näharbeiten beendet haben. Nähen Sie den Beutel mit dem Überwendlingsstich unten am Bauch an. Nähen Sie dann mit dem Überwendlingsstich die Ohren oben am Kopf und das Mäulchen an der Nasenspitze an. Verwenden Sie das Garnende des Mäulchens (oder einen anderen kurzen, schwarzen Faden), um den Mund mit einem geraden Stich unter die Nase zu sticken. Orientieren Sie sich dabei am Foto. Vernähen Sie die Enden.

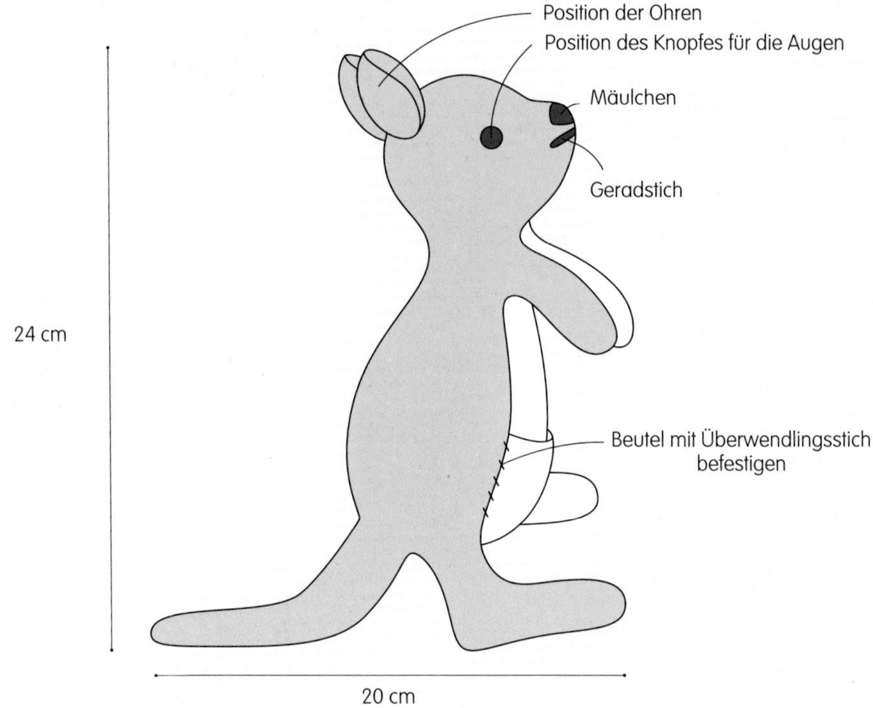

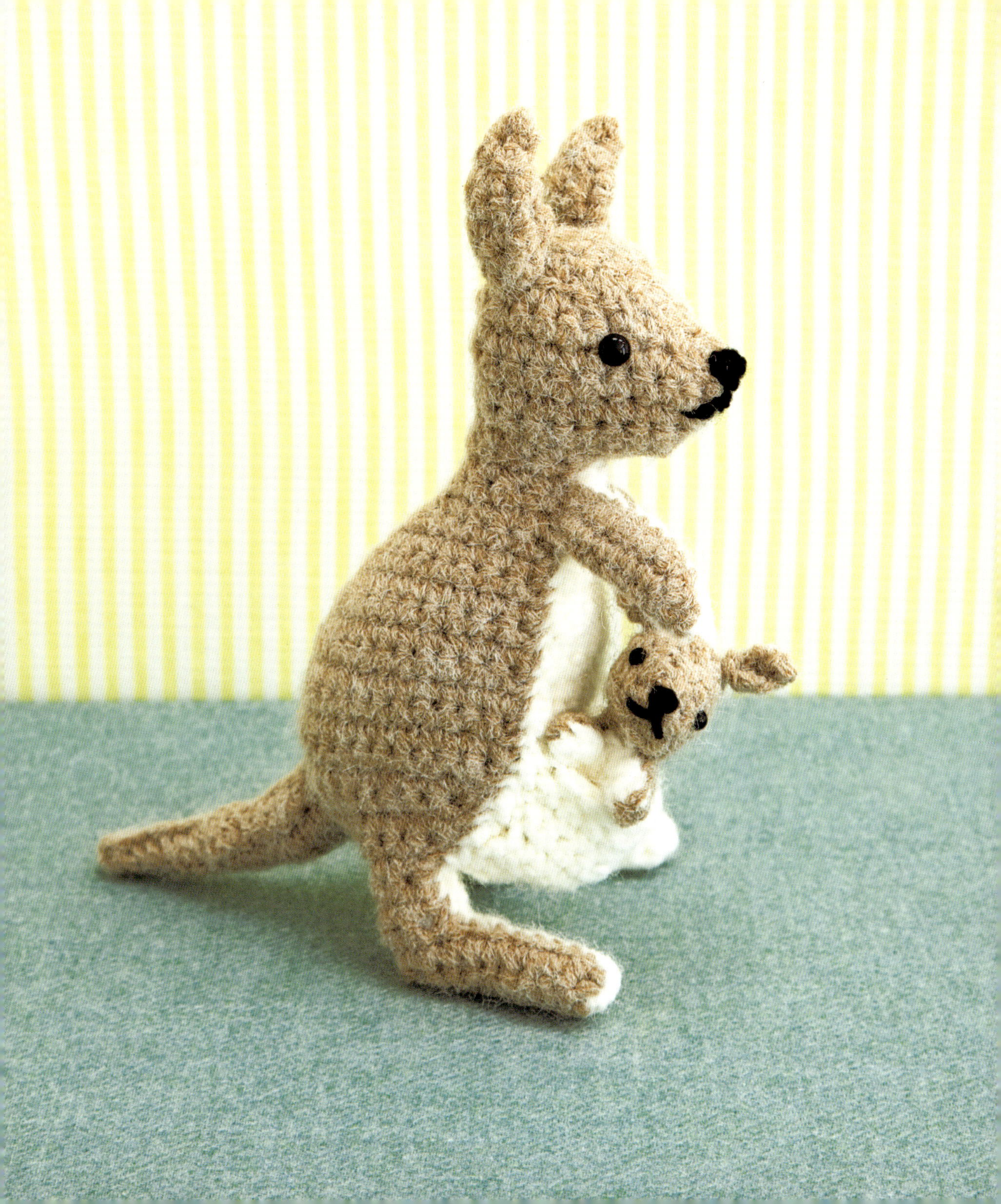

# Baby Ru

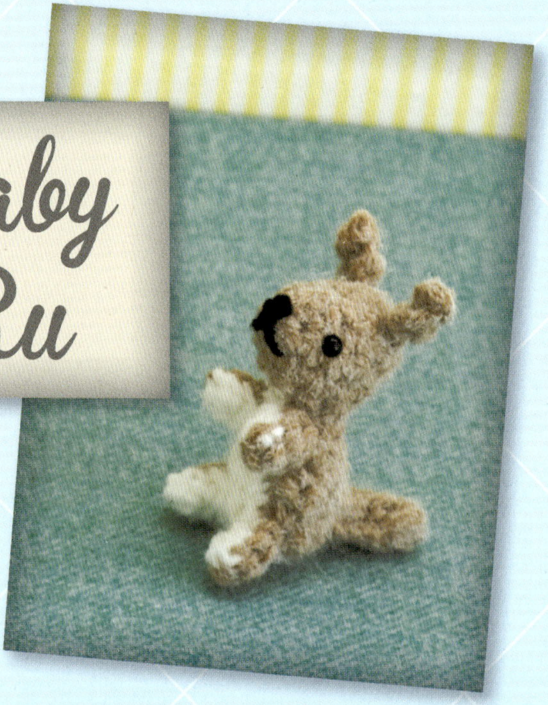

## Material

- Dickes Garn (Gemisch aus Wolle und Acryl) in Braun, 5,5 m (5 g)
- Dickes Garn (Gemisch aus Wolle und Acryl) in Weiß, 4 m (3 g)
- Mittleres Garn (Gemisch aus Wolle und Acryl) in Schwarz, kleine Menge
- Füllwatte
- 2 schwarze Knöpfe oder Sicherheitsaugen, 6 mm Durchmesser

## Handarbeitszeug

- Häkelnadel, 5 mm
- Häkelnadel, 3,5 mm
- Nähnadel und Nähseide (falls Sie Knöpfe für die Augen verwenden)
- Stick- oder Garnnadel

## Abmessungen

Die fertige Größe beträgt 7 cm x 9 cm.

## Verwendete Maschen

**Häkeln:** Luftmasche (Lm), feste Masche (fM), einfache Abnahme (2 fM zus häkeln), doppelte Abnahme (3 fM zus häkeln), einfache Zunahme (1 fM zun) und Kettmasche. **Nähen:** Überwendlingsstich. (Siehe Seiten 10–17 für detaillierte Anleitungen.)

## Anmerkungen zum Muster

1. Alle Abmessungen sind geschätzt und variieren je nach Spannung und Garnwahl.
2. Das Baby-Känguruh besteht aus 11 Teilen: 2 Körper-Seitenteile, 1 Bauchteil, 2 Hinterbeine, 2 Vorderbeine, 1 Hinterkopf, 2 Ohren und 1 Mäulchen. Die Vorder- und Hinterbeine werden direkt an die Seitenkanten des Bauchteils gehäkelt, um die Näharbeiten für das fertige Känguruh so gering wie möglich zu halten. Alle übrigen Körperteile werden zusammengenäht.

## Seitenteile

(2-mal häkeln)

Mit dem braunen Garn und der größeren Häkelnadel 7 Lm häkeln.

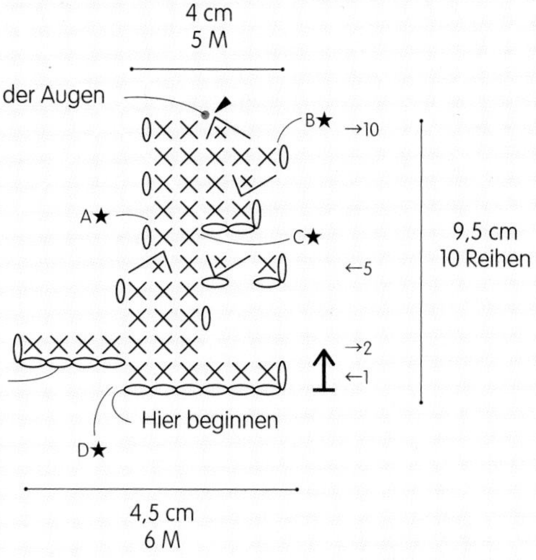


**Hinterbein**

**Reihe 1 (Rückseite):** Mit der 2. Lm von der Nadel beginnen, je 1 fM in jede Lm *(6 fM)*

Garn nicht befestigen.

**Schwanz**

**Reihe 2 (Rückseite):** 5 Lm, wenden, je 1 fM in die 2. Lm von der Nadel und in die nächsten 3 Lm häkeln, 1 fM in die nächsten 3 M, restl. M ungehäkelt lassen. *(7 fM)*

Das Garn nicht befestigen.

**Körper**

**Reihe 3 und 4:** 1 Lm, wenden, je 1 fM in jede M.

Das Garn nicht befestigen.

**Vorderbein**

**Reihe 5 (Vorderseite):** 3 Lm, wenden, je 1 fM in die 2. Lm von der Nadel, 1 fM zun in der nächsten Lm, je 1 fM in die nächsten 4 M, 2 fM zus häkeln. *(5 fM)*

**Reihe 6:** 1 Lm, wenden, je 1 fM in die ersten 2 M, die restl M ungehäkelt lassen. *(2 fM)*

Garn nicht befestigen.

**Kopf**

**Reihe 7:** 3 Lm, wenden, je 1 fM in die 2. Lm von der Nadel und in die nächste Lm, je 1 fM in die nächsten 2 M häkeln. *(4 fM)*

**Reihe 8:** 1 Lm, wenden, je 1 fM in die ersten 3 M, 1 fM zun in der letzten M. *(5 fM)*

**Reihe 9:** 1 Lm, wenden, je 1 fM in jede M.

**Reihe 10:** 1 Lm, wenden, je 1 fM in die ersten 2 M, 2 fM zus häkeln; die letzte M ungehäkelt lassen. *(3 fM)*

Garn befestigen.

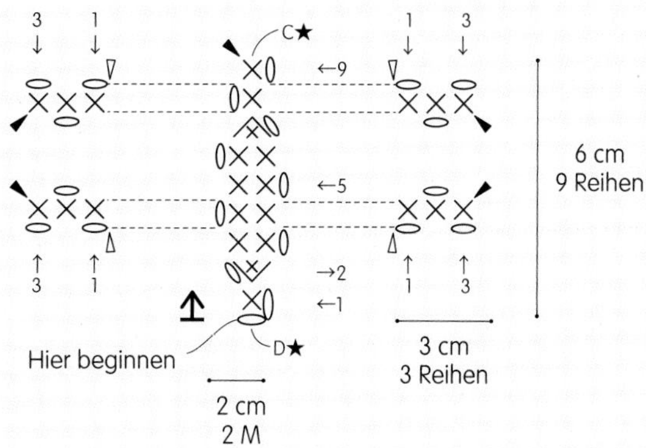


## Bauchteil

Mit dem weißen Garn und der größeren Häkelnadel 2 Lm häkeln.

**Reihe 1 (Vorderseite):** 1 fM in die 2. Lm von der Nadel häkeln. *(1 fM)*

**Reihe 2:** 1 Lm, wenden, 1 fM zun. *(2 fM)*

**Reihe 3–6:** 1 Lm, wenden, je 1 fM in jede M häkeln.

**Reihe 7:** 1 Lm, wenden, 2 fM zus häkeln. *(1 fM)*

**Reihe 8 und 9:** 1 Lm, wenden, 1 fM in die M häkeln.

Garn befestigen.

## Erstes Hinterbein

**Anmerkung:** Das erste Hinterbein wird entlang des unteren, rechten Randes des Bauchteils gehäkelt. Siehe Position im Diagramm für den Bauchteil.

Mit der größeren Nadel und dem weißen Garn am Ende der 4. Reihe des Bauchteils (Vorderseite nach oben) das Garn einhäkeln.

**Reihe 1 (Vorderseite):** 1 Lm, 1 fM in die Randmasche von R 4. *(1 fM)*

**Reihe 2 und 3:** 1 Lm, wenden, 1 fM in die nächste M.

Garn befestigen.

## Zweites Hinterbein

**Anmerkung:** Das zweite Hinterbein wird entlang des unteren, linken Randes des Bauchteils gehäkelt. Siehe Position im Diagramm für den Bauchteil.

Mit der größeren Nadel und dem weißen Garn am Anfang der 4. Reihe des Bauchteils (Rückseite nach oben) das Garn einhäkeln.

**Reihe 1 (Vorderseite) – 3:** Häkeln Sie gleich wie die Reihen 1–3 des ersten Hinterbeins.

Garn befestigen.

## Erstes Vorderbein

**Anmerkung:** Das erste Vorderbein wird entlang des oberen, linken Randes des Bauchteils gehäkelt. Siehe Position im Diagramm für den Bauchteil.

Mit der größeren Nadel und dem weißen Garn am Anfang der 8. Reihe des Bauchteils (Vorderseite nach oben) das Garn einhäkeln.

**Reihe 1 (Vorderseite):** 1 Lm, 1 fM in die Randmasche von R 8. *(1 fM)*

**Reihe 2 und 3:** 1 Lm, wenden, 1 fM in die M häkeln.

Garn befestigen.

## Zweites Vorderbein

**Anmerkung:** Das zweite Vorderbein wird entlang des oberen, rechten Randes des Bauchteils gehäkelt. Siehe Position im Diagramm für den Bauchteil.

Mit der größeren Nadel und dem weißen Garn am Anfang der 8. Reihe des Bauchteils (Rückseite nach oben) das Garn einhäkeln.

**Reihe 1 (Rückseite) – 3:** Häkeln Sie gleich wie die Reihen 1–3 des ersten Vorderbeins.

Garn befestigen.

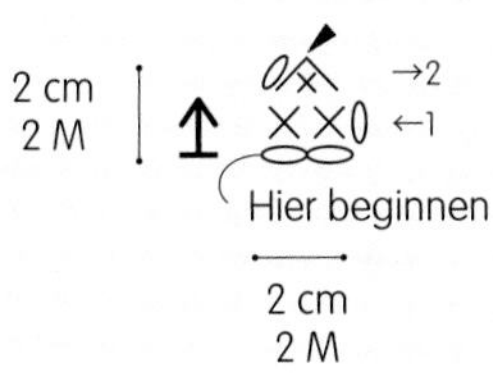


## Ohren

(2-mal häkeln)

Mit dem braunen Garn und der größeren Häkelnadel 3 Lm häkeln.

**Reihe 1:** Je 1 fM in die 2. Lm von der Nadel und die nächste Lm häkeln. *(2 fM)*

**Reihe 2:** 1 Lm, wenden, 2 fM zus häkeln. *(1 fM)*

Garn befestigen.

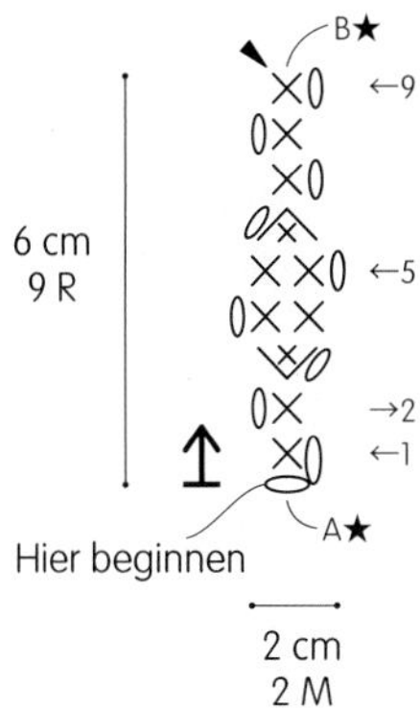


## Hinterkopf

Mit dem braunen Garn und der größeren Häkelnadel 2 Lm häkeln.

**Reihe 1 (Vorderseite):** 1 fM in die 2. Lm von der Nadel häkeln. *(1 fM)*

**Reihe 2:** 1 Lm, wenden, 1 fM häkeln.

**Reihe 3:** 1 Lm, wenden, 1 fM zun. *(2 fM)*

**Reihe 4 und 5:** 1 Lm, wenden, je 1 fM in jede M.

**Reihe 6:** 1 Lm, wenden, 2 fM zus häkeln. *(1 fM)*

**Reihe 7–9:** 1 Lm, wenden, 1 fM häkeln.

Garn befestigen.

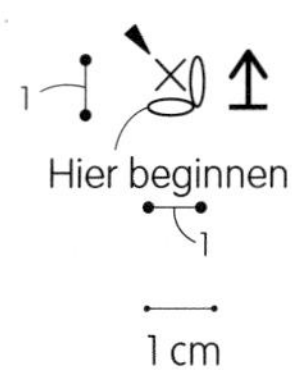


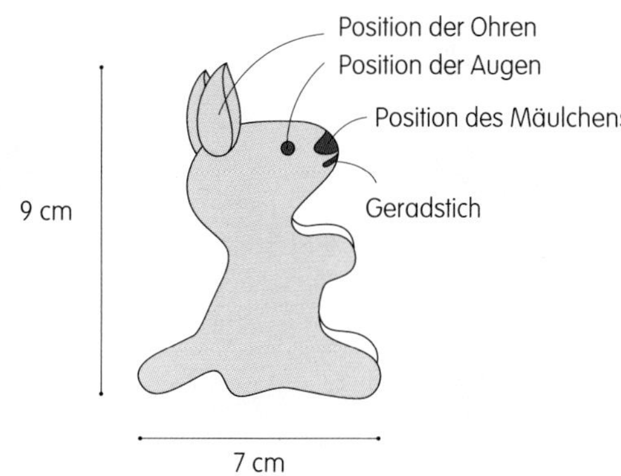


## Mäulchen

Mit dem schwarzen Garn und der kleineren Häkelnadel 2 Lm häkeln.

**Reihe 1:** 1 fM in die 2. Lm von der Nadel häkeln. *(1 fM)*

Das Garn abschneiden und einen langen Faden stehenlassen, damit Sie das Mäulchen an das Gesicht annähen und die Gesichtsdetails sticken können.

## Die Einzelteile zusammennähen

Befestigen Sie die Knöpfe (mit Nähgarn und Nadel) oder die Sicherheitsaugen an den Seitenteilen des Körpers, wie auf dem Diagramm gezeigt. Legen Sie die Punkte A, B, C und D (auf den Diagrammen mit Sternchen eingezeichnet) der Seitenteile, des Bauchteils und des Hinterkopfs aufeinander und nähen Sie sie mit dem Überwendlingsstich mit passendem Garn zusammen und füllen Sie die Figur, bevor Sie die Näharbeiten beendet haben. Nähen Sie die Ohren mit dem Überwendlingsstich oben am Kopf und das Mäulchen an der Nasenspitze an. Verwenden Sie das Garnende des Mäulchens (oder einen anderen kurzen, schwarzen Faden) und orientieren Sie sich an der Abbildung, um den Mund mit Geradstich unter die Nase zu sticken. Vernähen Sie die Enden.

# Bananen

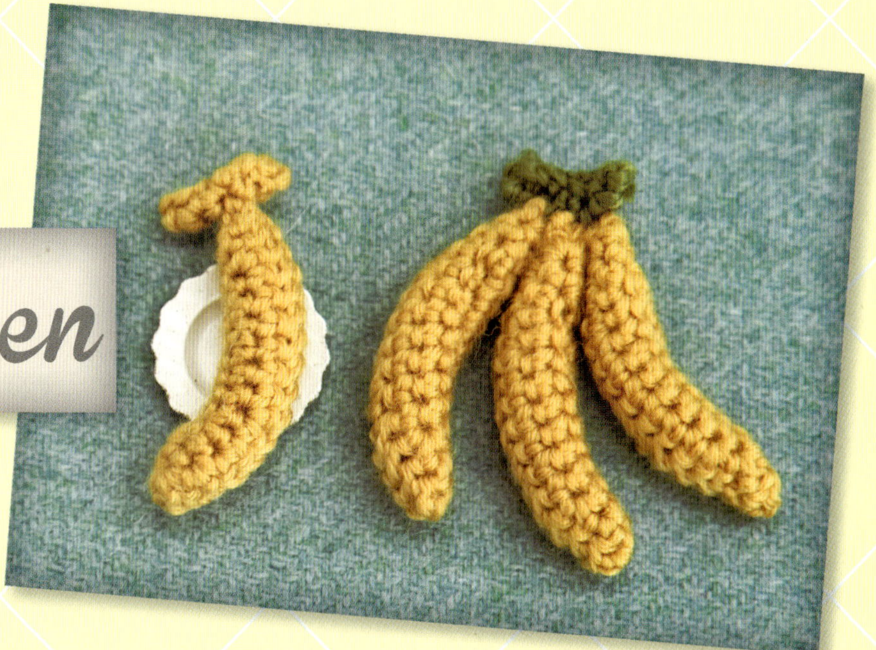

## Material

- Feines Garn (Gemisch aus Wolle und Acryl) in Dunkelgelb, 16,5 m (4 g)
- Feines Garn (Gemisch aus Wolle und Acryl) in Grün, 3 m (1 g)
- Füllwatte, kleine Menge

## Handarbeitszeug

- Häkelnadel, 2,5 mm
- Stick- oder Garnnadel

## Abmessungen

Die fertige Länge einer Banane beträgt 5 cm.

## Verwendete Maschen

**Häkeln:** Luftmasche (Lm), feste Masche (fM), einfache Zunahme (1 fM zun) und Kettmasche (Km). **Nähen:** Überwendlingsstich. (Siehe Seiten 10–17 für detaillierte Anleitungen.)

## Anmerkungen zum Muster

1. Alle Abmessungen sind geschätzt und variieren je nach Spannung und Garnwahl.
2. Drei Bananen und ein einzelner Stiel können zu einer Staude zusammengenäht werden. Sie können alternativ auch eine einzelne Banane mit einem Stiel versehen.

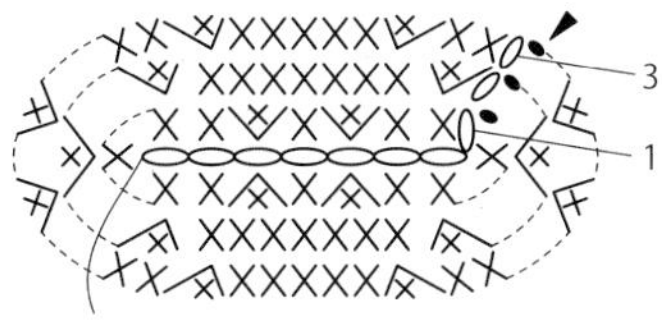


## Bananen

(3-mal für eine Staude oder 1-mal für eine einzelne Banane häkeln)

Zum Rundhäkeln mit dem gelben Garn 8 Lm häkeln.

**Runde 1:** Je 1 fM in die 2. Lm von der Nadel und in die nächste Lm häkeln, [1 fM zun in der nächsten Lm, 1 fM in die nächste Lm] 2-mal, 3 fM in die nächste M häkeln, um auf die andere Seite der Lm-Kette zu gelangen; [1 fM in die nächste Lm, 1 fM zun in der nächsten Lm] 2-mal, 1 fM in die nächste M, 2 fM in die nächste Lm häkeln; Rd mit 1 Km beenden.

**Runde 2:** 1 Lm, 1 fM zun, je 1 fM in die nächsten 7 M, je 1 fM zun in den nächsten 3 M, je 1 fM in die nächsten 7 M, 1 fM zun in den letzten 2 M; mit 1 Km in die 1. M verbinden. *(26 fM)*

**Runde 3:** 1 Lm, je 1 fM in die nächsten 2 M, 1 fM zun in der nächsten M, je 1 fM in die nächsten 5 M, 1 fM zun in der nächsten M, je 1 fM in die nächsten 2 M, je 1 fM zun in den nächsten 2 M, je 1 fM in die nächsten 2 M, 1 fM zun in der nächsten M, je 1 fM in die nächsten 5 M, 1 fM zun in der nächsten M, je 1 fM in die nächsten 2 M, je 1 fM zun in den nächsten 2 M; die Rd mit 1 Km in die 1. M beenden. *(34 M)*

Garn befestigen und einen langen Faden zum Nähen stehenlassen.

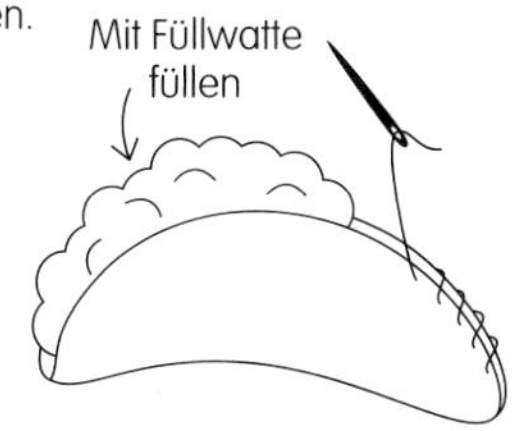


Falten Sie die Banane in der Mitte und verwenden Sie den langen Faden, um 3/4 im Überwendlingsstich zuzunähen. Füllen Sie sie mit Füllwatte und nähen Sie dann auch die verbleibende Kante zu.

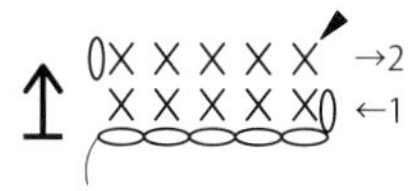


## Stiel

(1 pro Staude oder einzelne Banane)

Mit grünem oder gelbem Garn 6 Lm häkeln.

**Reihe 1 (Vorderseite):** 1 fM in die 2. Lm von der Nadel und die restl 4 Lm. *(5 fM)*

**Reihe 2:** 1 Lm, wenden, je 1 fM in jede M.

Garn befestigen und einen langen Faden zum Nähen stehenlassen.

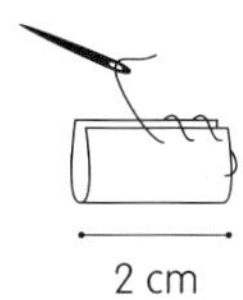


Falten Sie das Stück in der Mitte und verwenden Sie den langen Faden, um die Ränder mit dem Überwendlingsstich zusammenzunähen.

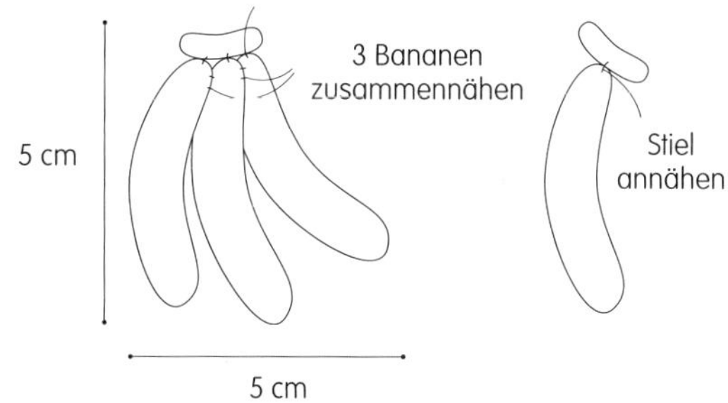


## Die Einzelteile zusammennähen

Nähen Sie die 3 Bananen nahe der Spitzen zusammen und nähen Sie dann den Stiel an die Staude. Wenn Sie nur eine Banane häkeln, nähen Sie den Stiel oben an die einzelne Banane. Vernähen Sie die Enden.

# Glücksferkel

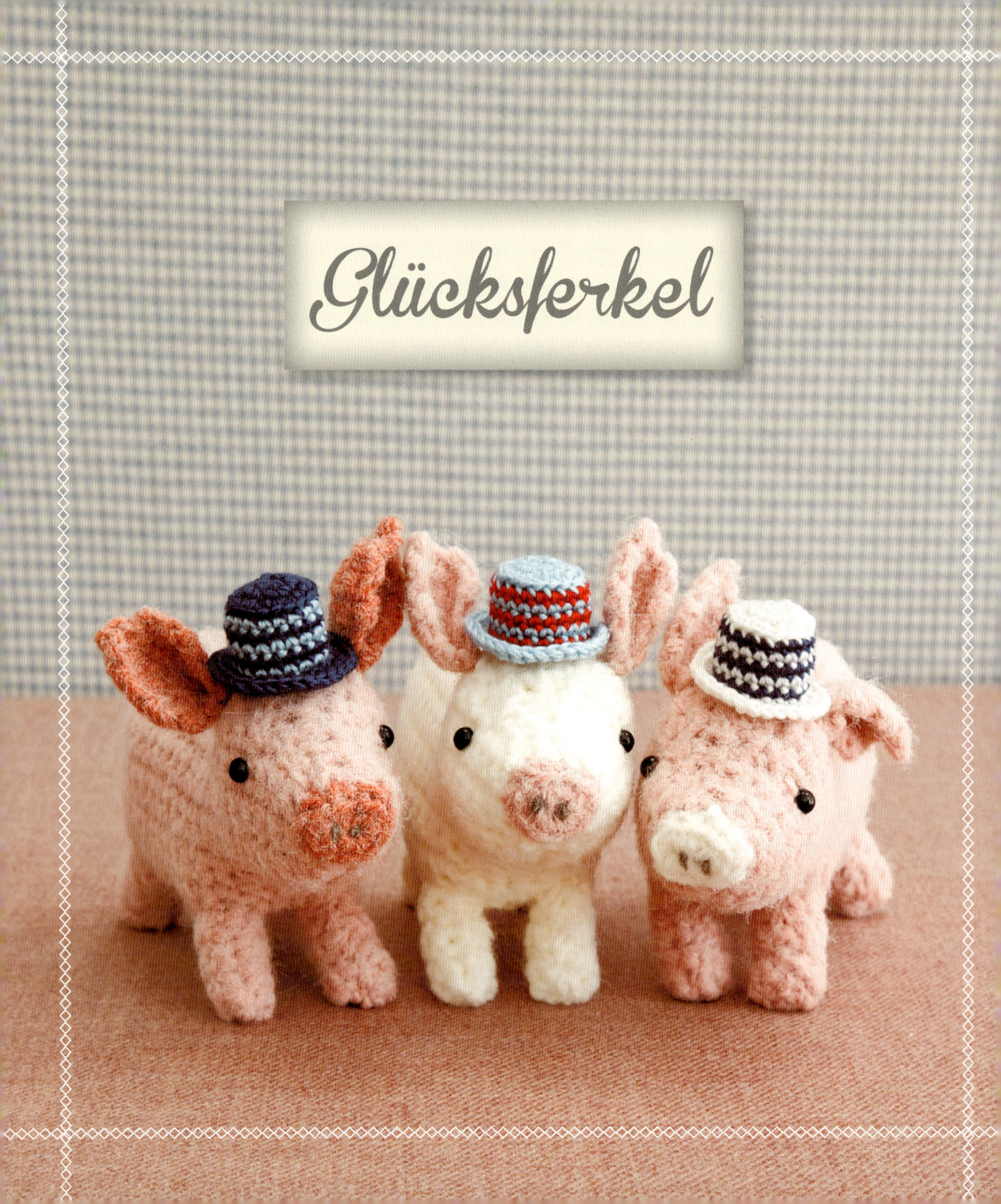

## Material

**Für das rosa Schweinchen mit weißer Nase**

- Dickes Garn (Gemisch aus Wolle und Acryl) in Rosa, 47 m (45 g)
- Dickes Garn (Gemisch aus Wolle und Acryl) in Weiß, 2,5 m (2 g)

**Für das weiße Schweinchen mit rosa Nase und Ohren**

- Dickes Garn (Gemisch aus Wolle und Acryl) in Weiß, 44 m (40 g)
- Dickes Garn (Gemisch aus Wolle und Acryl) in Rosa, 5,5 m (5 g)

**Für das rosa Schweinchen mit dunkelrosa Nase und Ohren**

- Dickes Garn (Gemisch aus Wolle und Acryl) in Rosa, 44 m (40 g)
- Dickes Garn (Gemisch aus Wolle und Acryl) in Dunkelrosa, 5,5 m (5 g)

**Für jedes Schweinchen**

- Mittleres Garn (Gemisch aus Wolle und Acryl) in Dunkelbraun, kleine Menge
- Füllwatte
- 2 schwarze Knöpfe oder Sicherheitsaugen, 10 mm Durchmesser

## Handarbeitszeug

- Häkelnadel, 5 mm
- Häkelnadel, 4 mm
- Nähnadel und Nähseide (falls Sie Knöpfe für die Augen verwenden)
- Stick- oder Garnnadel

## Abmessungen

Die fertige Größe beträgt 18 cm x 14 cm.

## Verwendete Maschen

**Häkeln:** Luftmasche (Lm), feste Masche (fM), einfache Abnahme (2 fM zus häkeln), einfache Zunahme (1 fM zun) und Kettmasche (Km). **Nähen:** Überwendlingsstich. (Siehe Seiten 10–17 für detaillierte Anleitungen.)

## Anmerkungen zum Muster

1. Alle Abmessungen sind geschätzt und variieren je nach Spannung und Garnwahl.
2. Jedes Schweinchen besteht aus 12 Teilen: 2 Körper-Seitenteile, 1 Bauchteil, 2 Hinterbeine, 2 Vorderbeine, 1 Hinterkopf, 2 Ohren, 1 Mäulchen und ein Schwänzchen. Die Vorder- und Hinterbeine werden direkt an die Seitenkanten des Bauchteils gehäkelt, um die Näharbeiten für die fertigen Schweinchen so gering wie möglich zu halten. Alle übrigen Körperteile werden zusammengenäht.

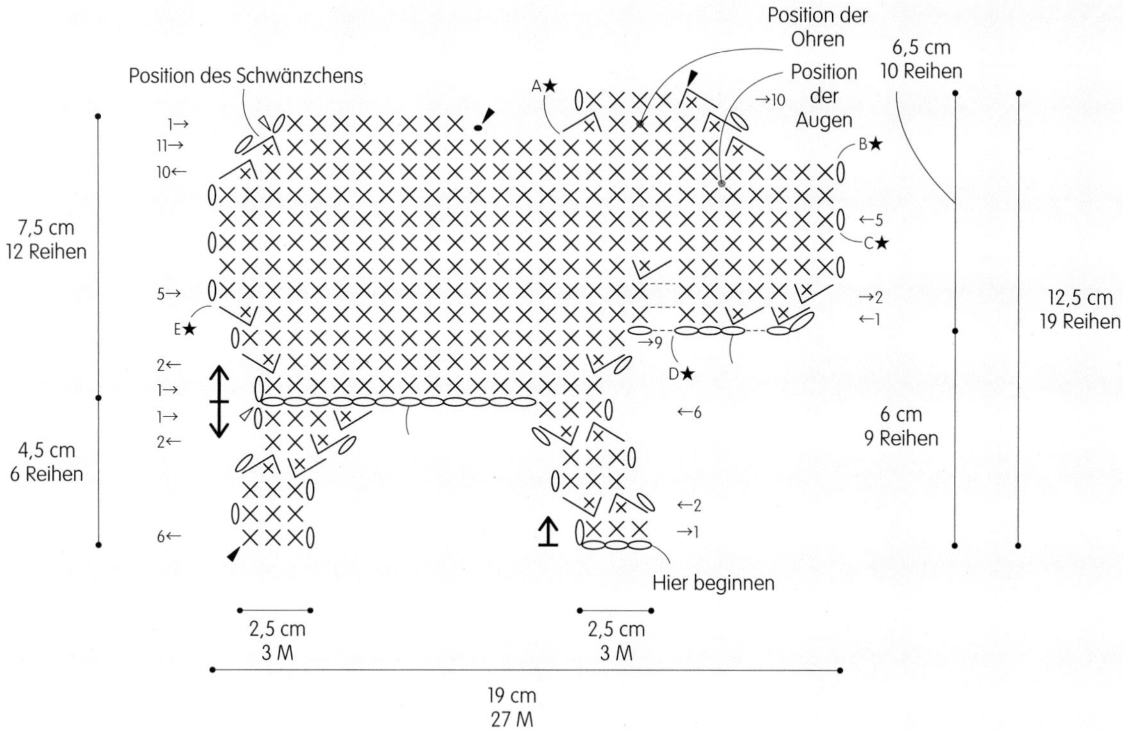


## Seitenteile

(2-mal häkeln)

Mit dem Garn in der Farbe für den Körper und der größeren Häkelnadel 4 Lm häkeln.

### Vorderbein

**Reihe 1 (Rückseite):** Mit der 2. Lm von der Nadel beginnen und je 1 fM in jede Lm häkeln. *(3 fM)*

**Reihe 2:** 1 Lm, wenden, 2 fM zus häkeln, 1 fM zun in der letzten Masche.

**Reihe 3 und 4:** 1 Lm, wenden, je 1 fM häkeln.

**Reihe 5:** 1 Lm, wenden, 1 fM zun in der 1. M, 2 fM zus häkeln.

**Reihe 6:** 1 Lm, wenden, je 1 fM in jede Masche.

Garn nicht befestigen.

### Körper

**Reihe 1 (Rückseite):** 13 Lm, wenden, je 1 fM in die 2. Lm von der Nadel und in die nächsten 11 Lm, je 1 fM in die letzten 3 M. *(15 fM)*

**Reihe 2:** 1 Lm, wenden, 1 fM zun in der 1. M, je 1 fM in jede M bis zur letzten M, 1 fM zun in der letzten M. *(17 fM)*

**Reihe 3:** 1 Lm, wenden, je 1 fM in jede M.

Garn nicht befestigen.

### Kopf

**Reihe 1 (Vorderseite):** 6 Lm, wenden, 1 fM zun in die 2. Lm von der Nadel, 1 fM zun in die nächste M, je 1 fM in die nächsten 3 Lm, je 1 fM in jede M bis zur letzten, 1 fM zun in der letzten M. *(25 fM)*

**Reihe 2:** 1 Lm, wenden, je 1 fM in jede M bis zur letzten M, 1 fM zun in der letzten M. *(26 fM)*

**Reihe 3:** 1 Lm, wenden, je 1 fM in die ersten 7 M, 1 fM zun in der nächsten M, je 1 fM in jede weitere M. *(27 fM)*

**Reihe 4–6:** 1 Lm, wenden, je 1 fM in jede M.

**Reihe 7:** 1 Lm, wenden, je 1 fM in jede M bis zu den letzten 2 M, 2 fM zus häkeln. *(26 fM)*

**Reihe 8:** 1 Lm, wenden, 2 fM zus häkeln, je 1 fM in jede M bis zu den letzten 5 M, 2 fM zus häkeln, restl M ungehäkelt lassen. *(21 fM)*

**Reihe 9:** 1 Lm, wenden, 2 fM zus häkeln, je 1 fM in die nächsten 4 M, 2 fM zus häkeln, die restl M ungehäkelt lassen. *(6 fM)*

**Reihe 10:** 1 Lm, wenden, je 1 fM in die ersten 4 M, 2 fM zus häkeln. *(5 fM)*

Garn befestigen.

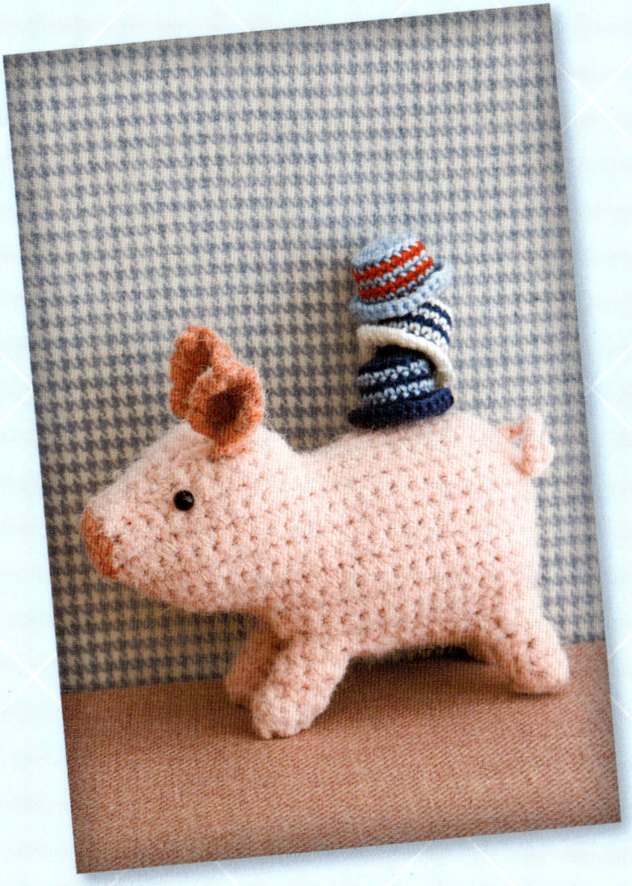

**Oberer Rücken (letzte Reihe des Körpers)**

Mit der Rückseite nach oben das Garn in der 1. M der letzten Reihe des Körpers (R 8 des Kopfes) einhäkeln, 1 Lm, Verbindungsmasche ausl, je 1 fM in die nächsten 8 M, 1 Km in die nächste M; verbleibende M ungehäkelt lassen. *(8 fM)*

Garn befestigen.

**Hinterbein**

Mit der Vorderseite nach oben in die Lm am unteren Rand am Beginn der R 1 des Körpers das Garn einhäkeln.

**Reihe 1 (Vorderseite):** 1 Lm, 1 fM in die Verbindungs-Lm, je 1 fM in die nächsten 2 Lm, 2 fM zus häkeln; die restl M ungehäkelt lassen. *(4 fM)*

**Reihe 2:** 1 Lm, wenden, 2 fM zus häkeln, je 1 fM in die letzten 2 M. *(3 fM)*

**Reihe 3:** 1 Lm, wenden, 1 fM zun in der 1. M, 2 fM zus häkeln.

**Reihe 4–6:** 1 Lm, wenden, je 1 fM in jede M.

Garn befestigen.

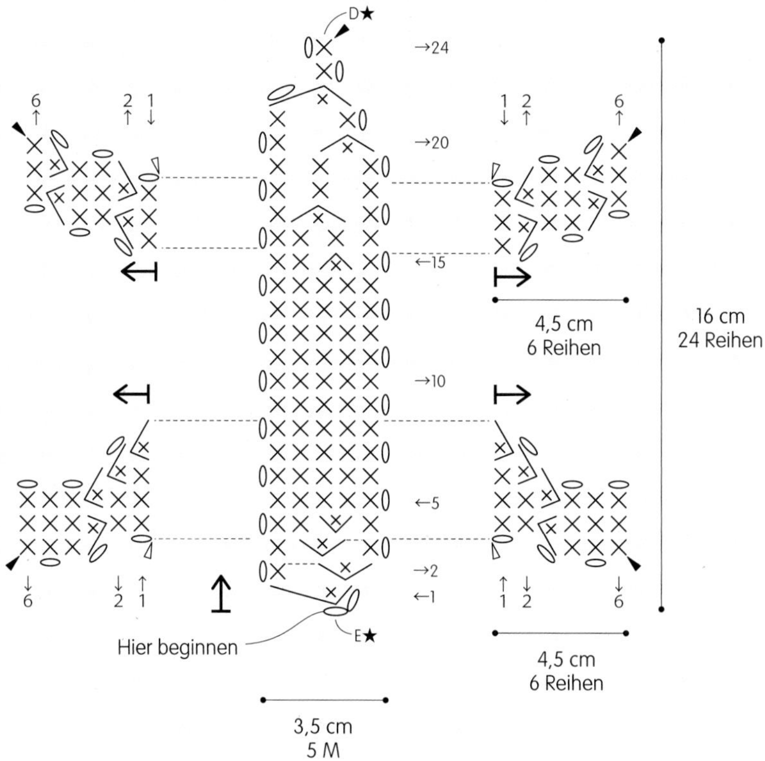


## Bauchteil

Mit dem Garn in der Farbe für den Körper und der größeren Häkelnadel 2 Lm häkeln.

**Reihe 1 (Vorderseite):** 1 fM zun in der 2. Lm von der Nadel. *(2 fM)*

**Reihe 2:** 1 Lm, wenden, 1 fM in die 1. M, 1 fM zun in der letzten M. *(3 fM)*

**Reihe 3:** 1 Lm, wenden, 1 fM in die 1. M, 1 fM zun in der nächsten M, 1 fM in die letzte M. *(4 fM)*

**Reihe 4:** 1 Lm, wenden, je 1 fM in die nächsten 2 M, 1 fM zun in der nächsten M, 1 fM in die letzte M. *(5 fM)*

**Reihe 5–14:** 1 Lm, wenden, je 1 fM in jede M häkeln.

**Reihe 15:** 1 Lm, wenden, 1 fM in die 1. M, 2 fM zus häkeln, je 1 fM in die letzten 2 M häkeln. *(4 fM)*

**Reihe 16:** 1 Lm, wenden, je 1 fM in jede M häkeln.

**Reihe 17:** 1 Lm, wenden, 1 fM in die 1. M, 2 fM zus häkeln, je 1 fM in die letzte M häkeln. *(3 fM)*

**Reihe 18 und 19:** 1 Lm, wenden, je 1 fM in jede M häkeln.

**Reihe 20:** 1 Lm, wenden, 1 fM in die 1. M, 2 fM zus häkeln. *(2 fM)*

**Reihe 21:** 1 Lm, wenden, je 1 fM in jede M häkeln.

**Reihe 22:** 1 Lm, wenden, 2 fM zus häkeln. *(1 fM)*

**Reihe 23 und 24:** 1 Lm, wenden, je 1 fM in jede M häkeln.

Garn befestigen.

### Erstes Hinterbein

**Anmerkung:** Das erste Hinterbein wird entlang des unteren, rechten Randes des Bauchteils gehäkelt. Siehe Position im Diagramm für den Bauchteil.

Mit der größeren Nadel und dem Garn in Körperfarbe am Ende der 4. Reihe des Bauchteils (Vorderseite nach oben) das Garn einhäkeln.

**Reihe 1 (Vorderseite):** 1 Lm, je 1 fM in die Randmaschen von R 4–6 häkeln, 2 fM zus häkeln (in den Randmaschen von R 7 und 8). *(4 fM)*

**Reihe 2:** 1 Lm, wenden, 2 fM zus häkeln, 1 fM in die letzten 2 M häkeln. *(3 fM)*

**Reihe 3:** 1 Lm, wenden, 1 fM zun in der 1. M, 2 fM zus häkeln.

**Reihe 4–6:** 1 Lm, wenden, je 1 fM in jede M.

Garn befestigen.

### Zweites Hinterbein

**Anmerkung:** Das zweite Hinterbein wird entlang des unteren, linken Randes des Bauchteils gehäkelt. Siehe Position im Diagramm für den Bauchteil.

Mit der größeren Nadel und dem Garn in Körperfarbe am Ende der 4. Reihe des Bauchteils (Rückseite nach oben) das Garn einhäkeln.

**Reihe 1 (Rückseite) – 6:** Häkeln Sie gleich wie die Reihen 1–6 des ersten Hinterbeins.

Garn befestigen.

### Erstes Vorderbein

**Anmerkung:** Das erste Vorderbein wird entlang des oberen, linken Randes des Bauchteils gehäkelt. Siehe Position im Diagramm für den Bauchteil.

Mit der größeren Nadel und dem Garn in Körperfarbe am Ende der 18. Reihe des Bauchteils (Vorderseite nach oben) das Garn einhäkeln.

**Reihe 1 (Vorderseite):** 1 Lm, je 1 fM in die Randmaschen von R 18–16 häkeln. *(3 fM)*

**Reihe 2:** 1 Lm, wenden, 2 fM zus häkeln, 1 fM zun in der letzten M.

**Reihe 3 und 4:** 1 Lm, wenden, je 1 fM in jede M.

**Reihe 5:** 1 Lm, wenden, 1 fM zun in der 1. M, 2 fM zus häkeln.

**Reihe 6:** 1 Lm, wenden, je 1 fM in jede M.

Garn befestigen.

### Zweites Vorderbein

**Anmerkung:** Das zweite Vorderbein wird entlang des oberen, rechten Randes des Bauchteils gehäkelt. Siehe Position im Diagramm für den Bauchteil.

Mit der größeren Nadel und dem Garn in Körperfarbe am Ende der 18. Reihe des Bauchteils (Rückseite nach oben) das Garn einhäkeln.

**Reihe 1 (Rückseite) – 6:** Häkeln Sie gleich wie die Reihen 1–6 des ersten Vorderbeins.

Garn befestigen.

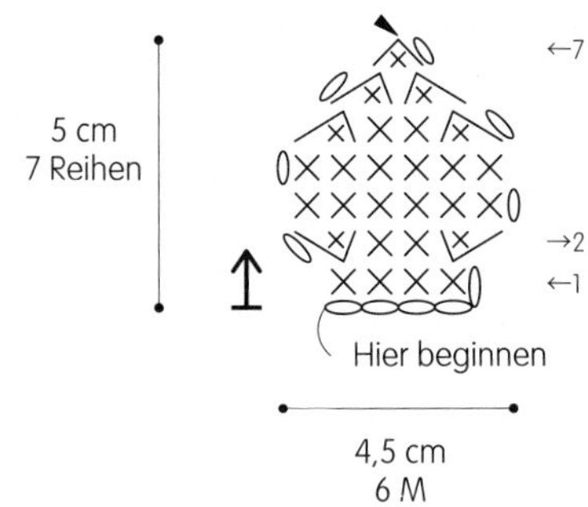


## Ohren

(2-mal häkeln)

Mit dem Garn in der Farbe für die Ohren und der größeren Häkelnadel 5 Lm häkeln.

**Reihe 1 (Vorderseite):** Je 1 fM in die 2. Lm von der Nadel und in die nächsten 3 Lm häkeln. *(4 fM)*

**Reihe 2:** 1 Lm, wenden, 1 fM zun in der 1. M, je 1 fM in die nächsten 2 M, 1 fM zun in der letzten M. *(6 fM)*

**Reihe 3 und 4:** 1 Lm, wenden, je 1 fM in jede M.

**Reihe 5:** 1 Lm, wenden, 2 fM zus häkeln, 1 fM in die nächsten 2 M, 2 fM zus häkeln. *(4 fM)*

**Reihe 6:** 1 Lm, wenden, [2 fM zus häkeln] 2-mal. *(2 fM)*

**Reihe 7:** 1 Lm, wenden, 2 fM zus häkeln. *(1 fM)*

Garn befestigen.

## Hinterkopf

Mit dem Garn in der Farbe des Körpers und der größeren Häkelnadel 2 Lm häkeln.

**Reihe 1 (Vorderseite):** 1 fM in die 2. Lm von der Nadel häkeln. *(1 fM)*

**Reihe 2:** 1 Lm, wenden, 1 fM zun in der nächsten M. *(2 fM)*

**Reihe 3:** 1 Lm, wenden, 1 fM in die 1. M, 1 fM zun in der letzten M. *(3 fM)*

**Reihe 4:** 1 Lm, wenden, 1 fM in die 1. M, 1 fM zun in der nächsten M, 1 fM in die letzte M häkeln. *(4 fM)*

**Reihe 5–7:** 1 Lm, wenden, je 1 fM in jede M häkeln.

**Reihe 8:** 1 Lm, wenden, 1 fM in die 1. M, 2 fM zus häkeln, 1 fM in die letzte M häkeln. *(3 fM)*

**Reihe 9:** 1 Lm, wenden, je 1 fM in jede M häkeln.

**Reihe 10:** 1 Lm, wenden, 2 fM zus häkeln, 1 fM in die letzte M häkeln. *(2 fM)*

**Reihe 11–13:** 1 Lm, wenden, je 1 fM in jede M häkeln.

Garn befestigen.

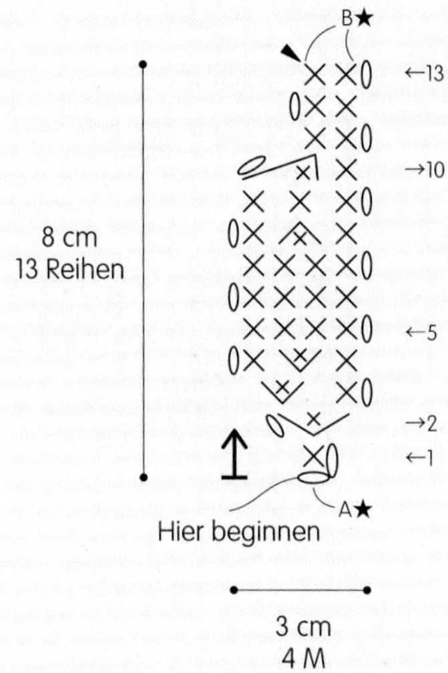


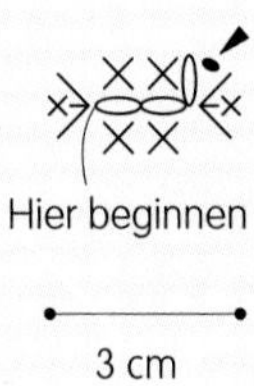


## Mäulchen

Mit dem Garn in der Farbe für die Nase und der größeren Häkelnadel 3 Lm häkeln.

**Runde 1:** 1 fM in die 2. Lm von der Nadel häkeln, 5 fM in die nächste Lm häkeln; arbeiten Sie auf der anderen Seite der Lm-Kette weiter, 4 fM in die nächste Lm; mit 1 Km mit der 1. fM verbinden. Das Garn abschneiden und einen langen Faden stehenlassen, damit Sie das Mäulchen am Gesicht annähen können.

## Schwanz

Mit dem Garn in der Farbe des Körpers und der kleineren Häkelnadel 15 Lm häkeln. Das Garn befestigen und einen langen Faden zum Annähen an den Körper stehenlassen.

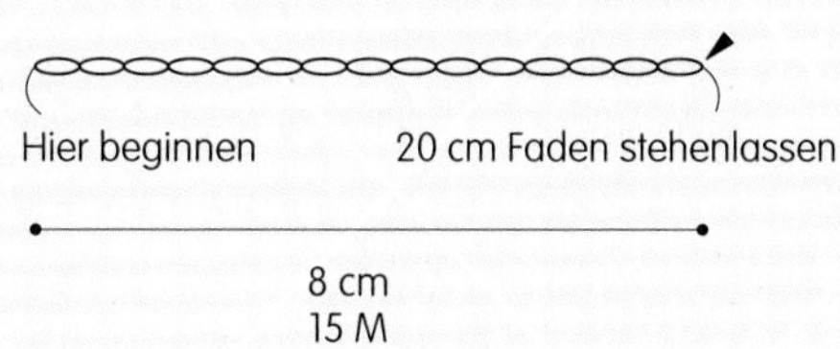

# Die Einzelteile zusammennähen

Befestigen Sie die Knöpfe (mit Nähgarn und Nadel) oder die Sicherheitsaugen an den Seitenteilen des Körpers wie auf dem Diagramm gezeigt. Legen Sie die Punkte A, B, C und D (auf den Diagrammen mit Sternchen eingezeichnet) der Seitenteile, des Bauchteils und des Hinterkopfes aufeinander, nähen Sie sie mit dem Überwendlingsstich mit passendem Garn zusammen und füllen Sie die Figur, bevor Sie die Näharbeiten beendet haben. Nähen Sie mit dem Überwendlingsstich die Ohren oben am Kopf und das Mäulchen am Gesicht an. Drehen Sie das Schwänzchen zu Korkenzieherkringeln ein und nähen Sie es hinten an den Körper. Verwenden Sie einen kurzen, dunkelbraunen Faden, um die Nasenlöcher auf das Mäulchen zu sticken. Orientieren Sie sich dabei am Foto. Vernähen Sie die Enden.

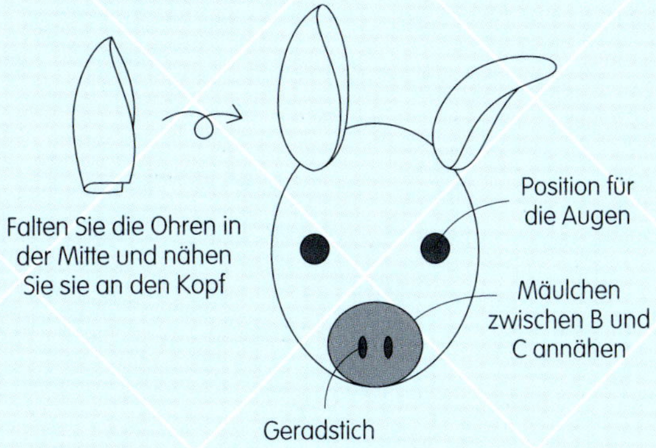


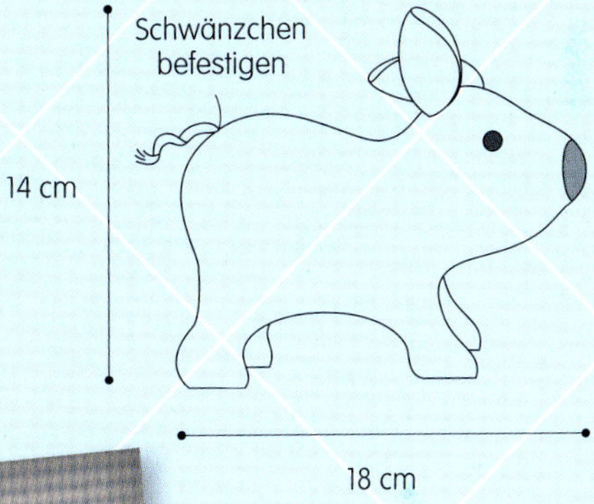


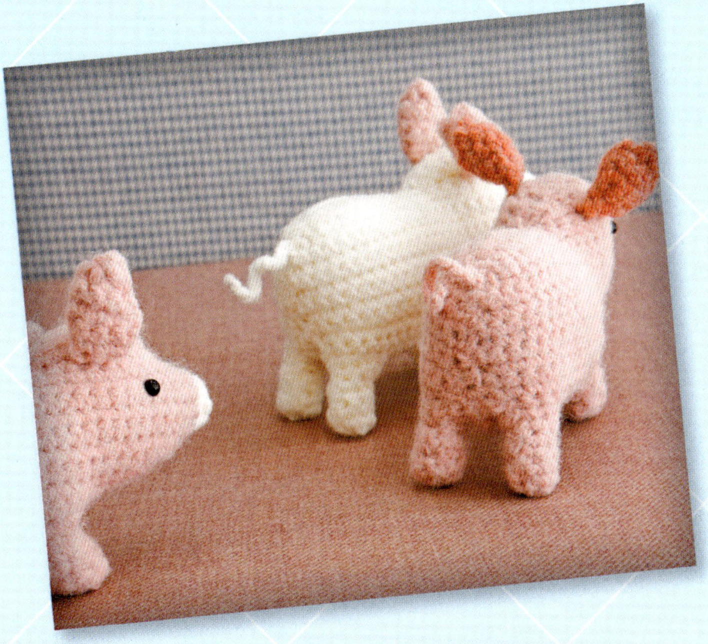

# Bowler

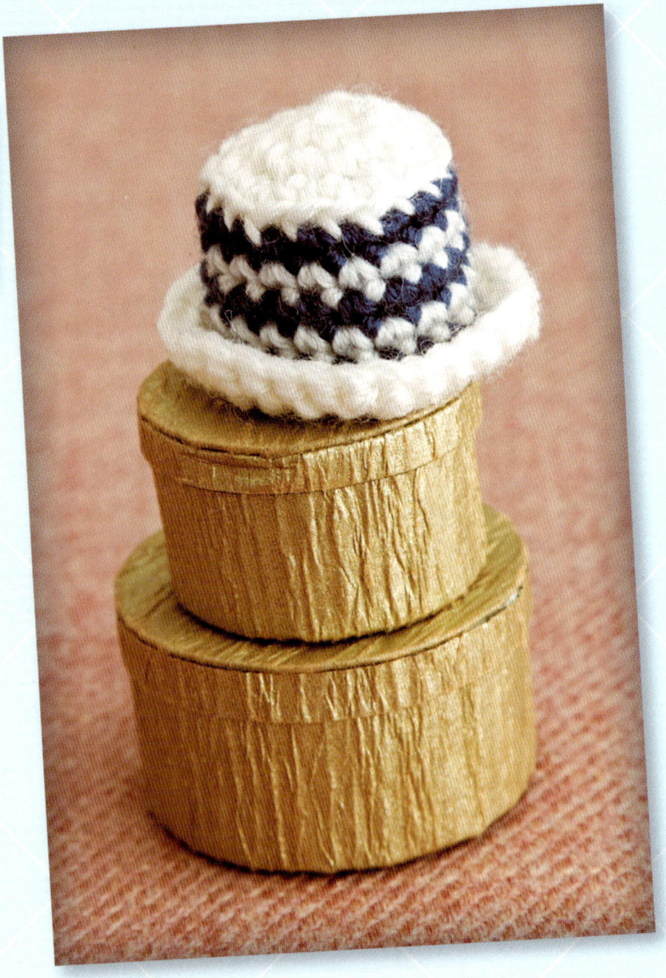

## Material

- Feines Garn (Gemisch aus Wolle und Acryl) in Marineblau, Blau oder Weiß, 12 m (3 g) (Hauptfarbe)
- Feines Garn (Gemisch aus Wolle und Acryl) in Blau, Rot oder Marineblau, 7,5 m (2 g) (Streifen)

## Handarbeitszeug

- Häkelnadel, 3,25 mm
- Stick- oder Garnnadel

## Abmessungen

Die fertige Größe beträgt 4 cm x 2 cm.

## Verwendete Maschen

**Häkeln:** Luftmasche (Lm), feste Masche (fM), einfache Zunahme (1 fM zun), Kettmasche (Km) und in das hintere Maschenglied häkeln. (Siehe Seiten 10–17 für detaillierte Anleitungen.)

## Anmerkungen zum Muster

1. Alle Abmessungen sind geschätzt und variieren je nach Spannung und Garnwahl.
2. Der Sonnenhut wird mit 2 Fäden gehäkelt, die durchgehend zusammengehalten werden.
3. Die Farbe wird für die Streifen gewechselt. Um die Farbe zu ändern, verbinden Sie die alte Farbe mit der neuen mithilfe einer Kettmasche. Mit der Nadel in die 1. Masche stechen, Umschlag mit der neuen Farbe, um die Kettmasche zu beenden. Mit der neuen Farbe fortfahren. Führen Sie die nicht verwendete Farbe hoch in den Hut, wo sie als nächstes gebraucht wird.

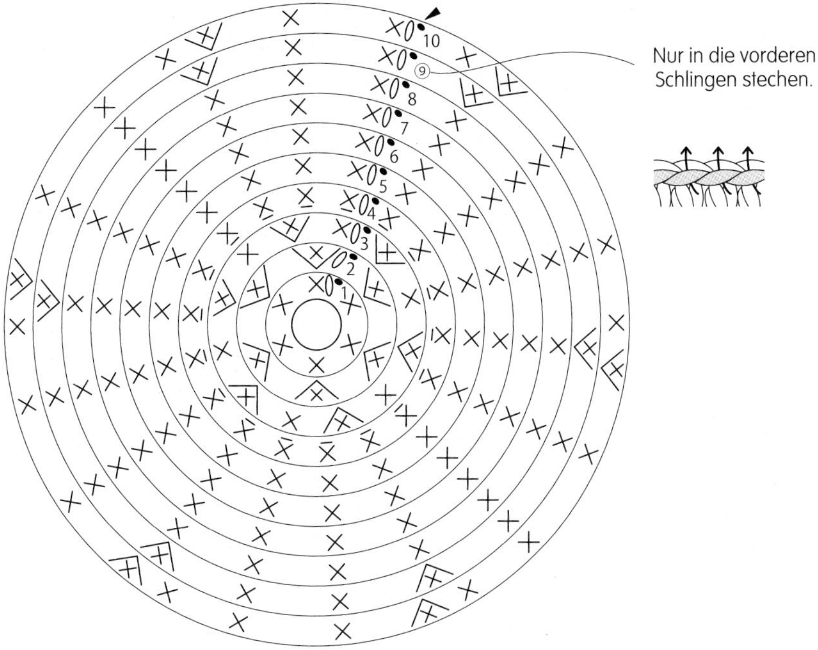


# Bowler

Mit 2 Fäden in der Hauptfarbe zum Rundhäkeln einen Fadenring bilden.

**Runde 1 (Vorderseite):** 1 Lm, 6 fM in den Ring häkeln; die Rd mit 1 Km in die 1. M beenden. *(6 fM)*

**Runde 2:** 1 Lm, 1 fM zun in jeder M; die Rd mit 1 Km in die 1. M beenden. *(12 fM)*

**Runde 3:** 1 Lm, 1 fM in dieselbe M wie die Km, 1 fM zun in der nächsten M, * 1 fM in die nächste M, 2 fM zun in der nächsten M; ab * bis zum Ende der Runde wiederholen, die Rd mit 1 Km in die 1. M beenden. *(18 fM)*

**Runde 4:** 1 Lm, nur in die hinteren Maschenglieder häkeln, je 1 fM in jede M häkeln; die Rd mit 1 Km in die 1. M beenden.

**Runde 5:** 1 Lm, je 1 fM in jede M bis zum Ende der Runde; die Rd mit 1 Km in die 1. M beenden.

**Runde 6:** In der Farbe der Streifen 1 Lm, je 1 fM in jede M bis zum Ende der Runde; die Rd mit 1 Km in die 1. M beenden.

**Runde 7:** In der Hauptfarbe 1 Lm, je 1 fM in jede M bis zum Ende der Runde; die Rd mit 1 Km in die 1. M beenden.

**Runde 8:** In der Farbe der Streifen 1 Lm, je 1 fM in jede M bis zum Ende der Runde; die Rd mit 1 Km in die 1. M beenden. Das Garn in der Farbe der Streifen abschneiden und nur noch mit dem Hauptgarn weiterhäkeln.

**Runde 9:** 1 Lm, nur in die vorderen Maschenglieder häkeln, 1 M in die 2. M von der Nadel und 1 fM in die nächste M, [1 fM zun, je 1 fM in die nächsten 2 M] 5-mal, die Rd mit 1 Km in die 1. M beenden. *(24 fM)*

**Runde 10:** 1 Lm, 1 M in die 2. M von der Nadel und 1 fM in die nächste M, [1 fM zun, je 1 fM in die nächsten 3 M] 5-mal, 1 fM in die letzte M, die Rd mit 1 Km beenden. *(30 fM)*

## Fertigstellung

Die Fäden vernähen.

# Alpaka Ana

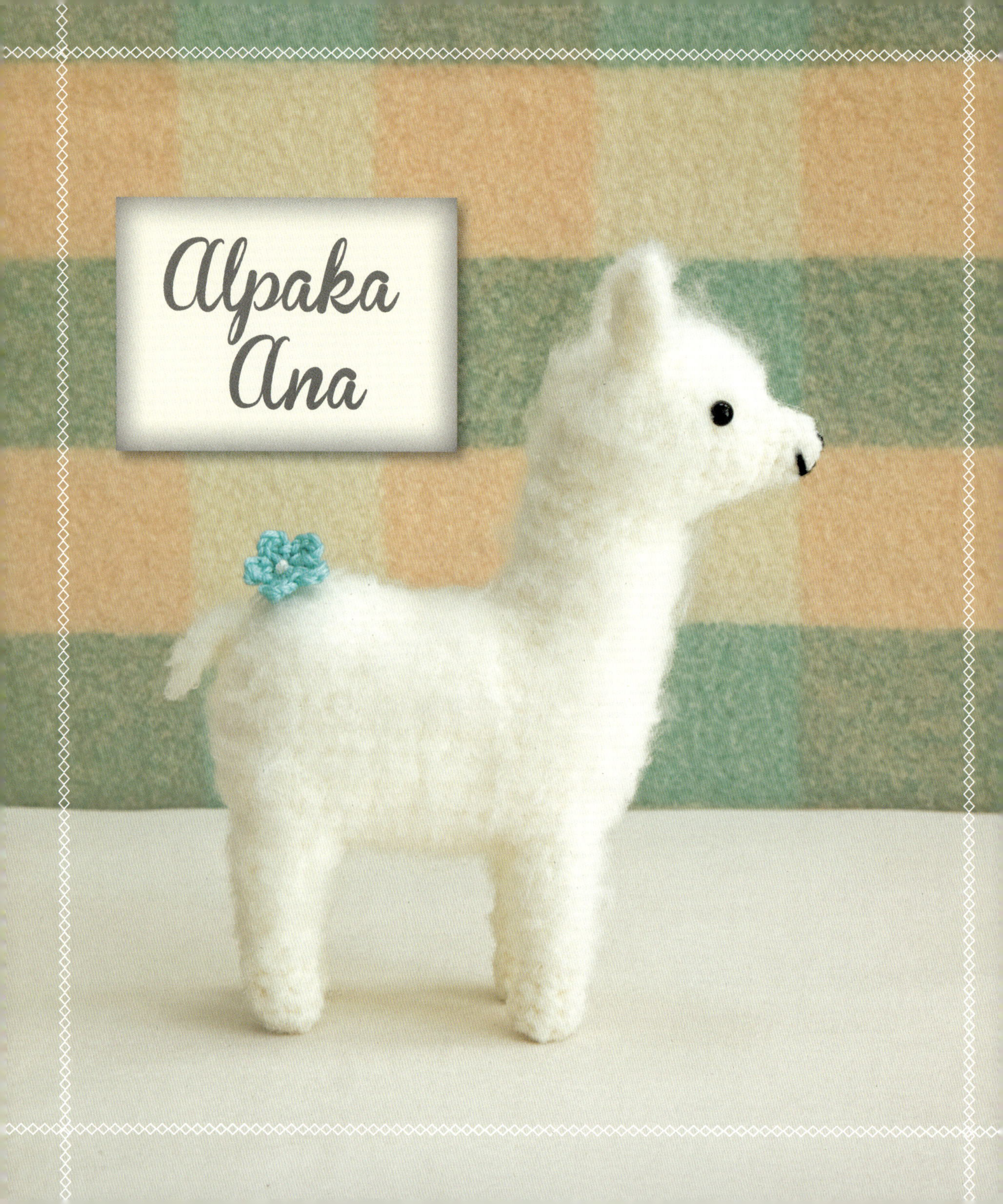

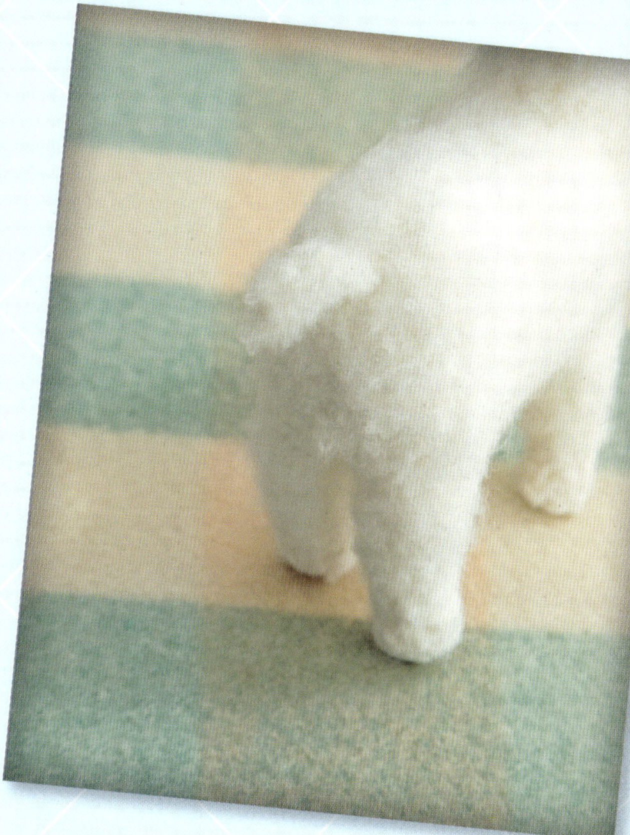

## Material

- Dickes Garn mit flauschiger Struktur (Gemisch aus grober Wolle und Acryl oder Mohair) in Weiß, 60 m (55 g)
- Dickes Garn (Gemisch aus grober Wolle und Acryl) in Weiß, 11 m (10 g)
- Mittleres Garn (Gemisch aus mittelfeiner Wolle und Acryl) in Schwarz, kleine Menge
- Füllwatte
- 2 schwarze Knöpfe oder Sicherheitsaugen, 8 mm Durchmesser

## Handarbeitszeug

- Häkelnadel, 5 mm
- Nähnadel und Nähseide (falls Sie Knöpfe für die Augen verwenden)
- Stick- oder Garnnadel

## Abmessungen

Die fertige Größe beträgt 19 cm x 24,5 cm.

## Verwendete Maschen

**Häkeln:** Luftmasche (Lm), feste Masche (fM), einfache Abnahme (2 fM zus häkeln), einfache Zunahme (fM zun), Maschen auslassen (M ausl) und Kettmasche (Km). **Nähen:** Überwendlingsstich. (Siehe Seiten 10–17 für detaillierte Anleitungen.)

## Anmerkungen zum Muster

1. Alle Abmessungen sind geschätzt und variieren je nach Spannung und Garnwahl.
2. Wenn Sie mit flauschigem Strukturgarn arbeiten, nehmen Sie 2 Fäden zusammen.
3. Um das Garn zu wechseln, erst die letzte Masche mit dem alten Garn bis zum letzten Umschlag häkeln. Umschlag mit dem neuen Garn, dieses dann durch alle Schlingen auf der Nadel ziehen und die Masche fertighäkeln. Mit dem neuen Garn fortfahren und das alte befestigen.
4. Das Alpaka besteht aus 12 Teilen: 2 Körper-Seitenteile, 1 Bauchteil, 2 Hinterbeine, 2 Vorderbeine, 1 Hinterkopf, 2 Ohren, 1 Mäulchen und 1 Schwänzchen. Die Vorder- und Hinterbeine werden direkt an die Seitenkanten des Bauchteils gehäkelt, um die Näharbeiten für das fertige Alpaka so gering wie möglich zu halten. Alle übrigen Körperteile werden zusammengenäht.

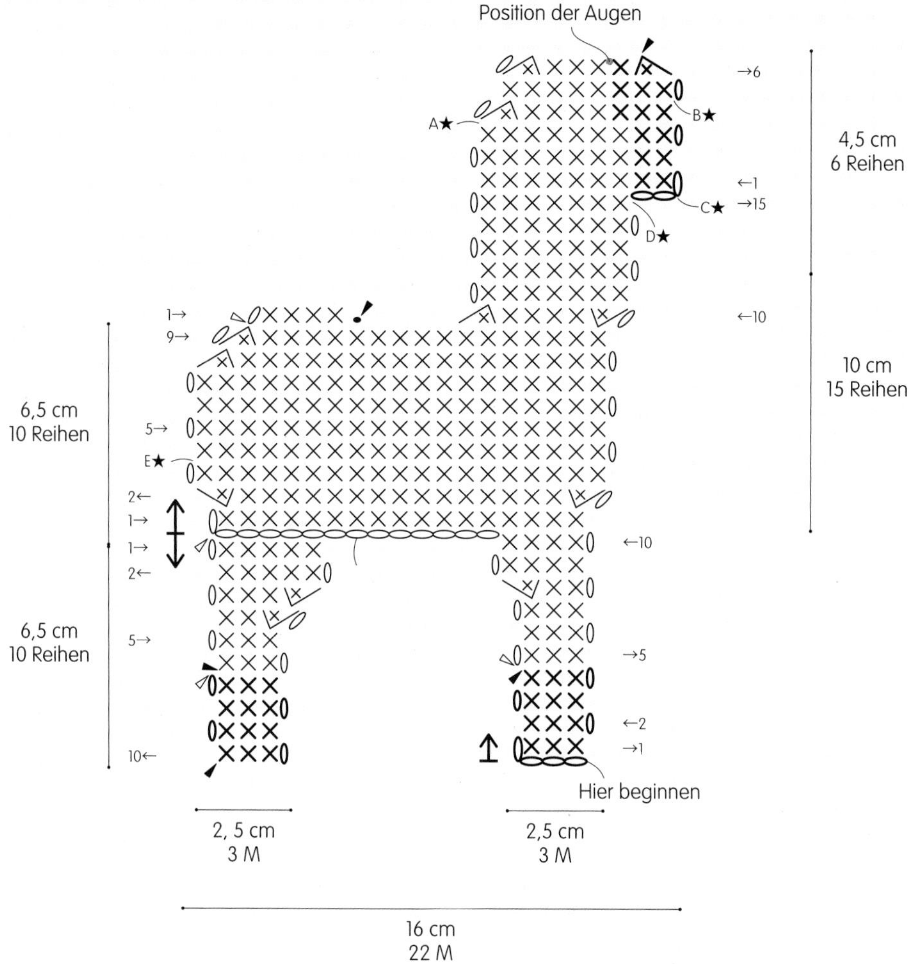


## Seitenteile

(2-mal häkeln)

Mit dem weißen, glatten Garn 4 Lm häkeln.

### Vorderbein

**Reihe 1 (Rückseite):** Mit der 2. Lm von der Nadel beginnen und 1 fM in jede Lm. *(3 fM)*

**Reihe 2–4:** 1 Lm, wenden, je 1 fM in jede Masche.

Das Garn wechseln und mit 2 Fäden Strukturgarn weiterhäkeln. Das glatte Garn abschneiden.

**Reihe 5–7:** 1 Lm, wenden, je 1 fM in jede Masche.

**Reihe 8:** 1 Lm, wenden, je 1 fM in die ersten 2 M, 1 M zun in der letzten M. *(4 fM)*

**Reihe 9 und 10:** 1 Lm, wenden, je 1 fM in jede Masche. Garn nicht befestigen.

### Körper

**Reihe 1 (Rückseite):** 14 Lm, wenden, 1 fM in die 2. M von der Nadel und in die nächsten 12 Lm, je 1 fM in die letzten 4 M. *(17 fM)*

**Reihe 2:** 1 Lm, wenden, 1 fM zun in der 1. M, je 1 fM in jede M bis zur letzten M, 1 fM zun in der letzten M. *(19 fM)*

**Reihe 3–7:** 1 Lm, wenden, je 1 fM in jede M.

**Reihe 8:** 1 Lm, wenden, je 1 fM in jede M bis zu den letzten 2 M, 2 fM zus häkeln. *(18 fM)*

**Reihe 9:** 1 Lm, wenden, 2 fM zus häkeln, je 1 fM in jede M. *(17 fM)*

Garn nicht befestigen.

#### Hals

**Reihe 10:** 1 Lm, wenden, 1 fM zun in der 1. M, je 1 fM in die nächsten 4 M, 2 fM zus häkeln; die restl M ungehäkelt lassen. *(7 fM)*

**Reihe 11–15:** 1 Lm, wenden, je 1 fM in jede M.

Garn nicht befestigen.

#### Kopf

**Reihe 1 (Vorderseite):** 3 Lm, wenden, 1 fM in die 2. Lm von der Nadel und die nächste Lm, je 1 fM in die nächsten 7 M. *(9 fM)*

**Reihe 2 und 3:** 1 Lm, wenden, je 1 fM in jede M.

**Reihe 4:** 1 Lm, wenden, 2 fM zus häkeln, je 1 fM in jede M. *(8 fM)*

**Reihe 5:** 1 Lm, wenden, je 1 fM in jede M.

**Reihe 6:** 1 Lm, wenden, 2 fM zus häkeln, je 1 fM in die nächsten 4 M, 2 fM zus häkeln. *(6 fM)*

Garn befestigen.

#### Oberer Rücken (letzte Reihe des Körpers)

Mit der Rückseite nach oben 2 Fäden des Strukturgarns in die 1. M der letzten Reihe des Körpers (R 9) einhäkeln, 1 Lm, Verbindungsmasche ausl, je 1 fM in die nächsten 4 M häkeln, 1 Km in die nächste M; verbleibende M ungehäkelt lassen. *(4 fM)*

Garn befestigen.

#### Hinterbein

Mit der Vorderseite nach oben 2 Fäden des Strukturgarns am Beginn der 1. Reihe in die dortigen Luftmaschen einhäkeln.

**Reihe 1 (Vorderseite):** 1 Lm, 1 fM in dieselbe Lm, je 1 fM in die nächsten 4 Lm, restl M ungehäkelt lassen. *(5 fM)*

**Reihe 2:** 1 Lm, wenden, je 1 fM in jede Masche.

**Reihe 3:** 1 Lm, wenden, je 1 fM in die ersten 3 M, 2 fM zus häkeln. *(4 fM)*

**Reihe 4:** 1 Lm, wenden, 2 fM zus häkeln, je 1 fM in die letzten 2 M. *(3 fM)*

**Reihe 5–6:** 1 Lm, wenden, je 1 fM in jede Masche.

Das Garn wechseln und mit 1 Faden des glatten Garns weiterhäkeln. Das Strukturgarn abschneiden.

**Reihe 7–10:** 1 Lm, wenden, je 1 fM in jede Masche.

Das Garn befestigen.

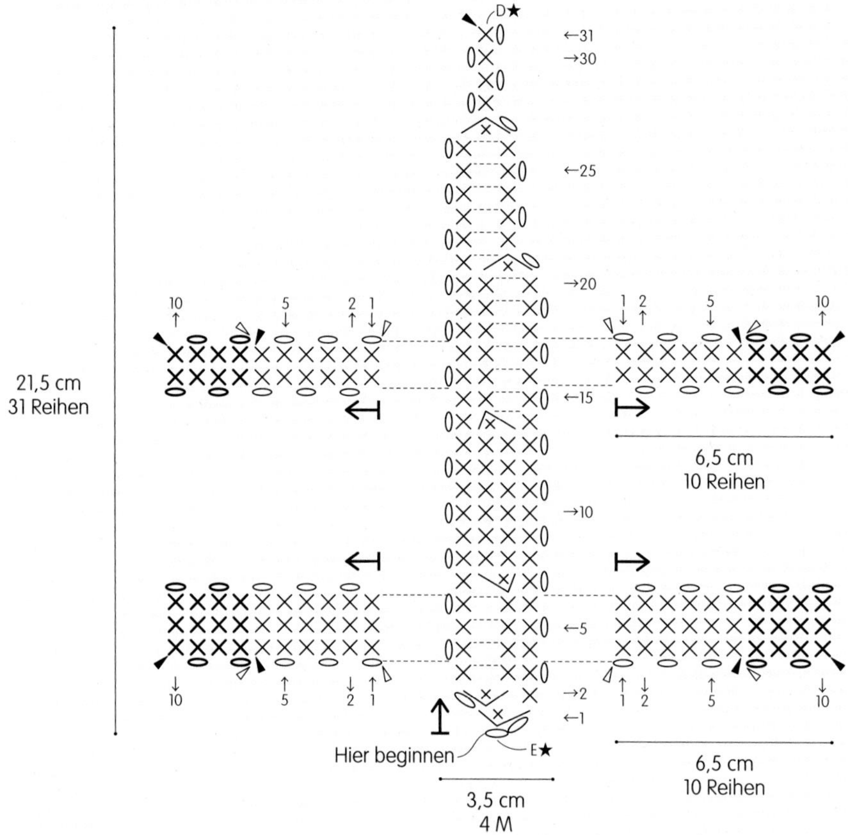


## Bauchteil

Mit 2 Fäden des weißen Strukturgarns 2 Lm häkeln.

**Reihe 1 (Vorderseite):** 1 fM zun in der 2. Lm von der Nadel. *(2 fM)*

**Reihe 2:** 1 Lm, wenden, 1 fM zun in der 1. M, 1 fM in die letzte M. *(3 fM)*

**Reihe 3–6:** 1 Lm, wenden, je 1 fM in jede M häkeln.

**Reihe 7:** 1 Lm, wenden, 1 fM in die 1. M, 1 fM zun in der nächsten M, 1 fM in die letzte M. *(4 fM)*

**Reihe 8–13:** 1 Lm, wenden, je 1 fM in jede M häkeln.

**Reihe 14:** 1 Lm, wenden, 1 fM in die 1. M, 2 fM zus häkeln, 1 fM in die letzte M. *(3 fM)*

**Reihe 15–20:** 1 Lm, wenden, je 1 fM in jede M häkeln.

**Reihe 21:** 1 Lm, wenden, 2 fM zus häkeln, 1 fM in die letzte M häkeln. *(2 fM)*

**Reihe 22–26:** 1 Lm, wenden, je 1 fM in jede M häkeln.

**Reihe 27:** 1 Lm, wenden, 2 fM zus häkeln. *(1 fM)*

**Reihe 28–31:** 1 Lm, wenden, 1 fM in die M häkeln.

Garn befestigen.

## Erstes Hinterbein

**Anmerkung:** Das erste Hinterbein wird entlang des unteren, rechten Randes des Bauchteils gehäkelt. Siehe Position im Diagramm für den Bauchteil.

Mit 2 Fäden des weißen Strukturgarns am Ende der 4. Reihe des Bauchteils (Vorderseite nach oben) das Garn einhäkeln.

**Reihe 1 (Vorderseite):** 1 Lm, je 1 fM in die Randmaschen von R 4–6 häkeln. *(3 fM)*

**Reihe 2–6:** 1 Lm, wenden, je fM in jede M.

Das Garn wechseln und mit 1 Faden des glatten Garns weiterhäkeln. Das Strukturgarn abschneiden.

**Reihe 7–10:** 1 Lm, wenden, je 1 fM in jede M.

Garn befestigen.

## Erstes Vorderbein

**Anmerkung:** Das erste Vorderbein wird entlang des oberen, linken Randes des Bauchteils gehäkelt. Siehe Position im Diagramm für den Bauchteil.

Mit 2 Fäden des weißen Strukturgarns am Ende der 17. Reihe des Bauchteils (Vorderseite nach oben) das Garn einhäkeln.

**Reihe 1 (Vorderseite):** 1 Lm, je 1 fM in die Randmaschen von R 17 und R 16 häkeln. *(2 fM)*

**Reihe 2–6:** 1 Lm, wenden, je 1 fM in jede M.

Das Garn wechseln und mit 1 Faden des glatten Garns weiterhäkeln. Das Strukturgarn abschneiden.

**Reihe 7–10:** 1 Lm, wenden, je 1 fM in jede M.

Garn befestigen.

## Zweites Hinterbein

**Anmerkung:** Das zweite Hinterbein wird entlang des unteren, linken Randes des Bauchteils gehäkelt. Siehe Position im Diagramm für den Bauchteil.

Mit 2 Fäden des weißen Strukturgarns am Anfang der 4. Reihe des Bauchteils (Rückseite nach oben) das Garn einhäkeln.

**Reihe 1 (Rückseite) – 10:** Häkeln Sie gleich wie die Reihen 1–10 des ersten Hinterbeins.

Garn befestigen.

## Zweites Vorderbein

**Anmerkung:** Das zweite Vorderbein wird entlang des oberen, rechten Randes des Bauchteils gehäkelt. Siehe Position im Diagramm für den Bauchteil.

Mit 2 Fäden des Strukturgarns am Ende der 17. Reihe des Bauchteils (Rückseite nach oben) das Garn einhäkeln.

**Reihe 1 (Rückseite) – 10:** Häkeln Sie gleich wie die Reihen 1–10 des ersten Vorderbeins.

Garn befestigen.

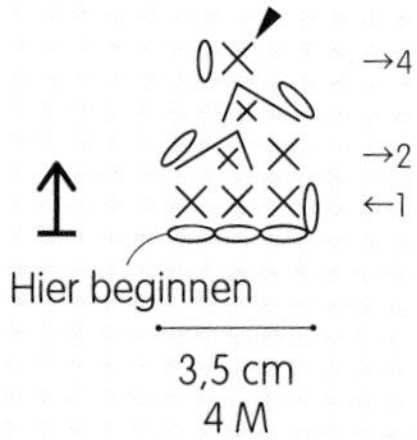


## Ohren

(2-mal häkeln)

Mit 2 Fäden des weiße Strukturgarns 4 Lm häkeln.

**Reihe 1 (Vorderseite):** Je 1 fM in die 2. Lm von der Nadel und in die nächsten 2 Lm häkeln. *(3 fM)*

**Reihe 2:** 1 Lm, wenden, 2 fM zus häkeln, 1 fM in die letzte M. *(2 fM)*

**Reihe 3:** 1 Lm, wenden, 2 fM zus häkeln. *(1 fM)*

**Reihe 4:** 1 Lm, wenden, 1 fM häkeln.

Garn befestigen.

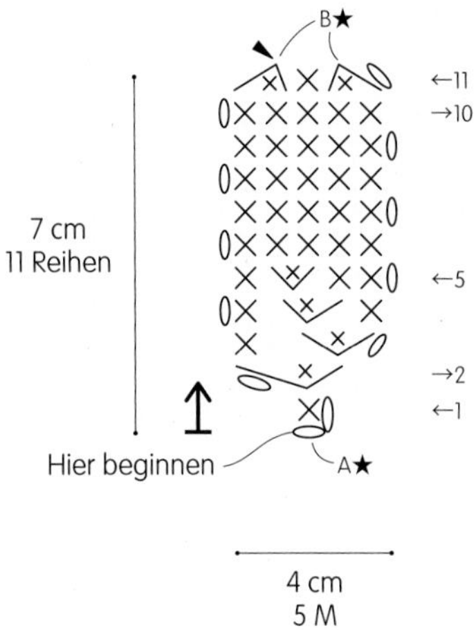


## Hinterkopf

Mit 2 Fäden des weißen Strukturgarns 2 Lm häkeln.

**Reihe 1 (Vorderseite):** 1 fM in die 2. Lm von der Nadel häkeln. *(1 fM)*

**Reihe 2:** 1 Lm, wenden, 1 fM zun. *(2 fM)*

**Reihe 3:** 1 Lm, wenden, 1 fM zun in der 1. M, 1 fM in die letzte M. *(3 fM)*

**Reihe 4:** 1 Lm, wenden, 1 fM in die 1. M, 1 fM zun in der nächsten M, 1 fM in die letzte M. *(4 fM)*

**Reihe 5:** 1 Lm, wenden, je 1 fM in die nächsten 2 M, 1 fM zun in der nächsten M, 1 fM in die letzte M. *(5 fM)*

**Reihe 6–10:** 1 Lm, wenden, je 1 fM in jede M.

**Reihe 11:** 1 Lm, wenden, 2 fM zus häkeln, 1 fM in die nächste M, 2 fM zus häkeln. *(3 fM)*

Garn befestigen.

## Mäulchen

Mit dem weißen, glatten Garn einen Fadenring zum Rundhäkeln machen.

**Runde 1:** 1 Lm, 5 fM in den Ring häkeln, mit 1 Km mit der 1. M verbinden. *(5 fM)*

**Runde 2:** 1 Lm, 1 fM in die Km, je 1 fM in die nächsten 2 M, je 1 fM zun in den nächsten 2 M. *(7 fM)*

**Runde 3:** 1 Lm, je 1 fM in jede M.

**Runde 4:** 1 Lm, 1 fM in die Km, je 1 fM in die nächsten 2 M, je 1 fM zun in den nächsten 4 M. *(11 M)*

Garn befestigen und einen langen Faden stehenlassen, um das Mäulchen an das Gesicht zu nähen.

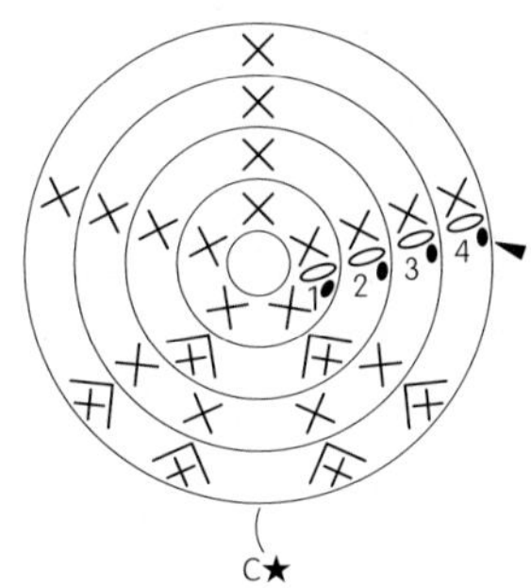


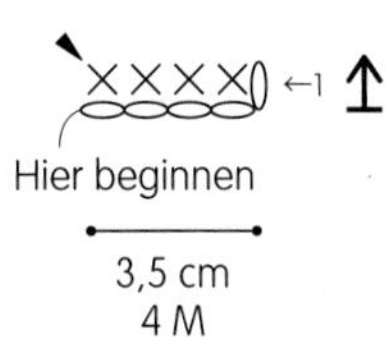


## Schwänzchen

Mit 2 Fäden des weißen Strukturgarns 5 Lm häkeln.

**Reihe 1 (Vorderseite):** Je 1 fM in die 2. Lm von der Nadel und in die nächsten 3 Lm häkeln. *(4 fM)*

Garn befestigen und einen langen Faden stehenlassen, um das Schwänzchen an den Körper zu nähen.

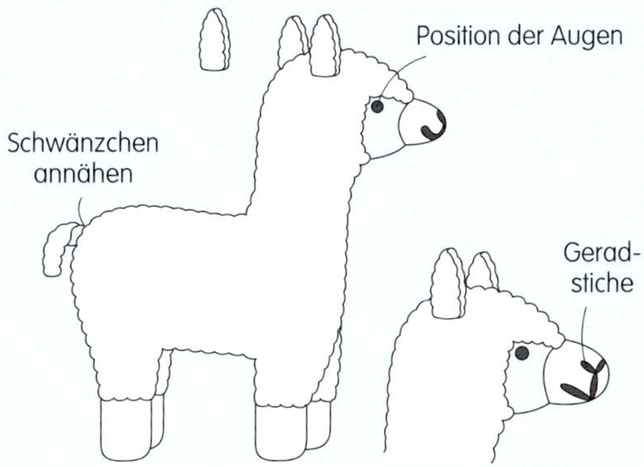


## Die Einzelteile zusammennähen

Befestigen Sie die Knöpfe (mit Nähgarn und Nadel) oder die Sicherheitsaugen an den Seitenteilen des Körpers, wie auf dem Diagramm gezeigt. Legen Sie die Punkte A, B, C und D (auf den Diagrammen mit Sternchen eingezeichnet) der Seitenteile, des Bauchteils und des Hinterkopfes aufeinander, nähen Sie sie mit dem Überwendlingsstich mit passendem Garn zusammen und füllen Sie die Figur, bevor Sie die Näharbeiten beendet haben. Nähen Sie dann mit dem Überwendlingsstich die Ohren oben am Kopf, das Mäulchen am Gesicht und das Schwänzchen hinten am Körper an. Verwenden Sie schwarzes Garn, um Mund und Nase im Geradstich zu sticken. Vernähen Sie die Enden.

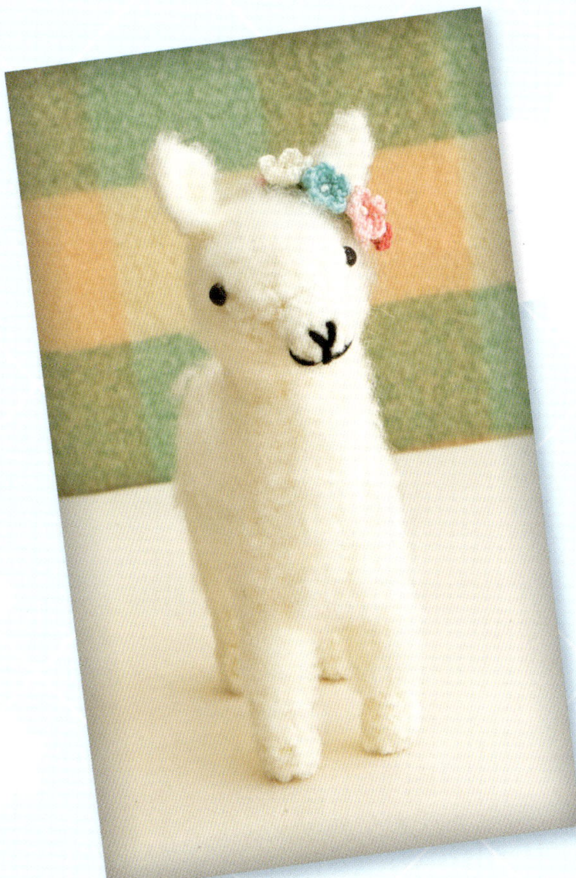

# Blumenkranz

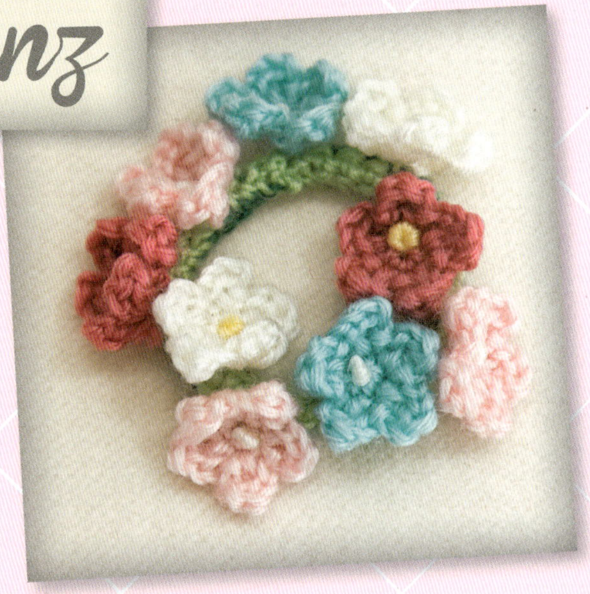

## Material

- Feines Garn (Gemisch aus Wolle und Acryl) in Rosa, Dunkelrosa, Weiß, Limettengrün, Grün, Mintblau und Gelb, je 3 m (1 g)

## Handarbeitszeug

- Häkelnadel, 2,25 mm
- Stick- oder Garnnadel

## Abmessungen

Der Durchmesser des fertigen Rings beträgt 5 cm.

## Verwendete Maschen

**Häkeln:** Luftmasche (Lm), Stäbchen (Stb), feste Masche (fM) und Kettmasche (Km)
**Nähen:** Überwendlingsstich. (Siehe Seiten 10–17 für detaillierte Anleitungen.)
**Speziell für dieses Muster:** Französischer Knoten (Knötchenstich)

## Anmerkungen zum Muster

1. Alle Abmessungen sind geschätzt und variieren je nach Spannung und Garnwahl.
2. Häkeln Sie mehrere Blüten und nähen Sie sie an einen Kranz, um den Blumenring zu gestalten, oder häkeln Sie einzelne Blüten, um damit verschiedenste Arbeiten zu verzieren.

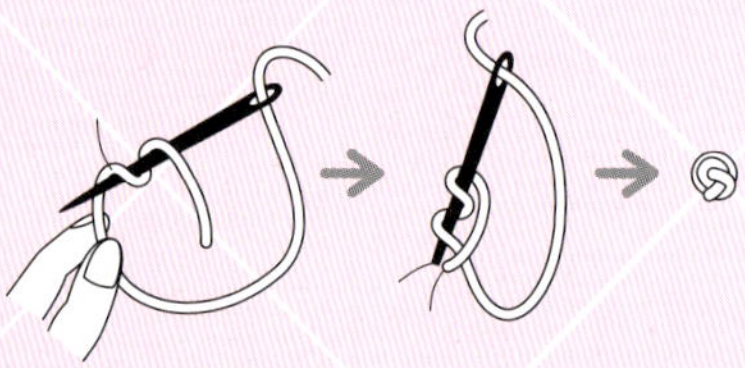

## Französischer Knoten (Knötchenstich)

Das Garn durch die Mitte von der Rückseite der Arbeit nach vorne ziehen. Halten Sie das Garn fest. Wickeln Sie das Garn 2-mal um die Nadel. Stechen Sie die Nadel direkt neben der Ausstichsstelle wieder zurück in die Arbeit; dabei das Garn straff halten, die Umwicklungen die Nadel entlang hinunter an die Arbeit schieben und die Nadel durchziehen.

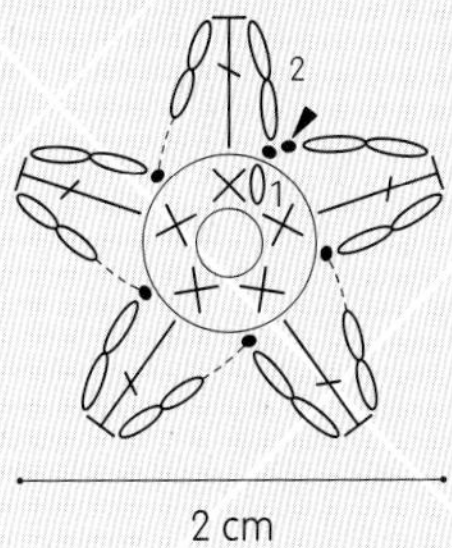


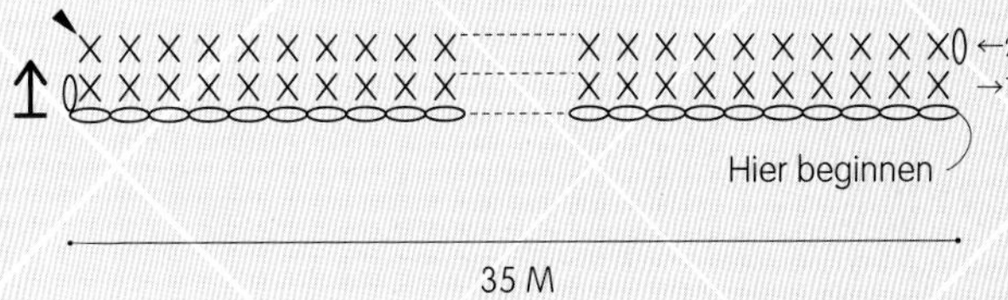


## Blüten

(9-mal in verschiedenen Farben häkel)

Zum Rundhäkeln einen Fadenring bilden.

**Runde 1:** 1 Lm, 5 fM in den Ring häkeln, mit 1 Km mit der 1. M verbinden. Faden des Fadenringes festziehen, um die Schlinge zu schließen.

**Runde 2:** 2 Lm, 1 Stb in die 1. fM, * 2 Lm, (1 Km, 2 Lm, 1 Stb) in die nächste fM; 3-mal wiederholen ab *, 2 Lm, 1 Km in die Km der vorigen Runde.

Garn befestigen.

Machen Sie durch die Mitte einer jeden Blume einen Französischen Knoten in einer Kontrastfarbe. Lassen Sie einen langen Faden stehen, um die Blume an den Kranz annähen zu können.

## Kranz

Mit dem grünen Garn 36 Lm häkeln.

**Reihe 1:** Je 1 fM in die 2. Lm von der Nadel und in alle weiteren Lm häkeln. *(35 fM)*

**Reihe 2:** 1 Lm, wenden, je 1 fM in jede M.

Garn befestigen und einen langen Faden zum Nähen stehenlassen. Falten Sie den Kranz in der Mitte, sodass sie die langen Kanten aneinanderlegen und einen schmalen Streifen bilden. Nähen Sie erst die langen Kanten und dann die kurzen Enden aneinander, um einen Kranz zu formen.

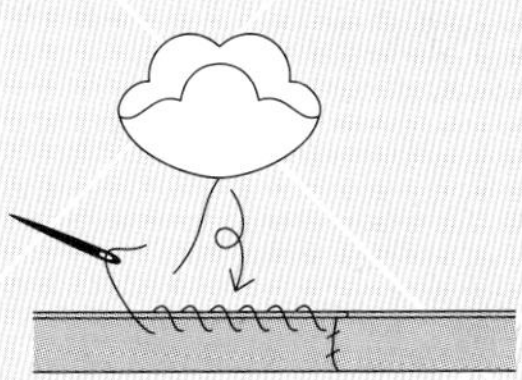

## Die Einzelteile zusammennähen

Verwenden Sie die Fäden der Französischen Knoten, um die Blüten an den Kranz zu nähen. Ordnen Sie die Blumen so an, wie es Ihnen gefällt. Dann die Enden vernähen.

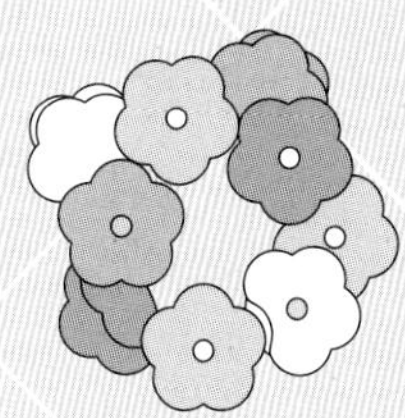

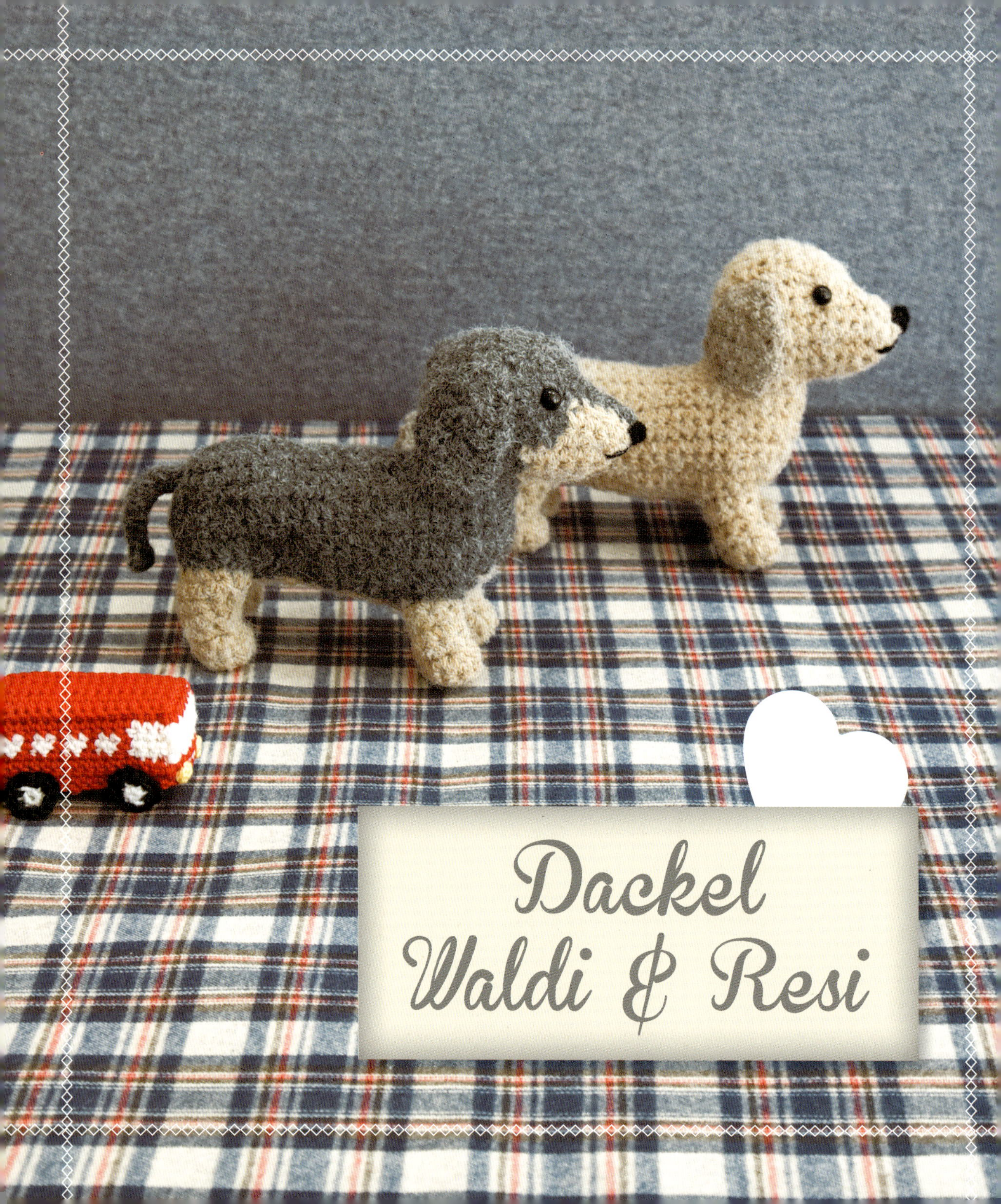

# Dackel Waldi & Resi

## Material

**Für den einfarbigen Hund**

- Dickes Garn (Gemisch aus Wolle und Acryl) in Braun, 46 m (45 g)
- Dickes Garn (Gemisch aus Wolle und Acryl) in Dunkelbraun, 3 m (2 g)

**Für den zweifarbigen Hund**

- Dickes Garn (Gemisch aus Wolle und Acryl) in Schwarz, 27,5 m (30 g)
- Dickes Garn (Gemisch aus Wolle und Acryl) in Braun, 18,5 m (17 g)

**Für jeden Hund**

- Mittleres Garn (Gemisch aus Wolle und Acryl) in Schwarz, kleine Menge
- Füllwatte
- 2 schwarze Knöpfe oder Sicherheitsaugen, 10 mm Durchmesser

## Handarbeitszeug

- Häkelnadel, 5 mm
- Häkelnadel, 4 mm
- Nähnadel und Nähseide (falls Sie Knöpfe für die Augen verwenden)
- Stick- oder Garnnadel

## Abmessungen

Die fertige Größe beträgt 21 cm x 15 cm.

## Verwendete Maschen

**Häkeln:** Luftmasche (Lm), feste Masche (fM), einfache Abnahme (2 fM zus häkeln), einfache Zunahme (1 fM zun), doppelte Zunahme (2 fM zun), doppelte Abnahme (3 fM zus häkeln) und Kettmasche (Km). **Nähen:** Überwendlingsstich. (Siehe Seiten 10–17 für detaillierte Anleitungen.)

## Anmerkungen zum Muster

1. Alle Abmessungen sind geschätzt und variieren je nach Spannung und Garnwahl.
2. Halten Sie sich bei Farbwechseln an die Häkeldiagramme. Sie zeigen, wie die Farben für den zweifarbigen Hund verwendet wurden. Für den einfarbigen Hund verwenden Sie für alle Teile Braun, bis auf die Ohren. Für diese verwenden Sie Dunkelbraun.
3. Um die Farbe zu wechseln, erst die letzte Masche in der alten Farbe bis zum letzten Umschlag häkeln. Umschlag mit der neuen Farbe, diese dann durch alle Schlingen auf der Nadel ziehen und die Masche fertighäkeln. Mit dem neuen Garn fortfahren und das alte befestigen.
4. Jeder Dackel besteht aus 12 Teilen: 2 Körper-Seitenteile, 1 Bauchteil, 2 Hinterbeine, 2 Vorderbeine, 1 Hinterkopf, 2 Ohren, 1 Mäulchen und ein Schwänzchen. Die Vorder- und Hinterbeine werden direkt an die Seitenkanten des Bauchteils gehäkelt, um die Näharbeiten für den fertigen Dackel so gering wie möglich zu halten. Alle übrigen Körperteile werden zusammengenäht.

# Ein Dackel, Schritt für Schritt

Um den Dackel und auch andere Arbeiten in diesem Buch zu gestalten, häkeln Sie flache Einzelteile für die verschiedenen Körperregionen und nähen sie dann zusammen, um daraus eine dreidimensionale Form zu gestalten. Durch das Häkeln der Einzelteile kann die Form viel definierter bestimmt werden.

Siehe Häkelmuster auf den Seiten 70–73.

Die Maße bei Fertigstellung betragen 21,5 cm x 15 cm.

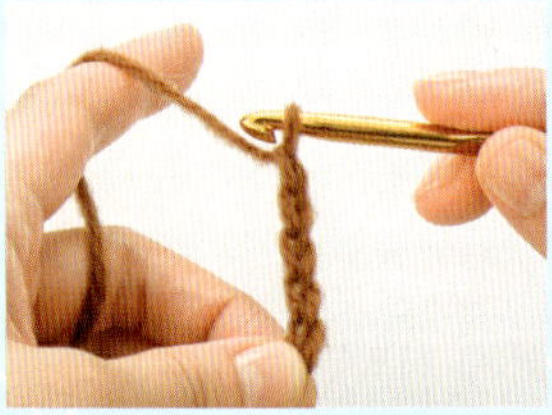

**1** 5 Luftmaschen häkeln. Die ersten 4 Luftmaschen sind die Anfangsluftmaschen, die 5. ist die Wendeluftmasche.

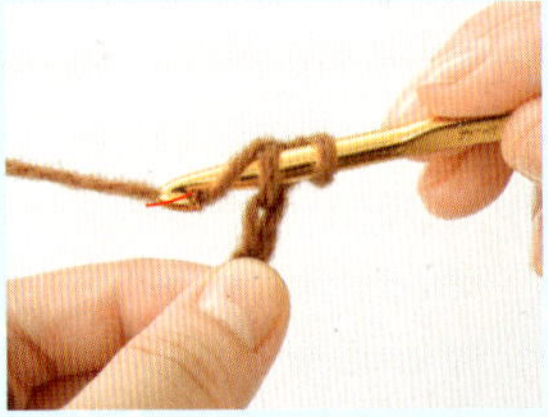

**2** Führen Sie die Nadel von vorne nach hinten in die 4. Luftmasche (normalerweise als 2. Luftmasche von der Nadel bezeichnet), schlagen Sie das Garn um und ziehen sie es hindurch.

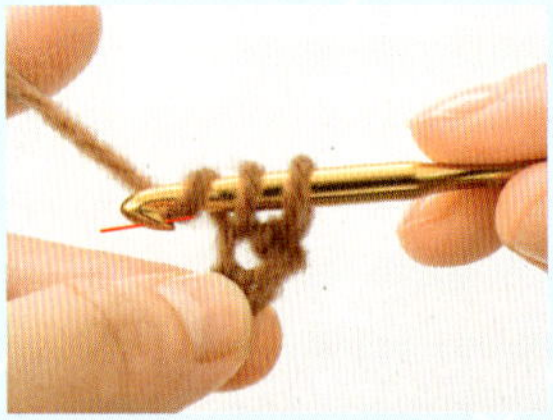

**3** Garn umschlagen und durch beide Schlingen auf der Nadel ziehen.

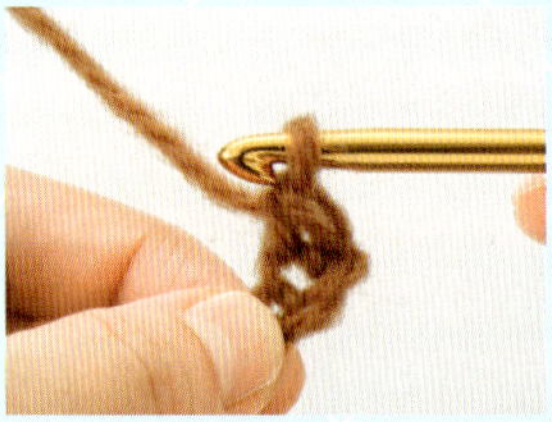

**4** Eine feste Masche ist fertig.

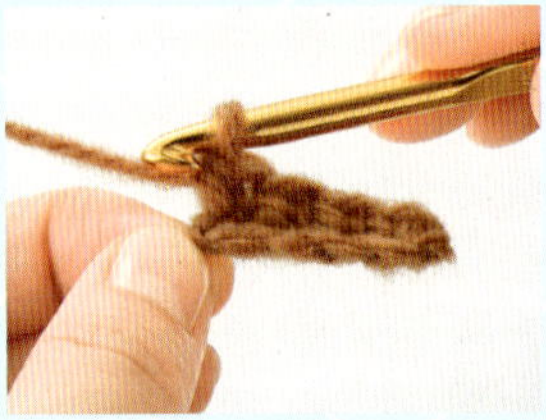

**5** Wiederholen Sie die Schritte 2 und 3 mit den nächsten 2 Lm.

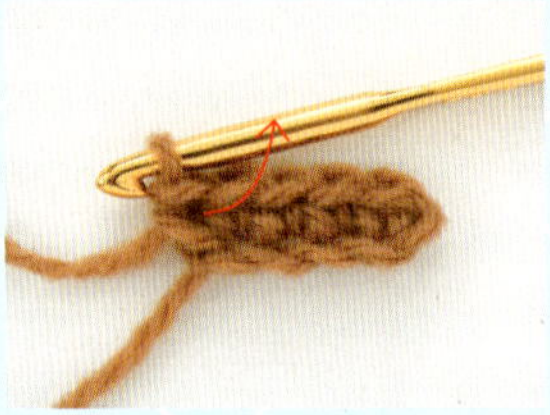

**6** Häkeln Sie zwei feste Maschen in die letzte Luftmasche – dies wird als „feste Masche zunehmen" oder fM zun bezeichnet. Reihe 1 ist fertig. *(5 Maschen)*

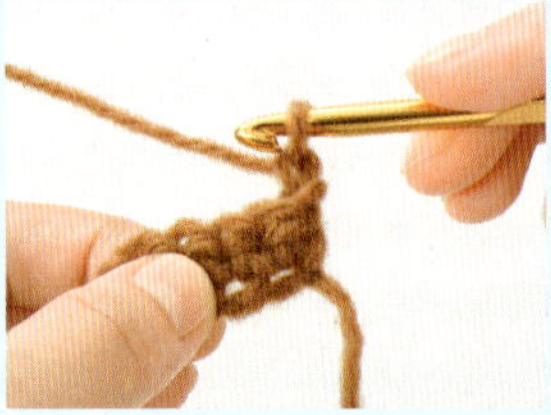

**7** 1 Luftmasche häkeln; dies ist die Wendeluftmasche.

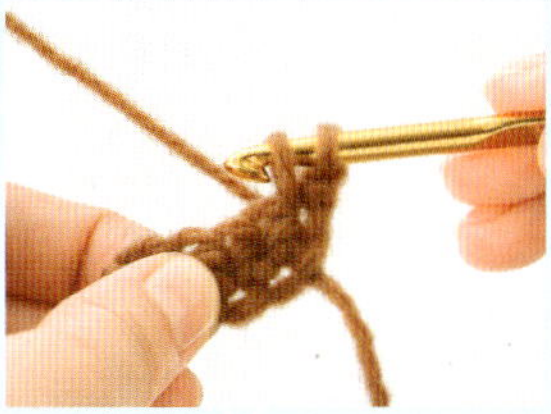

**8** Führen Sie die Nadel von vorne nach hinten in die 1. Masche der vorigen Reihe; Garn umschlagen und das Garn durchziehen.

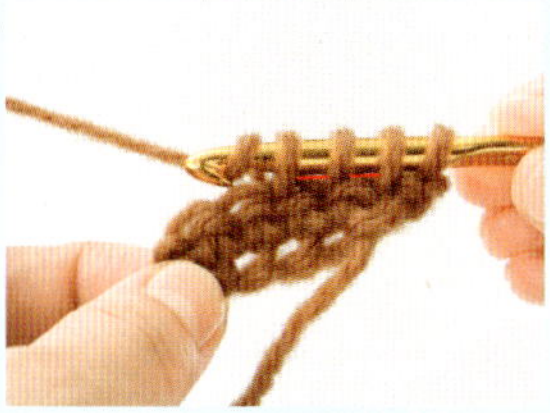

**9** Führen Sie die Nadel von vorne nach hinten in die 2. Masche, Garn umschlagen und durchziehen. Führen Sie die Nadel von vorne nach hinten in die 3. Masche, Garn umschlagen und durchziehen; nun das Garn umschlagen und durch alle 4 Schlingen auf der Nadel durchziehen – so reduzieren Sie 3 Maschen auf eine, was sich 3 fM zus häkeln bzw. doppelte Abnahme nennt.

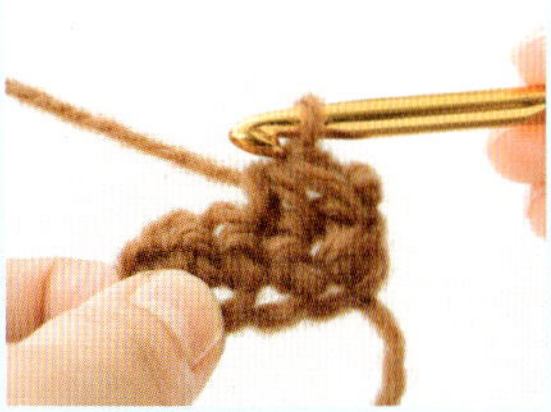

**10** Doppelte Abnahme (3 fM zus häkeln) fertig.

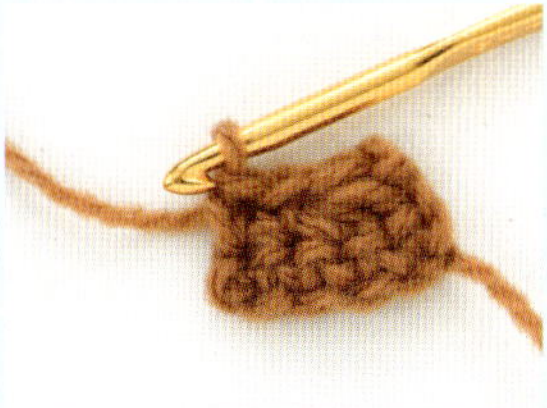

**11** 1 fM in jede der 2 verbleibenden Maschen häkeln. Reihe 2 ist fertig. *(3 M)*

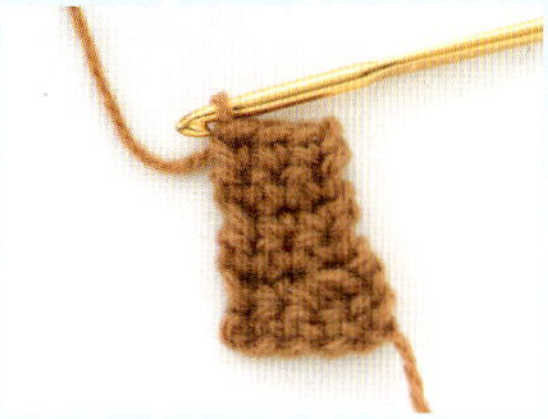

**12** Häkeln Sie bis Reihe 6 weiter, indem Sie eine Wendeluftmasche und dann 1 fM in jede Masche der vorigen Runde häkeln.

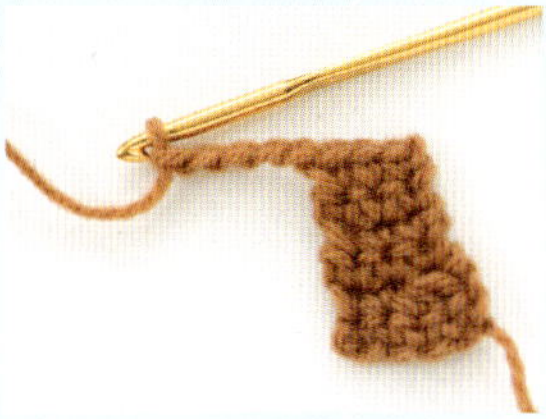

**13** Am Ende der 6. Reihe 6 Luftmaschen häkeln.

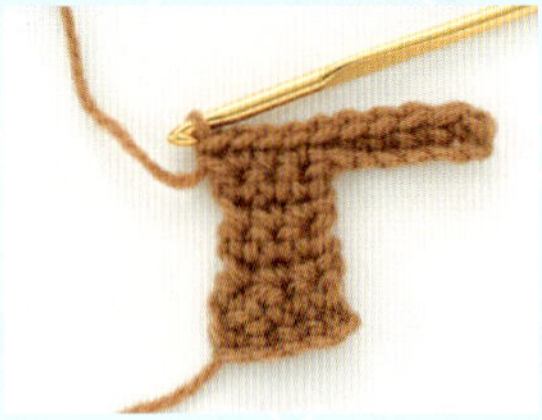

**14** 1 fM zun in die 2. Luftmasche von der Nadel, dann bis zur letzten Masche fM häkeln, 1 fM zun in der letzten Masche. Reihe 7 ist fertiggestellt. *(10 Maschen)*

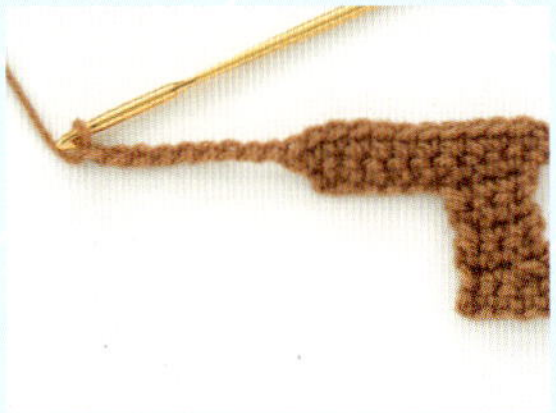

**15** 1 Luftmasche häkeln, 1 fM zun in der 1. Masche, je 1 fM in jede Masche bis zur letzten Masche, 1 fM zun in der letzten Masche, 10 Luftmaschen häkeln. Reihe 8 ist fertiggestellt.

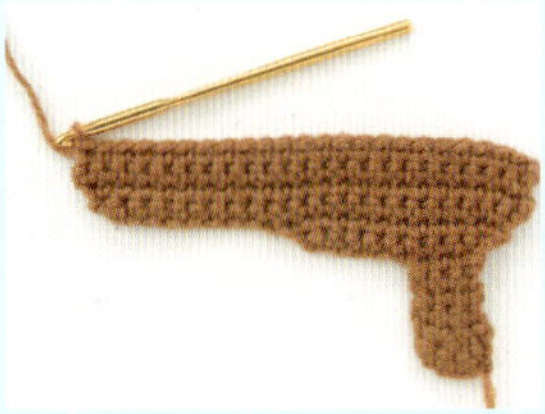

**16** 1 fM in die 2. Luftmasche von der Nadel und in die nächsten 8 Luftmaschen, fM bis zur letzten Masche häkeln und dann 1 fM zum in der letzten Masche. Eine Wendeluftmasche häkeln und in den Reihen 11 und 12 in alle Maschen fM häkeln.

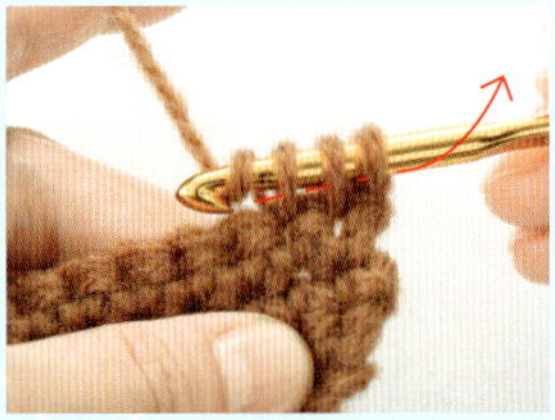

**17** 1 Luftmasche häkeln (Wendeluftmasche), die Nadel in die 1. Masche führen, Garn umschlagen und durchziehen, die Nadel in die 2. Masche führen, Garn umschlagen und durchziehen, dann erneut das Garn umschlagen und durch alle 3 Schlingen ziehen.

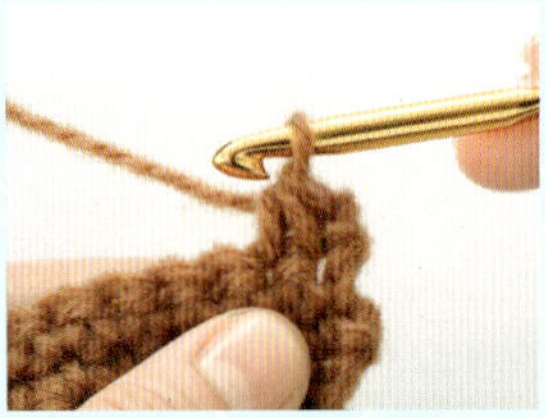

**18** 2 fM zus häkeln fertiggestellt.

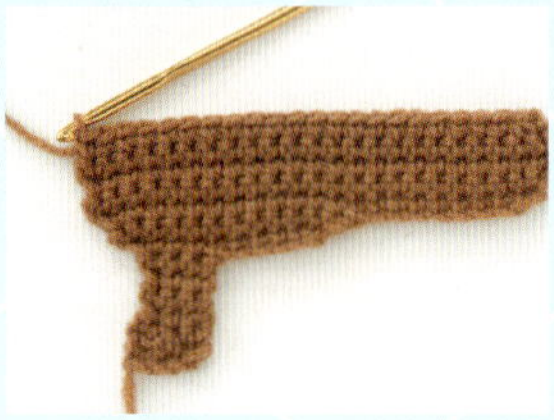

**19** FM in die verbleibenden Maschen häkeln. Reihe 13 ist fertiggestellt.

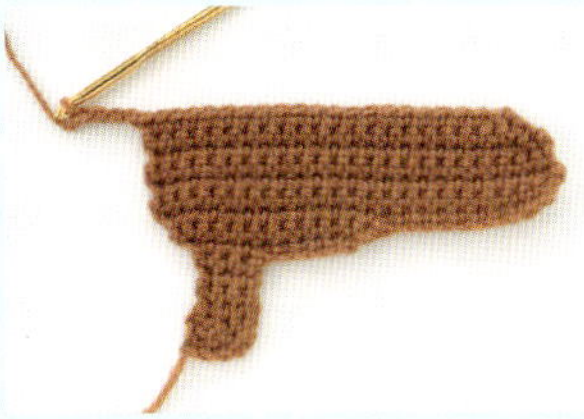

**20** 1 Wm häkeln, 2 fM zus häkeln, 1 fM in jede der verbleibenden Maschen. Reihe 14 ist fertiggestellt. Wendeluftmasche häkeln, 2 fM zus häkeln, fM bis zur letzten Masche häkeln, 1 fM zun in der letzten Masche, Reihe 15 ist fertiggestellt.

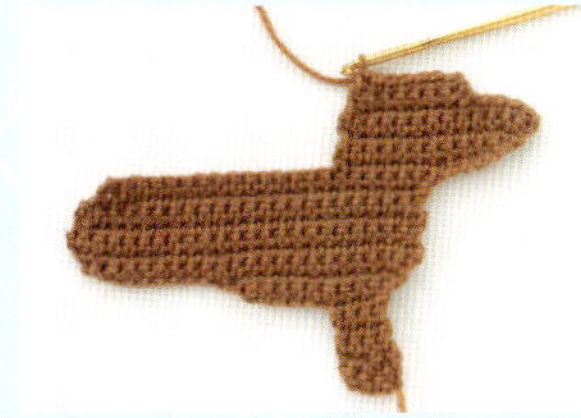

**21** Für den Kopf Reihe 16–22, wie auf Seite 71 beschrieben, häkeln.

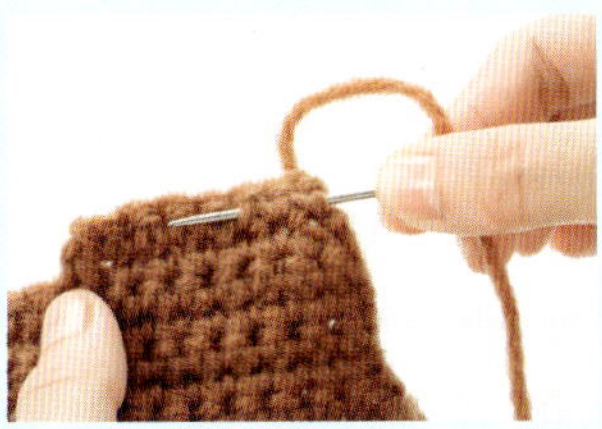

**22** Das Garn abschneiden, den Faden in einer Sticknadel durch ein paar Maschen auf der Rückseite weben und befestigen.

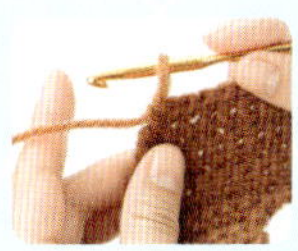

Wenn Sie das Garn abschneiden, lassen Sie einen 15 cm langen Faden stehen und ziehen Sie ihn durch die letzte Masche.

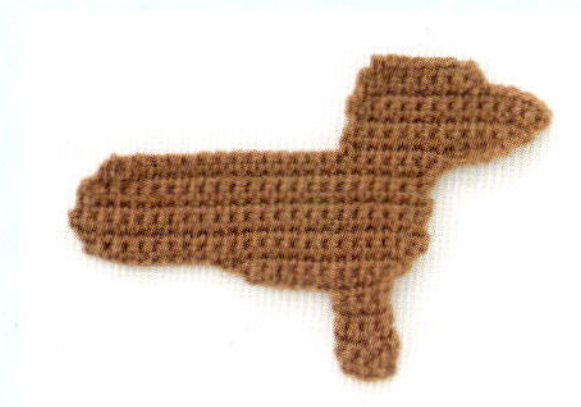

**23** Das Garn befestigen, wie für den Faden in Schritt 22 gezeigt. Der Seitenteil des Körpers ist fertig.

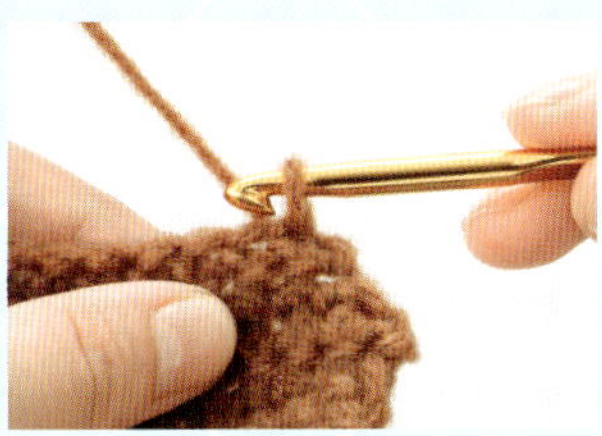

**24** Das Garn für das Hinterbein einhäkeln, wie im Diagramm auf Seite 70 angegeben.

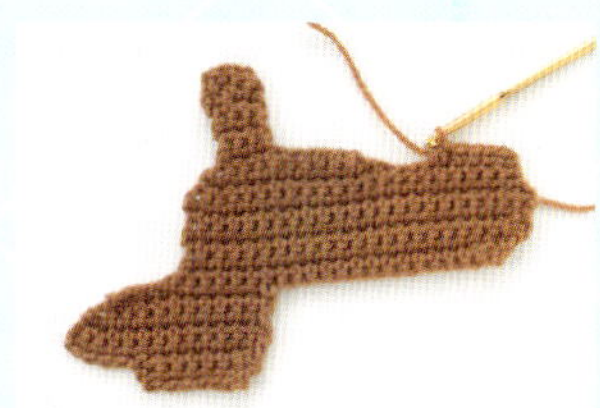

**25** 1 Wendeluftmasche häkeln, 1 fM in die Verbindungsmasche und in die nächsten 3 fM häkeln, 2 fM zus häkeln. Reihe 1 ist fertig.

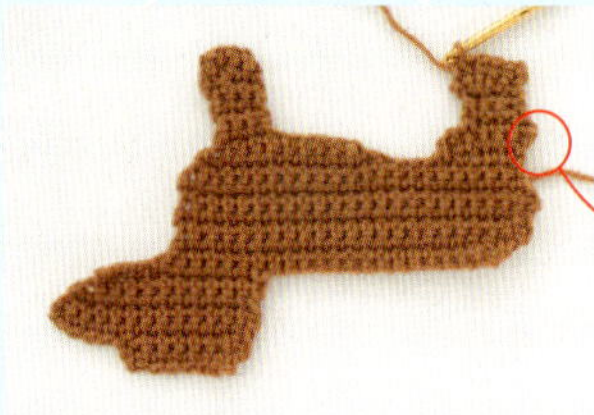

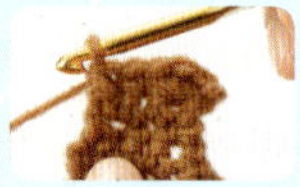

1 fM zun, um den Winkel für das Hinterbein zu häkeln.

**26** Das Bein fertigstellen, indem Sie der Anleitung für die Reihen 2–7 auf Seite 71 folgen. Das Garn abschneiden, vernähen und befestigen.

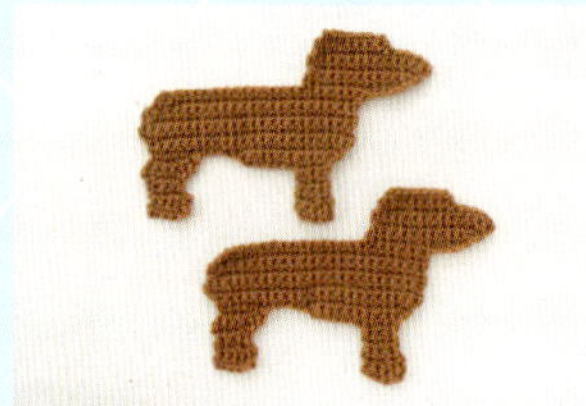

**27** Alle Schritte wiederholen, um den 2. Seitenteil des Körpers zu häkeln.

## Bauch und Beine

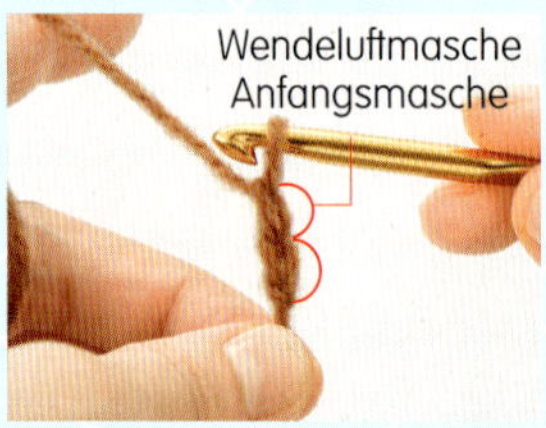


**28** Für den Bauch 2 Luftmaschen häkeln.

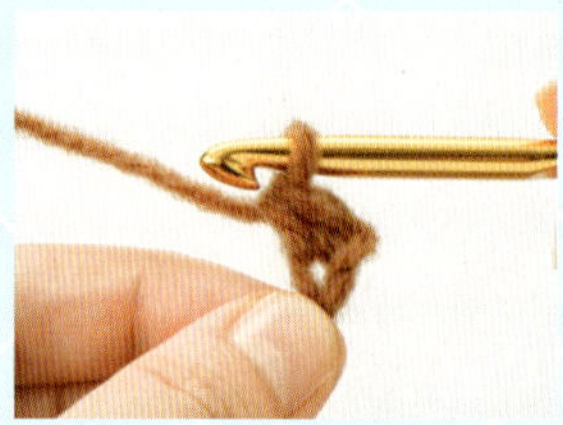

**29** 1 fM in die 2. Luftmasche häkeln. Reihe 1 ist fertig.

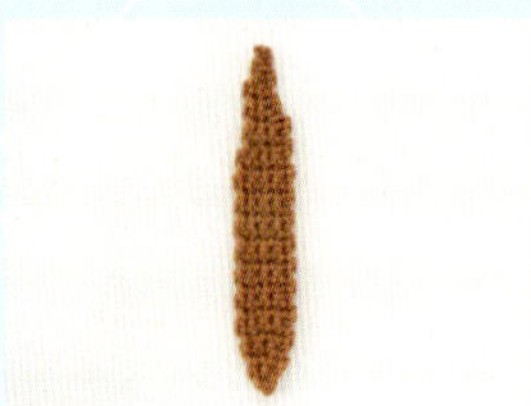

**30** Häkeln Sie die Reihen 2–29 und folgen Sie dabei der Anleitung auf Seite 71. Garn abschneiden und befestigen.

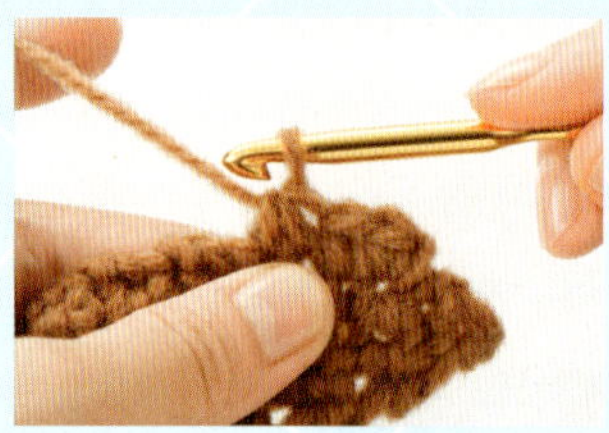

**31** Das Garn für die Hinterbeine wie im Diagramm (Seite 71) einhäkeln. 1 Luftmasche (Wendeluftmasche), je 1 fM in 2 Maschen am Rand (Ränder von Reihe 4 und 5), 2 fM zus häkeln (Ränder von Reihe 6 und 7) Reihe 1 ist fertig.

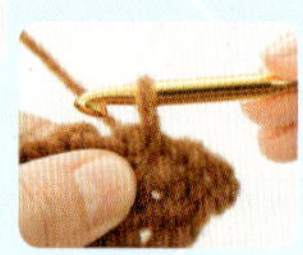

Das Garn am Ende von Reihe 4 des Bauches einhäkeln.

## Hinterkopf

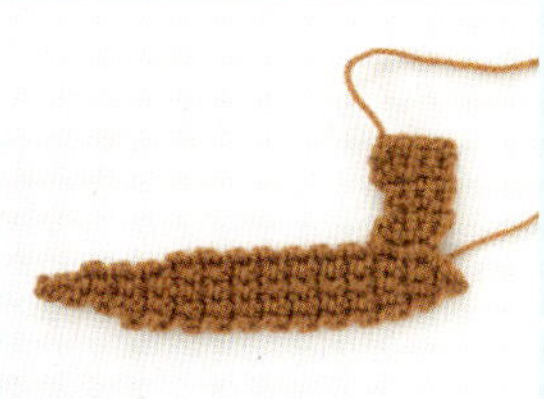

**32** Das Hinterbein fertigstellen, indem Sie der Anleitung für Reihe 2–7 auf Seite 72 folgen. Garn abschneiden und befestigen.

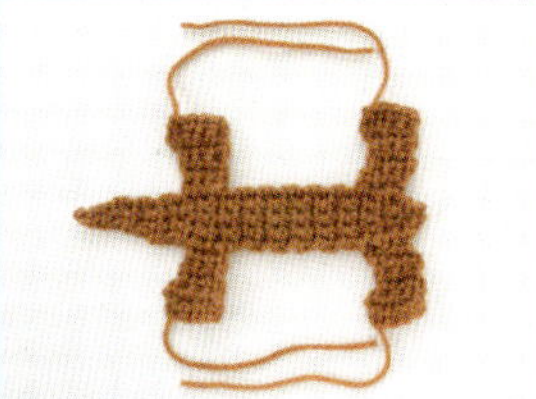

**33** Folgen Sie der Anleitung auf Seite 72, um ein weiteres Hinterbein und zwei Vorderbeine zu häkeln.

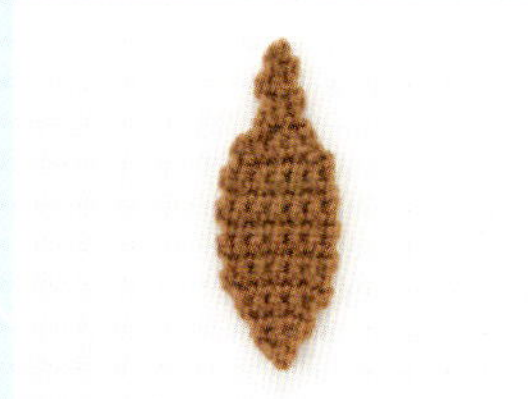

**34** Den Hinterkopf häkeln, indem Sie der Anleitung für Reihe 1–18 auf Seite 73 folgen.

## Ohren

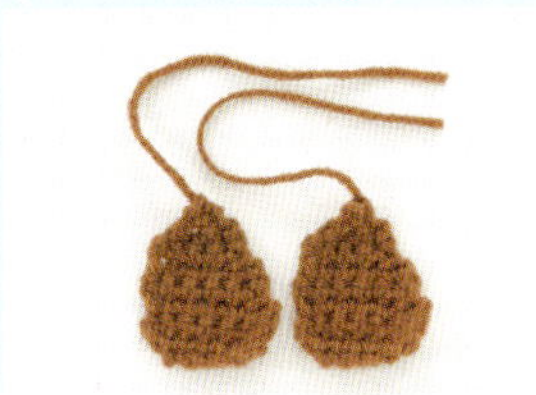

**35** 2 Ohren häkeln, indem Sie der Anleitung für die Reihen 1–8 auf Seite 72 folgen. Garn abschneiden und befestigen.

## Schwanz

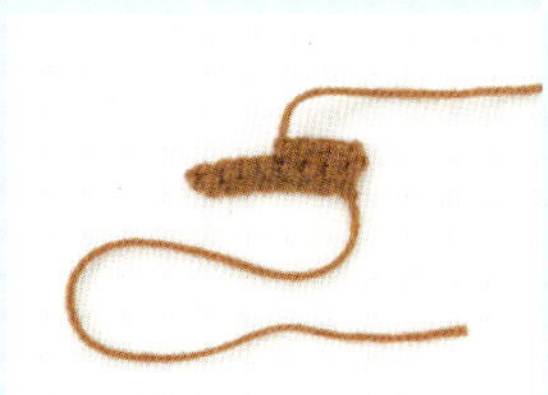

**36** 9 Luftmaschen häkeln. Je 1 fM in die 2. Luftmasche von der Nadel und die nächsten 7 Luftmaschen häkeln. Reihe 1 ist fertig. 1 Wendeluftmasche, dann je 1 fM in die ersten 3 Maschen häkeln, 1 Km in die nächste Masche. Reihe 2 ist fertig.

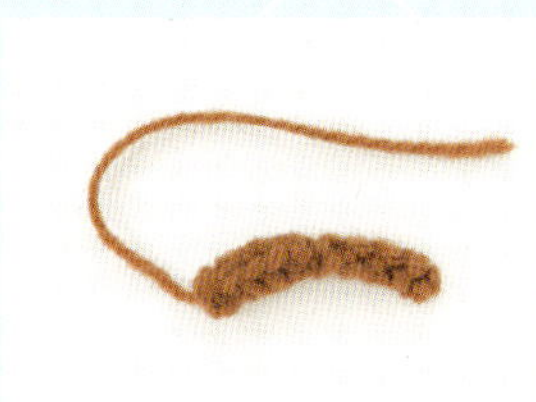

**37** Garn befestigen und einen langen Faden stehenlassen. Das Garn auf eine Sticknadel fädeln, das gehäkelte Schwänzchen der Länge nach in der Mitte falten und ein kurzes Ende und die langen Kanten zusammennähen. Garn vernähen und befestigen.

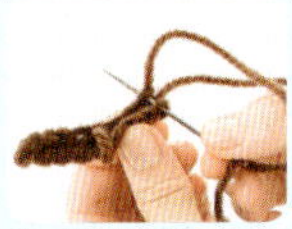

Im Überwendlingsstich durch eine Schlinge der Luftmaschen stechen und mit einer Schlinge der festen Maschen vernähen.

## Die Einzelteile zusammennähen

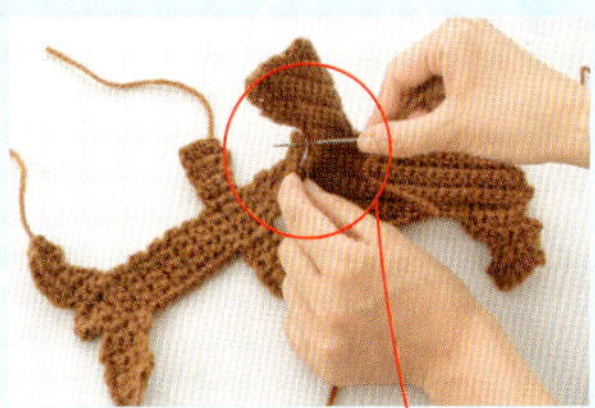

**38** Orientieren Sie sich am Diagramm, um die Seitenteile und den Bauchteil an den mit ★ markierten Punkten zusammenzubringen und mit dem Überwendlingsstich zusammenzunähen.

Nähen Sie im Überwendlingsstich durch die hinteren Schlingen der Maschen.

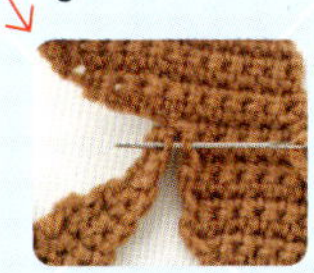

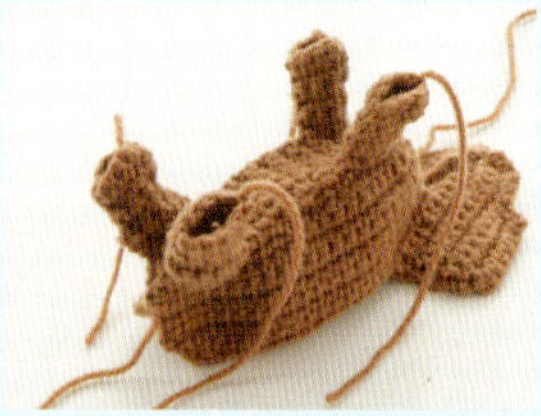

**39** Nähen Sie die Seitenteile an den Bauchteil an und nähen Sie die Beine zusammen.

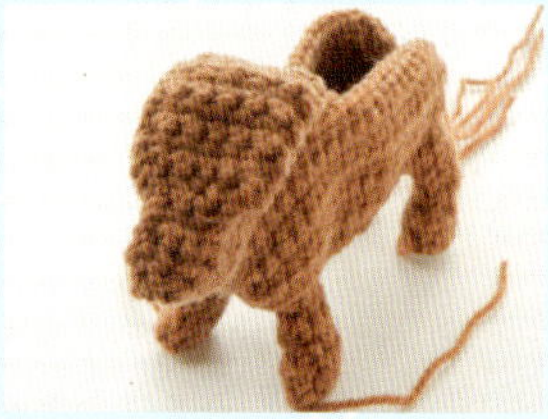

**40** Orientieren Sie sich am Diagramm und nähen Sie an den Seitenteilen von C nach B. Dann den Hinterkopf und die Seitenteile von B nach A annähen.

## Füllung

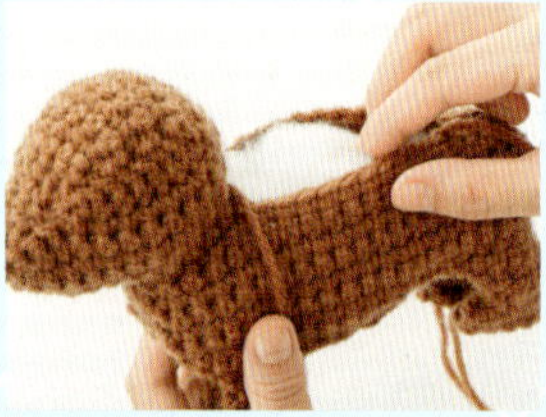

**41** Bringen Sie an Punkt D des Seitenteils das Garn an. Füllen Sie Kopf, Beine und Körper mit Füllwatte. Der Kopf sollte recht fest gefüllt sein, damit er seine Form bewahrt; der Körper sollte voll, aber trotzdem noch weich sein.

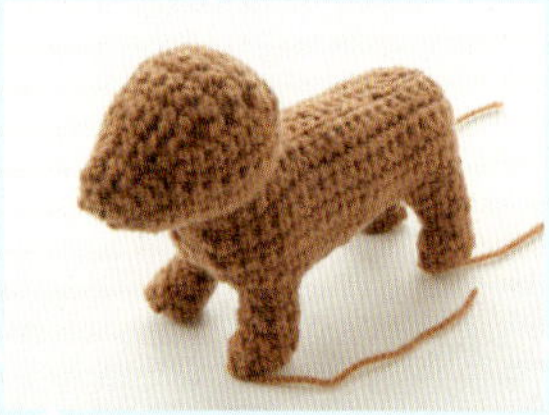

**42** Den Rücken der Figur mit dem Überwendlingsstich zunähen.

## Fertigstellung der Beine

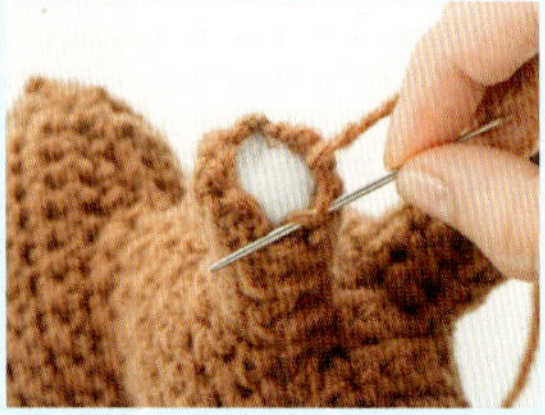

**43** Den restlichen Faden des Unterkörpers verwenden und oben durch die Schlingen rund um das Loch ziehen.

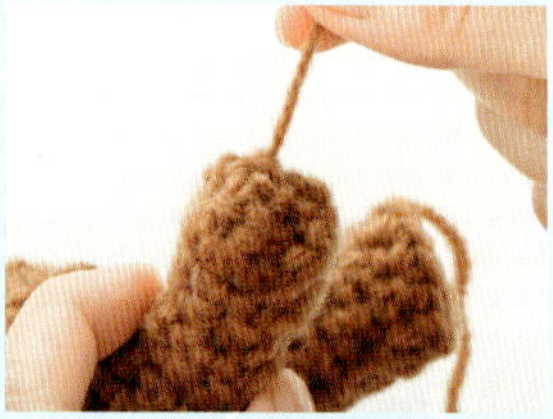

**44** Die Schlinge zuziehen und befestigen. Für die anderen Beine wiederholen.

## Anbringen des Schwänzchens

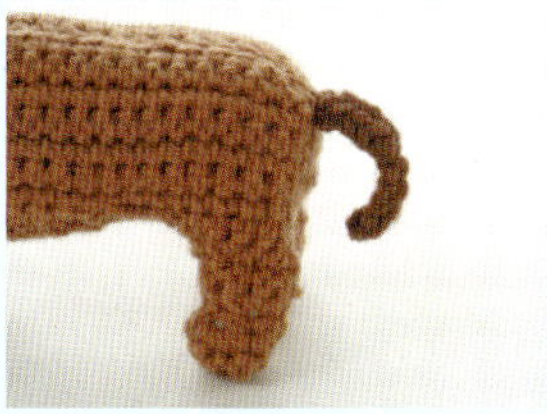

**45** Mit dem Faden des gehäkelten Schwanzes diesen am Körper anbringen. Orientieren Sie sich für die Position dabei am Diagramm.

## Gestaltung des Gesichts

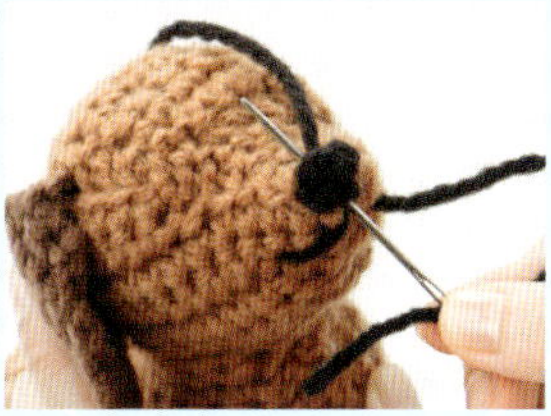

**47** Nähen Sie das Mäulchen am Kopf an (siehe Seite 73 für Anleitungen). Sticken Sie dann die Details für das Maul mit zwei Geradstichen. Das Garn hinter dem Mäulchen von unten nach oben führen.

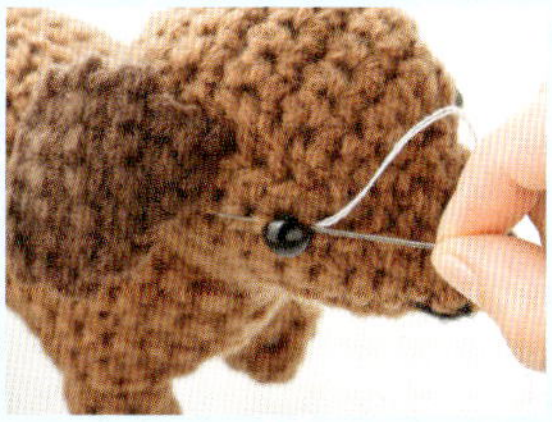

**49** Fädeln Sie Baumwollgarn auf eine Nähnadel und machen Sie an dessen Ende einen Knoten. Führen Sie die Nadel durch das Knopfloch und dann zwischen die Fäden über dem Knoten; festziehen. Orientieren Sie sich für die Position im Diagramm. Wiederholen Sie den Nähvorgang einige Male, um die Knöpfe sicher am Körper anzubringen. Stechen Sie die Nadel durch den Kopf, um an dem Punkt, an dem das zweite Auge angebracht werden soll, anzukommen und befestigen Sie auch dieses.

## Anbringen der Ohren

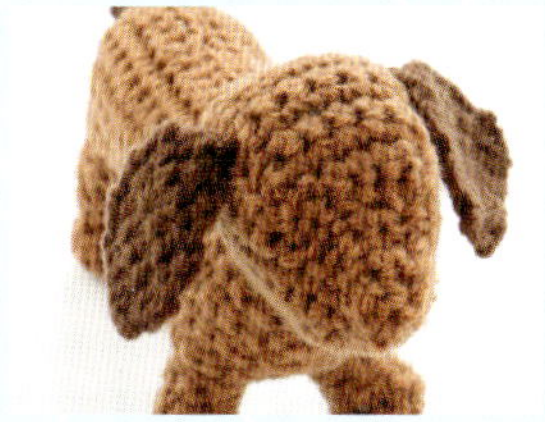

**46** Mit dem Faden der Ohren diese am Kopf anbringen. Orientieren Sie sich dabei am Diagramm für ihre Position.

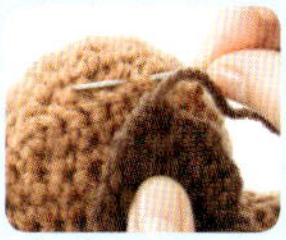

Die Stiche 1- oder 2-mal verstärken.

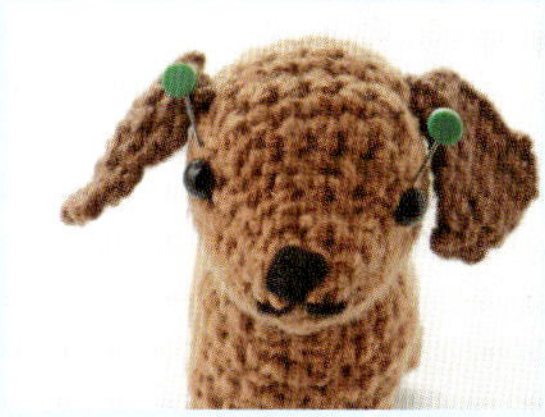

**48** Halten Sie die Augen mit Stecknadeln an ihrem Platz.

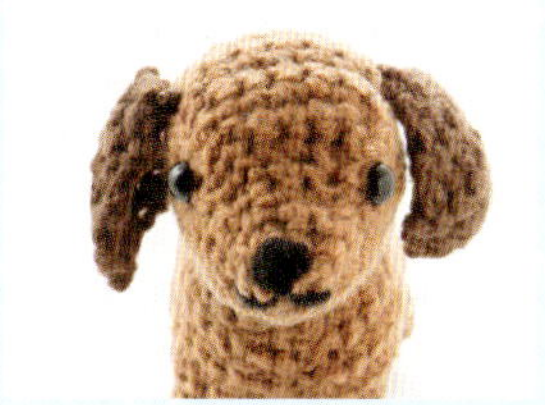

**50** Führen Sie das Garn in den Kopf der Figur und befestigen Sie es.

## Seitenteile

(2-mal häkeln)

Mit der größeren Häkelnadel 5 Lm häkeln.

**Vorderbein**

**Reihe 1 (Rückseite):** Je 1 fM in die 2. Lm von der Nadel und die nächsten 2 Lm häkeln, 1 fM zun in der letzten Lm. *(5 fM)*

**Reihe 2:** 1 Lm, wenden, 3 fM zus häkeln, je 1 fM in die letzten 2 Masche. *(3 fM)*

**Reihe 3–6:** 1 Lm, wenden, je 1 fM häkeln.

Garn nicht befestigen.

**Körper**

**Reihe 7 (Rückseite):** 6 Lm, wenden, 1 fM zun in der 2. Lm von der Nadel, je 1 fM in die nächsten 4 Lm, je 1 fM in die nächsten 2 fM, 1 fM zun in der letzten M. *(10 fM)*

**Reihe 8:** 1 Lm, wenden, 1 fM zun in der 1. M, je 1 fM in jede M bis zur letzten, 1 fM zun in der letzten M. *(12 fM)*

**Reihe 9:** 10 Lm, wenden, 1 fM in die 2. Lm von der Nadel und in die nächsten 8 Lm, je 1 fM in die nächsten 11 M, 1 fM zun in der letzten M. *(22 fM)*

**Reihe 10:** 1 Lm, wenden, je 1 fM in jede M bis zur letzten, 1 fM zun in der letzten M. *(23 fM)*

**Reihe 11 und 12:** 1 Lm, wenden, je 1 fM häkeln.

**Reihe 13:** 1 Lm, wenden, 2 fM zus häkeln, je 1 fM in jede M häkeln. *(22 fM)*

**Reihe 14:** 1 Lm, wenden, 2 fM zus häkeln, je 1 fM in jede M häkeln. *(21 fM)*

**Reihe 15:** 1 Lm, wenden, 2 fM zus häkeln, je 1 fM in jede M bis zur letzten, 1 fM zun in der letzten M.

Garn nicht befestigen.

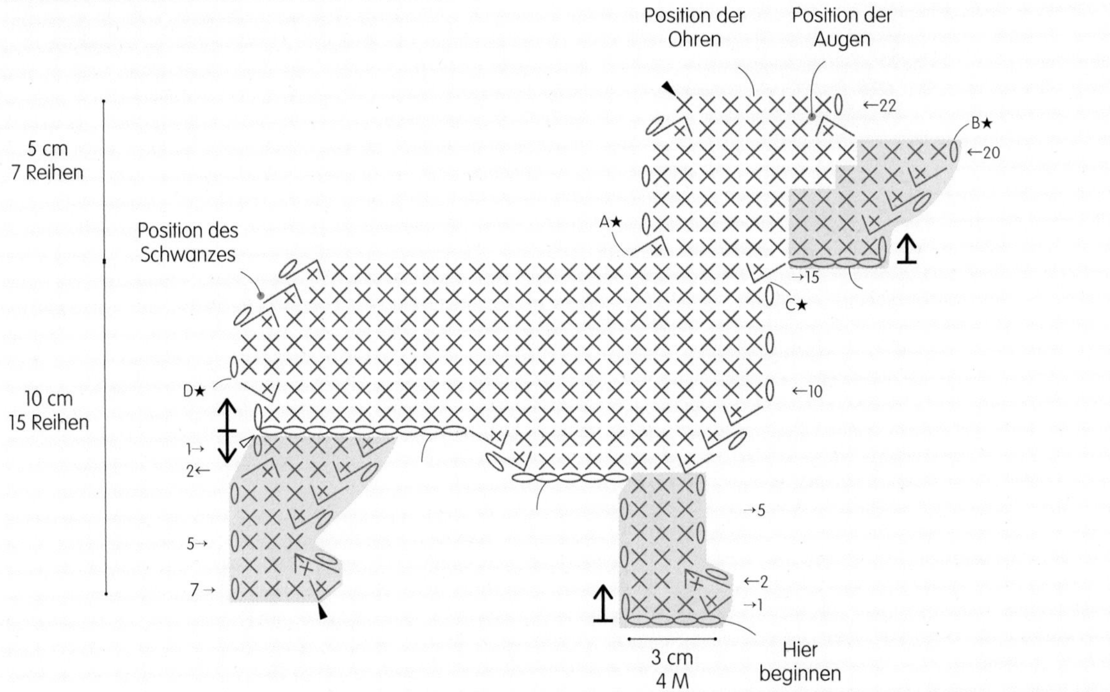

**Kopf**

**Reihe 16 (Vorderseite):** 5 Lm, wenden, je 1 fM in die 2. Lm von der Nadel und in die nächsten 3 Lm, je 1 fM in die nächsten 5 M, 2 fM zus häkeln. *(10 fM)*

**Reihe 17:** 1 Lm, wenden, je 1 fM in jede M bis zur letzten, 1 fM zun in der letzten M. *(11 fM)*

**Reihe 18:** 1 Lm, wenden, 1 fM zun in der 1. M, je 1 fM in jede weitere M. *(12 fM)*

**Reihe 19:** 1 Lm, wenden, je 1 fM in jede M bis zur letzten, 1 fM zun in der letzten M. *(13 fM)*

**Reihe 20:** 1 Lm, wenden, je 1 fM in jede M.

**Reihe 21:** 1 Lm, wenden, 2 fM zus häkeln, je 1 fM in die nächsten 5 M, 2 fM zus häkeln, restl M ungehäkelt lassen. *(7 fM)*

**Reihe 22:** 1 Lm, wenden, je 1 fM in jede M.

Das Garn befestigen.

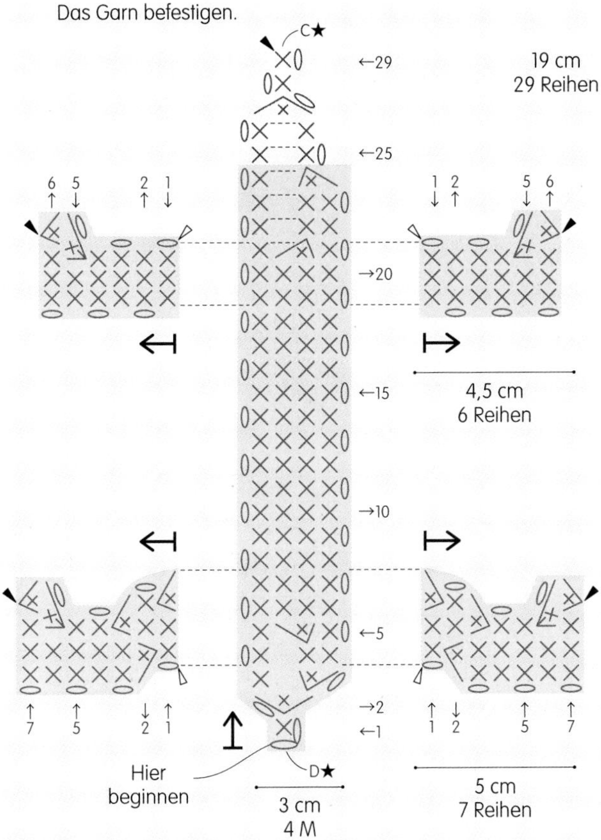


**Hinterbein**

Mit der Vorderseite nach oben in die Lm am unteren Rand am Beginn von R 9 des Körpers das Garn einhäkeln.

**Reihe 1 (Vorderseite):** 1 Lm, 1 fM in die Verbindungs-Lm, je 1 fM in die nächsten 3 Lm, 2 fM zus häkeln; die restl M ungehäkelt lassen. *(5 fM)*

**Reihe 2:** 1 Lm, wenden, 2 fM zus häkeln, je 1 fM in die nächsten 2 M, 1 fM zun in der letzten M. *(5 fM)*

**Reihe 3:** 1 Lm, wenden, je 1 fM in die nächsten 3 M, 2 fM zus häkeln. *(4 fM)*

**Reihe 4:** 1 Lm, wenden, 2 fM zus häkeln, je 1 fM in die letzten 2 M. *(3 fM)*

**Reihe 5:** 1 Lm, wenden, je 1 fM in jede M.

**Reihe 6:** 1 Lm, wenden, 3 fM zun in der 1. M, je 1 fM in die letzten 2 M. *(5 fM)*

**Reihe 7:** 1 Lm, wenden, je 1 fM in die ersten 3 M, 2 fM zus häkeln. *(4 fM)*

Garn befestigen.

## Bauchteil

Mit der größeren Häkelnadel 2 Lm häkeln.

**Reihe 1 (Vorderseite):** 1 fM in die 2. Lm von der Nadel. *(1 fM)*

**Reihe 2:** 1 Lm, wenden, 1 fM zun in der M. *(2 fM)*

**Reihe 3:** 1 Lm, wenden, 1 fM zun in der 1. M, 1 fM in die letzte M. *(3 fM)*

**Reihe 4:** 1 Lm, wenden, je 1 fM in jede M häkeln.

**Reihe 5:** 1 Lm, wenden, 1 fM in die 1. M, 1 fM zun in der nächsten M, 1 fM in die letzte M. *(4 fM)*

**Reihe 6–20:** 1 Lm, wenden, je 1 fM in jede M häkeln.

**Reihe 21:** 1 Lm, wenden, 1 fM in die 1. M, 2 fM zus häkeln, 1 fM in die letzte M häkeln. *(3 fM)*

**Reihe 22 und 23:** 1 Lm, wenden, je 1 fM in jede M häkeln.

**Reihe 24:** 1 Lm, wenden, 1 fM in die 1. M, 2 fM zus häkeln. *(2 fM)*

**Reihe 25 und 26:** 1 Lm, wenden, je 1 fM in jede M häkeln.

**Reihe 27:** 1 Lm, wenden, 2 fM zus häkeln. *(1 fM)*

**Reihe 28 und 29:** 1 Lm, wenden, 1 fM in häkeln.

Garn befestigen.

#### Erstes Hinterbein

**Anmerkung:** Das erste Hinterbein wird entlang des unteren, rechten Randes des Bauchteils gehäkelt. Siehe Position im Diagramm für den Bauchteil.

Mit der größeren Nadel am Ende der 4. Reihe des Bauchteils (Vorderseite nach oben) das Garn einhäkeln.

**Reihe 1 (Vorderseite):** 1 Lm, 1 fM in die Randmaschen von R 4 und R 5 häkeln, 2 fM zus häkeln (an den Randmaschen von R 6 und 7). *(3 fM)*

**Reihe 2:** 1 Lm, wenden, je 1 fM in die ersten 2 M häkeln, 1 fM zun in der letzten M. *(4 fM)*

**Reihe 3:** 1 Lm, wenden, je 1 fM in die ersten 2 M häkeln, 2 fM zus häkeln. *(3 fM)*

**Reihe 4 und 5:** 1 Lm, wenden, je 1 fM in jede M.

**Reihe 6:** 1 Lm, wenden, 3 fM zun in der 1. M, je 1 fM in die letzten 2 M. *(5 fM)*

**Reihe 7:** 1 Lm, wenden, je 1 fM in die nächsten 3 M, 2 fM zus häkeln. *(4 fM)*

Garn befestigen.

#### Zweites Hinterbein

**Anmerkung:** Das zweite Hinterbein wird entlang des unteren, linken Randes des Bauchteils gehäkelt. Siehe Position im Diagramm für den Bauchteil.

Mit der größeren Nadel am Ende der 4. Reihe des Bauchteils (Rückseite nach oben) das Garn einhäkeln.

**Reihe 1 (Rückseite) – 7:** Häkeln Sie gleich wie die Reihen 1–7 des ersten Hinterbeins.

Garn befestigen.

#### Erstes Vorderbein

**Anmerkung:** Das erste Vorderbein wird entlang des oberen, linken Randes des Bauchteils. gehäkelt. Siehe Position im Diagramm für den Bauchteil.

Mit der größeren Nadel am Ende der 21. Reihe des Bauchteils (Vorderseite nach oben) das Garn einhäkeln.

**Reihe 1 (Vorderseite):** 1 Lm, 1 fM in die Randmaschen von R 21–R 19. *(3 fM)*

**Reihe 2–4:** 1 Lm, wenden, je 1 fM in jede M.

**Reihe 5:** 1 Lm, wenden, 3 fM zun in der 1. M, je 1 fM in die letzten 2 M. *(5 fM)*

**Reihe 6:** 1 Lm, wenden, je 1 fM zun in die ersten 3 M, 2 fM zus häkeln. *(4 fM)*

Garn befestigen.

#### Zweites Vorderbein

Anmerkung: Das zweite Vorderbein wird entlang des oberen, rechten Randes des Bauchteils gehäkelt. Siehe Position im Diagramm für den Bauchteil.

Mit der größeren Nadel am Anfang der 21. Reihe des Bauchteils (Rückseite nach oben) das Garn einhäkeln.

**Reihe 1 (Rückseite) – 6:** Häkeln Sie gleich wie die Reihen 1–6 des ersten Vorderbeins.

Garn befestigen.

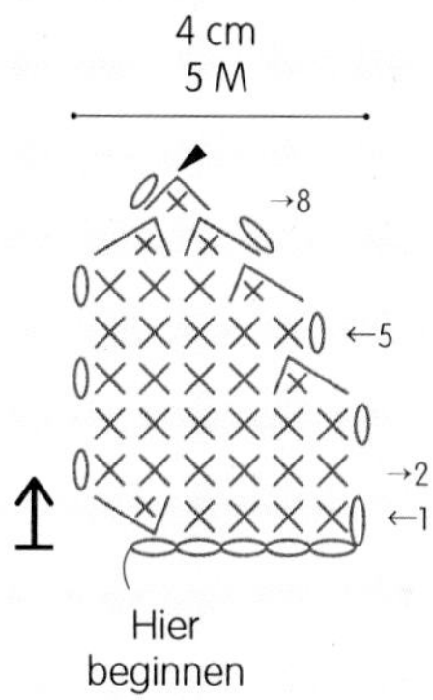


## Ohren

(2-mal häkeln)

Mit der größeren Häkelnadel 6 Lm häkeln.

**Reihe 1 (Vorderseite):** Je 1 fM in die 2. Lm von der Nadel und in die nächsten 3 Lm häkeln, 1 fM zun in der letzten M. *(6 fM)*

**Reihe 2 und 3:** 1 Lm, wenden, je 1 fM in jede M.

**Reihe 4:** 1 Lm, wenden, je 1 fM in die ersten 4 M, 2 fM zus häkeln. *(5 fM)*

**Reihe 5:** 1 Lm, wenden, je 1 fM in jede M.

**Reihe 6:** 1 Lm, wenden, je 1 fM in die ersten 3 M, 2 fM zus häkeln. *(4 fM)*

**Reihe 7:** 1 Lm, wenden, [2 fM zus häkeln] 2-mal. *(2 fM)*

**Reihe 8:** 1 Lm, wenden, 2 fM zus häkeln. *(1 fM)*

Garn befestigen.

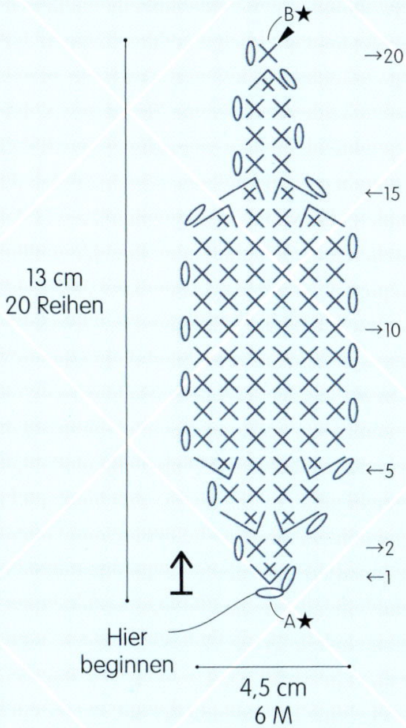


## Hinterkopf

Mit der größeren Häkelnadel 2 Lm häkeln.

**Reihe 1 (Vorderseite):** 1 fM zun in der 2. Lm von der Nadel. *(2 fM)*

**Reihe 2:** 1 Lm, wenden, je 1 fM in jede M.

**Reihe 3:** 1 Lm, wenden, 1 fM zun in der 1. M, 1 fM zun in der letzten M. *(4 fM)*

**Reihe 4:** 1 Lm, wenden, je 1 fM in jede M häkeln.

**Reihe 5:** 1 Lm, wenden, 1 fM zun in der 1. M, je 1 fM in die nächsten 2 M, 1 fM zun in der letzten M. *(6 fM)*

**Reihe 6–13:** 1 Lm, wenden, je 1 fM in jede M.

**Reihe 14:** 1 Lm, wenden, 2 fM zus häkeln, je 1 fM in die nächsten 2 M, 2 fM zus häkeln. *(4 fM)*

**Reihe 15:** 1 Lm, wenden, [2 fM zus häkeln] 2-mal. *(2 fM)*

**Reihe 16–18:** 1 Lm, wenden, je 1 fM in jede M.

**Reihe 19:** 1 Lm, wenden, 2 fM zus häkeln. *(1 fM)*

**Reihe 20:** 1 Lm, wenden, 1 fM in die M.

Garn befestigen.

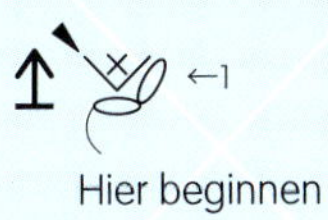


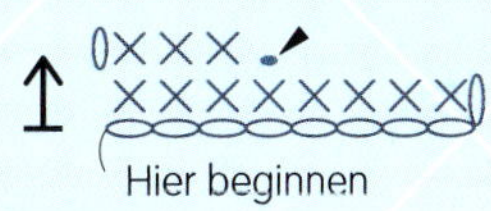


## Mäulchen

Mit der kleineren Häkelnadel 2 Lm häkeln.

**Runde 1:** 1 fM in die 2. Lm von der Nadel häkeln. *(1 fM)*

Das Garn abschneiden und einen langen Faden stehenlassen, damit Sie das Mäulchen am Gesicht annähen können.

## Schwanz

Mit der größeren Häkelnadel 9 Lm häkeln.

**Reihe 1 (Vorderseite):** Je 1 fM in die 2. Lm von der Nadel und in jede weitere Lm. *(8 fM)*

**Reihe 2:** 1 Lm, wenden, je 1 fM in die ersten 3 M, 1 Km in die nächste M, die restl M ungehäkelt lassen. *(3 fM)*

Garn befestigen und einen langen Faden zum Nähen stehenlassen. Den Schwanz der Länge nach in der Mitte falten und ein kurzes Ende (für die Spitze) und die Kanten der Länge nach mit dem Überwendlingsstich zusammennähen.

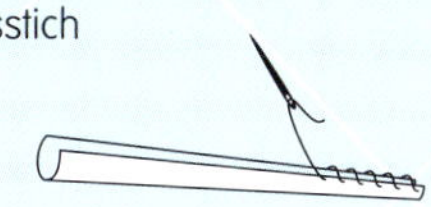

# Die Einzelteile zusammennähen

Befestigen Sie die Knöpfe (mit Nähgarn und Nadel) oder die Sicherheitsaugen an den Seitenteilen des Körpers, wie auf dem Diagramm gezeigt. Legen Sie die Punkte A, B, C und D (auf den Diagrammen mit Sternchen eingezeichnet) der Seitenteile, des Bauchteils und des Hinterkopfes aufeinander, nähen Sie sie mit dem Überwendlingsstich mit passendem Garn zusammen und füllen Sie die Figur, bevor Sie die Näharbeiten beendet haben. Die Unterseiten der Füße sorgfältig zunähen, wie auf der Abbildung gezeigt, um die Sohle zu formen. Nähen Sie mit dem Überwendlingsstich die Ohren oben am Kopf und das Mäulchen im Gesicht an. Nähen Sie den Schwanz hinten an den Körper. Verwenden Sie einen kurzen, schwarzen Faden, um die Gesichtsdetails mit Geradstich zu sticken. Orientieren Sie sich dabei am Foto. Vernähen Sie die Enden.

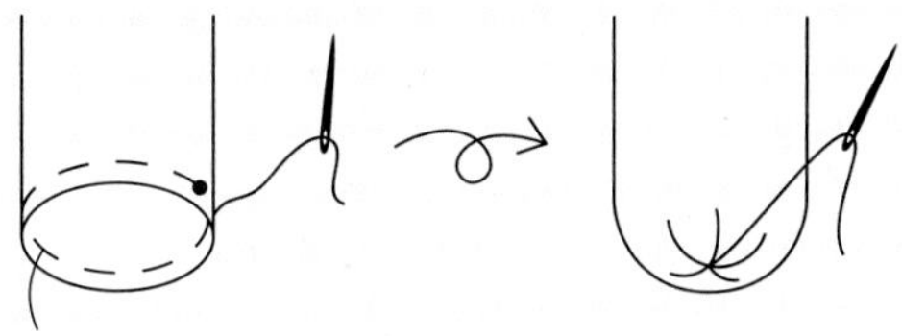

Das Garn oben durch die Maschen der 8. Reihe ziehen. Das Garn festziehen und befestigen.

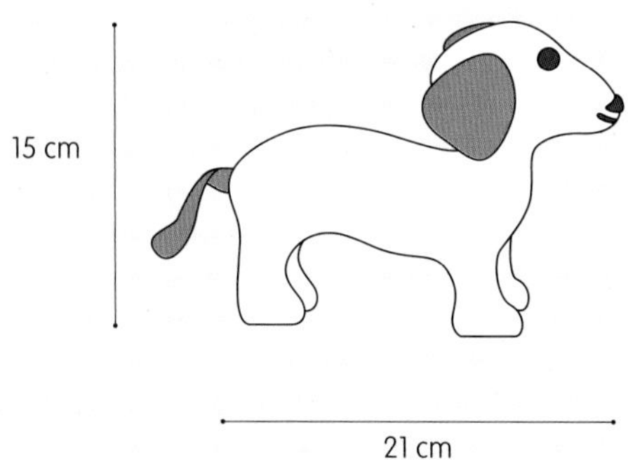


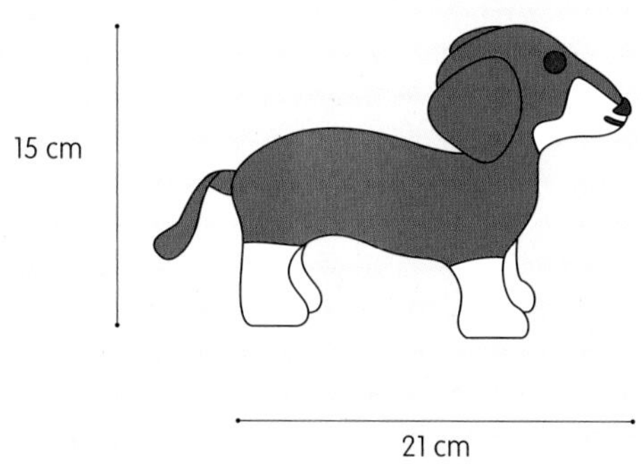

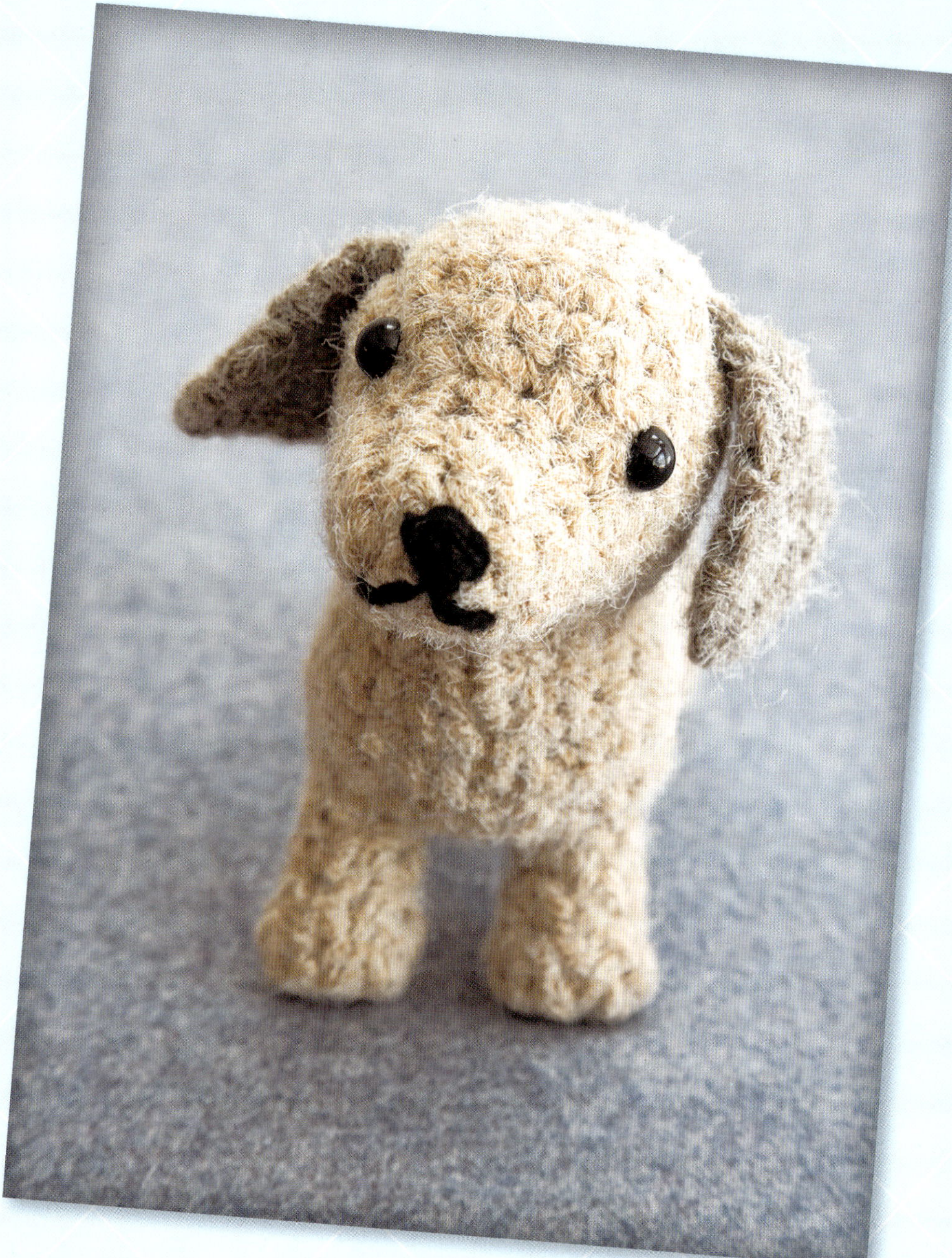

# Bus

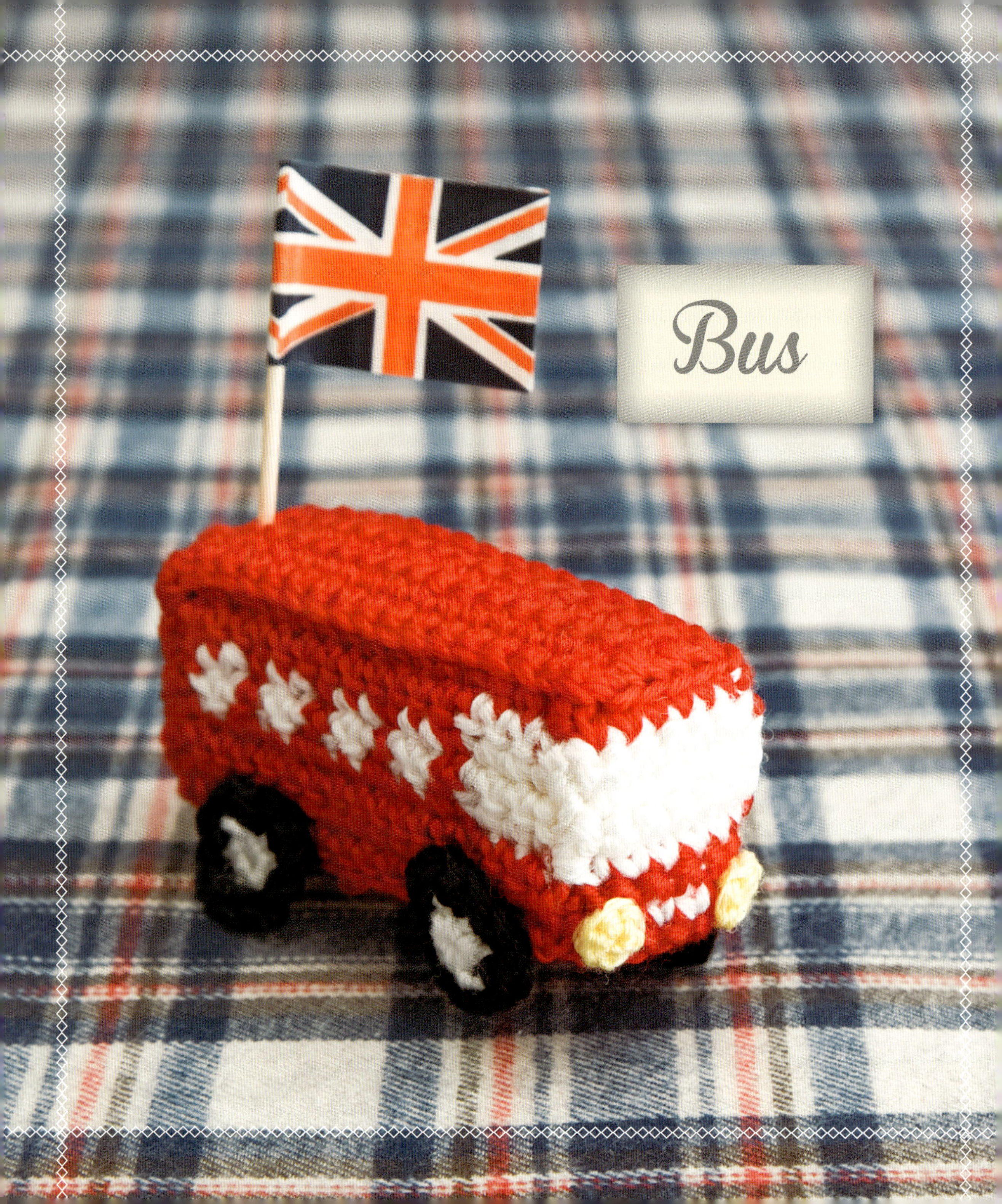

## Material

- Feines Garn (Gemisch aus Wolle und Acryl) in Rot, 34 m (9 g)
- Feines Garn (Gemisch aus Wolle und Acryl) in Weiß und Schwarz, je 7,5 m (2 g)
- Feines Garn (Gemisch aus Wolle und Acryl) in Gelb, 4 m (1 g)
- Kleiner Küchenschwamm als Füllmaterial

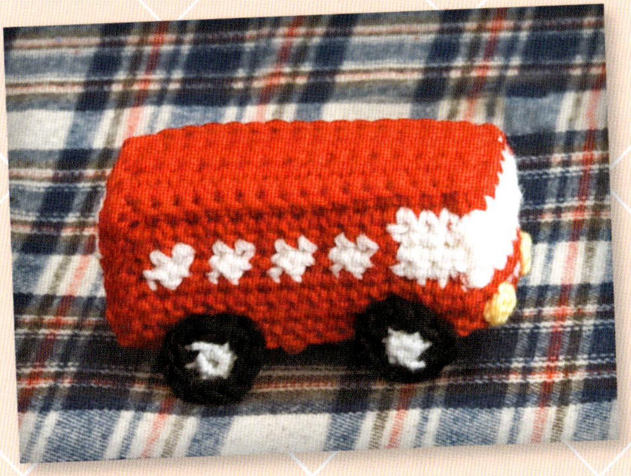

## Handarbeitszeug

- Häkelnadeln, 2,25 mm und 3,25 mm
- Stick- oder Garnnadel

## Abmessungen

Der Durchmesser des fertigen Busses beträgt 7 cm x 2 cm x 3,5 cm.

## Verwendete Maschen

**Häkeln:** Luftmasche (Lm), feste Masche (fM), einfache Zunahme (1 fM zun), Kettmasche (Km) und in das hintere Maschenglied häkeln. **Nähen:** Überwendlingsstich. (Siehe Seiten 10–17 für detaillierte Anleitungen.)

## Anmerkungen zum Muster

1. Alle Abmessungen sind geschätzt und variieren je nach Spannung und Garnwahl.
2. Um die Farbe zu wechseln, erst die letzte Masche in der alten Farbe bis zum letzten Umschlag häkeln. Umschlag mit der neuen Farbe, diese dann durch alle Schlingen auf der Nadel ziehen und die Masche fertighäkeln. Mit dem neuen Garn fortfahren und das alte Garn dorthin führen, wo es als nächstes benötigt wird. Beachten Sie das Diagramm für die Farbwechsel.
3. Der Bus besteht aus 9 Teilen: Hauptteil, Vorderseite, Rückseite, 4 Reifen und 2 Scheinwerfer. Bis auf die Scheinwerfer werden alle Einzelteile mit 2 Fäden gehäkelt.

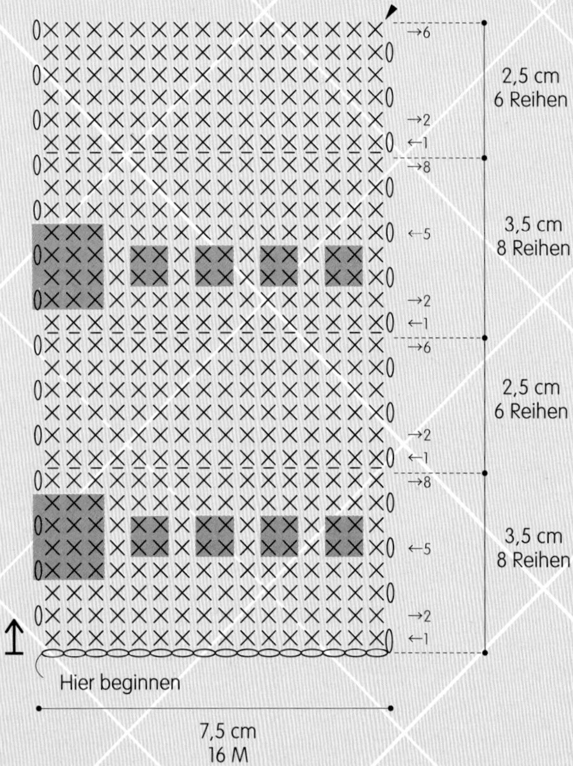


## Rückseite des Busses

Mit der größeren Nadel und 2 Fäden des roten Garns 7 Lm häkeln.

**Reihe 1 (Vorderseite):** Je 1 fM in die 2. Lm von der Nadel und in jede weitere Lm. *(6 fM)*

**Reihe 2:** Mit dem roten Garn 1 Lm, wenden, je 1 fM in die ersten 2 M; mit dem weißen Garn je 1 fM in die nächsten 2 M; mit dem roten Garn je 1 fM in die nächsten 2 M.

**Reihe 3 und 4:** Mit dem roten Garn 1 Lm, wenden, je 1 fM in jede M.

**Reihe 5–7:** Mit dem roten Garn 1 Lm, wenden, 1 fM in die 1. M; mit dem weißen Garn je 1 fM in die nächsten 4 M; mit dem roten Garn 1 fM in die letzte M.

**Reihe 8:** Mit dem roten Garn 1 Lm, wenden, je 1 fM in jede M.

Das Garn befestigen und einen langen Faden stehenlassen, um die Rückseite an dem Hauptteil anzunähen.

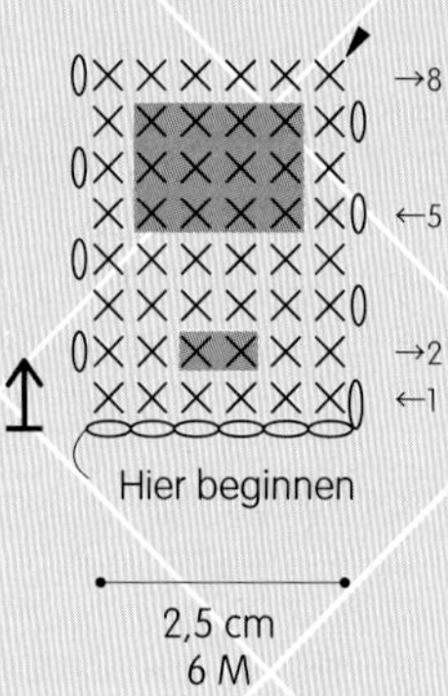


## Hauptteil

Mit der größeren Nadel und 2 Fäden des roten Garns 17 Lm häkeln.

### Erste Seite

**Reihe 1 (Vorderseite):** Je 1 fM in die 2. Lm von der Nadel und jede weitere Lm. *(16 fM)*

**Reihe 2 und 3:** 1 Lm, wenden, je 1 fM in jede M häkeln und am Ende von Reihe 3 zum weißen Garn wechseln.

**Reihe 4:** Mit dem weißen Garn 1 Lm, wenden, je 1 fM in die ersten 3 M; mit dem roten Garn je 1 fM in jede M bis zum Ende der Reihe.

**Reihe 5:** Mit dem roten Garn, 1 Lm, wenden, 1 fM in die 1. M; * mit dem weißen Garn je 1 fM in die nächsten 2 M; mit dem roten Garn 1 fM in die nächste M; ab * 3-mal wiederholen; mit dem weißen Garn je 1 fM in die letzten 3 M.

**Reihe 6:** Mit dem weißen Garn, 1 Lm, wenden, je 1 fM in die ersten 3 M; * mit dem roten Garn 1 fM in die nächste M; mit dem weißen Garn je 1 fM in die nächsten 2 M; ab * 3-mal wiederholen; mit dem roten Garn 1 fM in die letzte M.

**Reihe 7:** Mit dem roten Garn 1 Lm, wenden, je 1 fM in die ersten 13 M; mit dem weißen Garn je 1 fM in die letzten 3 M häkeln; am Ende der Reihe zum roten Garn wechseln.

**Reihe 8:** Mit dem roten Garn 1 Lm, wenden, je 1 fM in jede M.

Das Garn nicht befestigen.

### Dach

**Reihe 1:** Mit dem roten Garn 1 Lm, wenden, nur in die hinteren Maschenglieder häkeln und je 1 fM in jede M häkeln.

**Reihe 2–6:** Mit dem roten Garn 1 Lm, wenden, je 1 fM in jede M häkeln.

### Zweite Seite

**Reihe 1:** Mit dem roten Garn 1 Lm, wenden, nur in die hinteren Maschenglieder je 1 fM in jede M häkeln, am Ende der Reihe zum weißen Garn wechseln.

**Reihe 2–5:** Wiederholen Sie die Reihen 4–7 von der ersten Seite.

**Reihe 6–8:** Mit dem roten Garn 1 Lm, wenden, je 1 fM in jede M häkeln.

### Unterseite

**Reihe 1:** Mit dem roten Garn 1 Lm, wenden, nur in die hinteren Maschenglieder je 1 fM in jede M häkeln.

**Reihe 2–6:** Mit dem roten Garn 1 Lm, wenden, je 1 fM in jede M häkeln.

Das Garn befestigen und dabei einen langen Faden stehenlassen, um die Randmaschen der letzten und ersten Reihe zusammenzunähen.

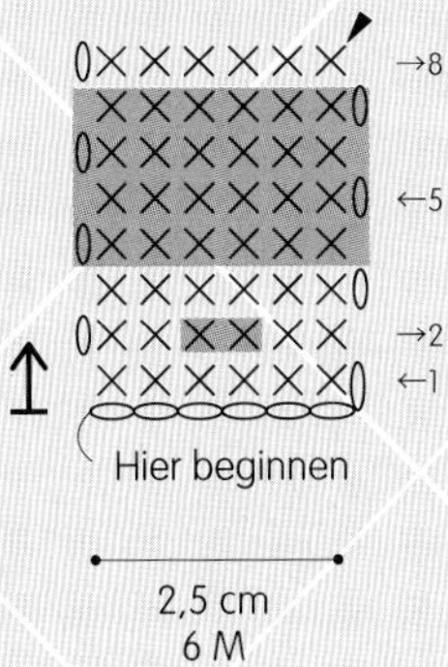


## Vorderseite des Busses

Mit der größeren Nadel und 2 Fäden des roten Garns 7 Lm häkeln.

**Reihe 1 (Vorderseite):** Je 1 fM in die 2. Lm von der Nadel und in jede weitere Lm. *(6 fM)*

**Reihe 2:** Mit dem roten Garn 1 Lm, wenden, je 1 fM in die ersten 2 M; mit dem weißen Garn je 1 fM in die nächsten 2 M; mit dem roten Garn je 1 fM in die nächsten 2 M.

**Reihe 3:** Mit dem roten Garn 1 Lm, wenden, je 1 fM in jede M; am Ende der Reihe zum weißen Garn wechseln.

**Reihe 4–7:** Mit dem weißen Garn 1 Lm, wenden, je 1 fM in jede M; am Ende der Reihe zum roten Garn wechseln.

**Reihe 8:** Mit dem roten Garn 1 Lm, wenden, je 1 fM in jede M.

Das Garn befestigen und einen langen Faden stehenlassen, um die Rückseite an dem Hauptteil anzunähen.

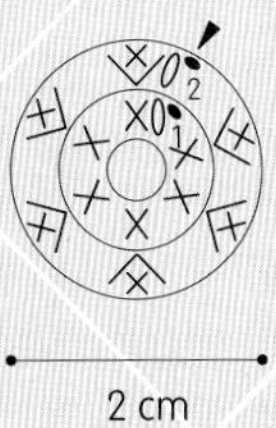


## Reifen (4-mal häkeln)

Mit der größeren Nadel und 2 schwarzen Fäden zum Rundhäkeln einen Fadenring machen.

**Runde 1 (Vorderseite):** 1 Lm, 6 fM in den Ring häkeln und die Runde mit 1 Km in die 1. M beenden.

**Runde 2:** 1 Lm, 1 fM zun in jeder M; die Runde mit 1 Km in die 1. M beenden. *(12 fM)*

Garn befestigen

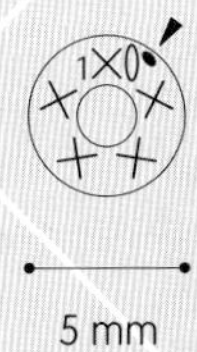


## Scheinwerfer (2-mal häkeln)

Mit der kleineren Nadel und einem einzelnen gelben Faden zum Rundhäkeln einen Fadenring machen.

**Runde 1 (Vorderseite):** 1 Lm, 6 fM in den Ring häkeln und die Runde mit 1 Km in die 1. M beenden.

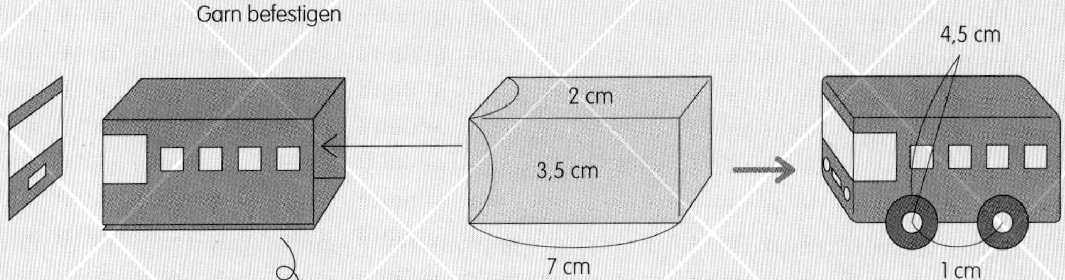


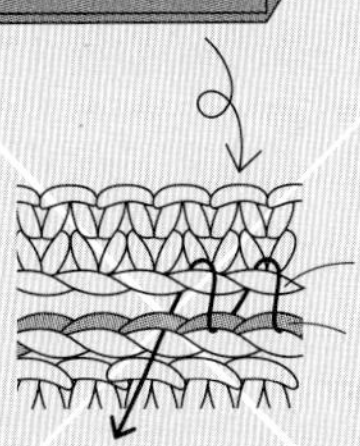

Die 1. und die letzte Reihe des Hauptteils mit dem Überwendlingsstich verbinden.

## Zusammensetzen der Einzelteile

Nähen Sie die erste und die letzte Reihe des Hauptteils mit dem Überwendlingsstich zusammen. Nähen Sie dann die Vorderseite an und achten Sie darauf, dass die Farben der Windschutzscheibe zusammenpassen. Schneiden Sie den Schwamm zurecht, damit er in den Hauptteil passt und stecken Sie ihn hinein. Nähen Sie die Rückseite mit dem Überwendlingsstich an. Nähen Sie dann mit weißem Garn die Reifen an den Hauptteil und nähen Sie durch die Mitte, sodass es aussieht, als wären es Radkappen. Nähen Sie die Scheinwerfer vorne am Bus an und vernähen Sie die Enden.

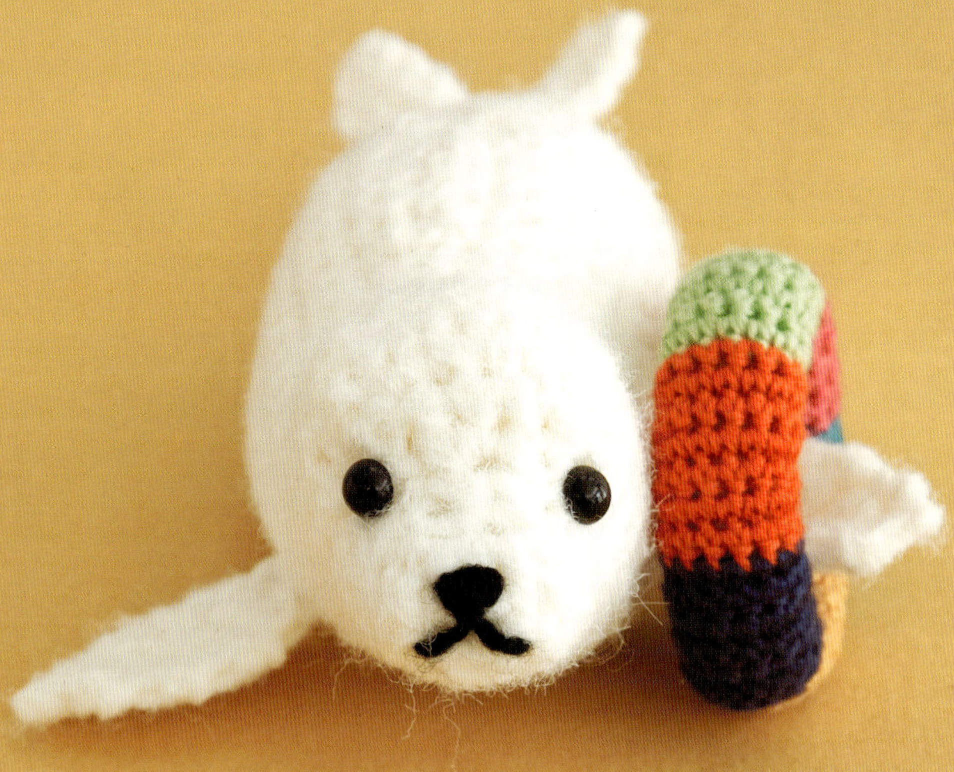

# Seehund Sven

## Material

- Dickes Garn (Gemisch aus grober Wolle und Acryl) in Weiß, 46 m (45 g)
- Mittleres Garn (Gemisch aus mittelfeiner Wolle und Acryl) in Schwarz, kleine Menge
- Füllwatte
- 2 schwarze Knöpfe oder Sicherheitsaugen, 8 mm Durchmesser

## Handarbeitszeug

- Häkelnadel, 5 mm
- Häkelnadel, 4 mm
- Nähnadel und Nähseide (falls Sie Knöpfe für die Augen verwenden)
- Stick- oder Garnnadel

## Abmessungen

Die fertige Größe beträgt 24 cm x 11 cm.

## Verwendete Maschen

**Häkeln:** Luftmasche (Lm), feste Masche (fM), einfache Abnahme (2 fM zus häkeln), doppelte Abnahme (3 fM zus häkeln), einfache Zunahme (1 fM zun) und Kettmasche (Km).
**Nähen:** Überwendlingsstich. (Siehe Seiten 10–17 für detaillierte Anleitungen.)

## Anmerkungen zum Muster

1. Alle Abmessungen sind geschätzt und variieren je nach Spannung und Garnwahl.
2. Der Seehund besteht aus 8 Teilen: 2 Körper-Seitenteile, 1 Bauchteil, 1 Hinterkopf, 2 Vorderflossen, 1 Mäulchen und ein Schwänzchen. Die Körperteile werden zusammengenäht.

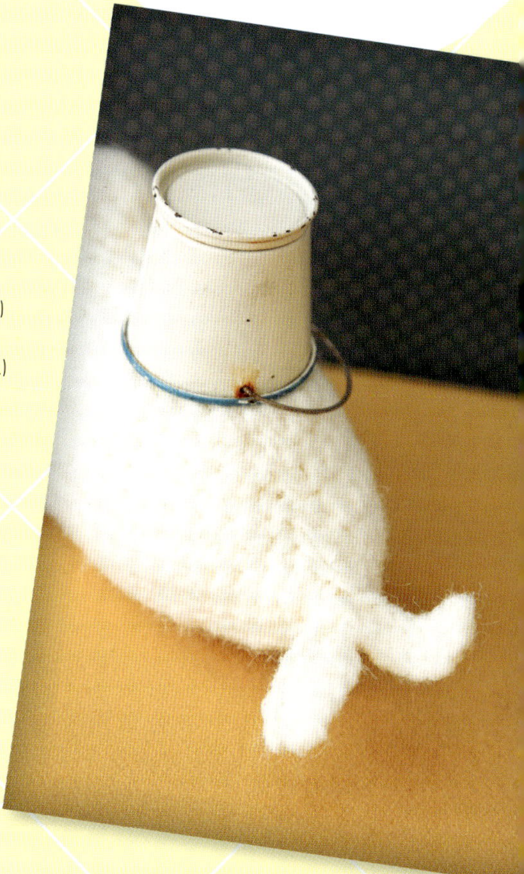

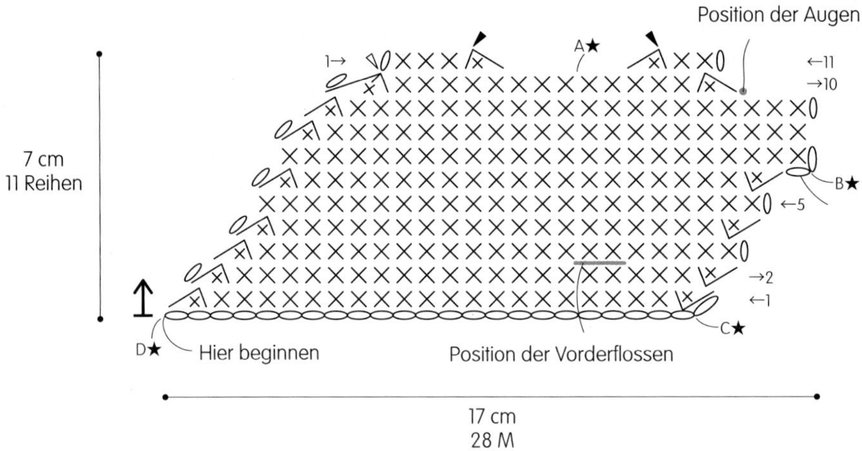


## Seitenteile

Mit der größeren Nadel und dem weißen Garn 24 Lm häkeln.

**Reihe 1 (Vorderseite):** 1 fM zun in die 2. Lm von der Nadel, je 1 fM bis zu den letzten 2 M, 2 fM zus häkeln. *(23 fM)*

**Reihe 2:** 1 Lm, wenden, 2 fM zus häkeln, je 1 fM in jede M bis zur letzten M, 1 fM zun in der letzten M.

**Reihe 3:** 1 Lm, wenden, je 1 fM in jede M bis zu den letzten 2 M, 2 fM zus häkeln. *(22 fM)*

**Reihe 4:** 1 Lm, wenden, 2 fM zus häkeln, je 1 fM in jede M bis zur letzten M, 1 fM zun in der letzten M.

**Reihe 5:** 1 Lm, wenden, je 1 fM in jede M häkeln.

**Reihe 6:** 1 Lm, wenden, 2 fM zus häkeln, je 1 fM in jede M bis zur letzten M, 1 fM zun in der letzten M.

**Reihe 7:** 2 Lm, wenden, je 1 fM in die 2. Lm von der Nadel und in jede weitere M. *(23 fM)*

**Reihe 8:** 1 Lm, wenden, 2 fM zus häkeln, je 1 fM in jede M. *(22 fM)*

**Reihe 9:** 1 Lm, wenden, je 1 fM bis zu den letzten 2 M, 2 fM zus häkeln. *(21 fM)*

**Reihe 10:** 1 Lm, wenden, 3 fM zus häkeln, je 1 fM bis zu den letzten 5 M, 2 fM zus häkeln, die restl M ungehäkelt lassen. *(15 fM)*

**Reihe 11:** 1 Lm, wenden, je 1 fM in die ersten 2 M, 2 fM zus häkeln; lassen Sie die verbleibenden M ungehäkelt. *(3 fM)*

Garn befestigen.

**Oberer Rückenbereich (letzte Reihe des Körpers)**

Mit der Rückseite nach oben das weiße Garn in der 1. M der letzten Reihe einhäkeln, 1 Lm, die Verbindungs-M ausl, je 1 fM in die nächsten 3 M häkeln, 2 fM zus häkeln; die restl M ungehäkelt lassen. *(4 fM)*

Garn befestigen.

## Bauchteil

Mit der größeren Häkelnadel und dem weißen Garn 2 Lm häkeln.

**Reihe 1 (Vorderseite):** 1 fM zun in der 2. Lm von der Nadel. *(2 fM)*

**Reihe 2:** 1 Lm, wenden, 1 fM zun in der 1. M, 1 fM in die letzte M. *(3 fM)*

**Reihe 3:** 1 Lm, wenden, 1 fM zun in der 1. M, 1 fM in die letzten 2 M. *(4 fM)*

**Reihe 4:** 1 Lm, wenden, 1 fM zun in der 1. M, 1 fM in die letzten 3 M. *(5 fM)*

**Reihe 5:** 1 Lm, wenden, 1 fM zun in der 1. M, 1 fM in die letzten 4 M. *(6 fM)*

**Reihe 6:** 1 Lm, wenden, 1 fM zun in der 1. M, 1 fM in die letzten 5 M. *(7 fM)*

**Reihe 7:** 1 Lm, wenden, 1 fM zun in der 1. M, 1 fM in die letzten 6 M. *(8 fM)*

**Reihe 8–18:** 1 Lm, wenden, je 1 fM in jede M häkeln.

**Reihe 19:** 1 Lm, wenden, 2 fM zus häkeln, je 1 fM in die nächsten 4 M, 2 fM zus häkeln. *(6 fM)*

**Reihe 20:** 1 Lm, wenden, 2 fM zus häkeln, je 1 fM in die nächsten 2 M, 2 fM zus häkeln. *(4 fM)*

**Reihe 21:** 1 Lm, wenden, [2 fM zus häkeln] 2-mal. *(2 fM)*

**Reihe 22:** 1 Lm, wenden, 2 fM zus häkeln. (1 fM)

**Reihe 23:** 1 Lm, wenden, 1 fM häkeln.

Garn befestigen.

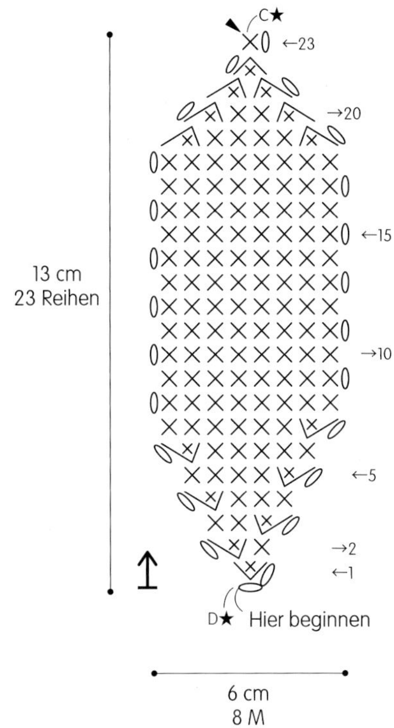


## Hinterkopf

Mit der größeren Häkelnadel und dem weißen Garn 2 Lm häkeln.

**Reihe 1 (Vorderseite):** 1 fM zun in der 2. Lm von der Nadel. *(2 fM)*

**Reihe 2:** 1 Lm, wenden, 1 fM zun in der 1. M, 1 fM in die letzte M. *(3 fM)*

**Reihe 3:** 1 Lm, wenden, 1 fM zun in der 1. M, 1 fM in die nächste M, 1 fM zun in der letzten M. *(5 fM)*

**Reihe 4:** 1 Lm, wenden, 1 fM zun in der 1. M, 1 fM in die nächsten 3 M, 1 fM zun in der letzten M. *(7 fM)*

**Reihe 5:** 1 Lm, wenden, je 1 fM in jede M.

**Reihe 6:** 1 Lm, wenden, je 1 fM in die ersten 2 M, 2 fM zus häkeln, je 1 fM in die letzten 3 M. *(6 fM)*

**Reihe 7:** 1 Lm, wenden, 2 fM zus häkeln, je 1 fM in die nächsten 2 M, 2 fM zus häkeln. *(4 fM)*

**Reihe 8:** 1 Lm, wenden, [2 fM zus häkeln] 2-mal. *(2 fM)*

**Reihe 9 und 10:** 1 Lm, wenden, je 1 fM in jede M.

**Reihe 11:** 1 Lm, wenden, 1 fM zun in der 1. M, 1 fM zun in der letzten M. *(4 fM)*

**Reihe 12:** 1 Lm, wenden, je 1 fM in jede M.

**Reihe 13:** 1 Lm, wenden, [2 fM zus häkeln] 2-mal. *(2 fM)*

Garn befestigen.

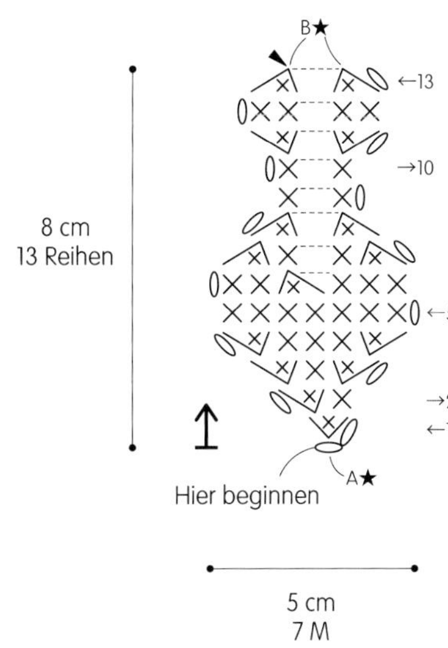

# Vorderflossen

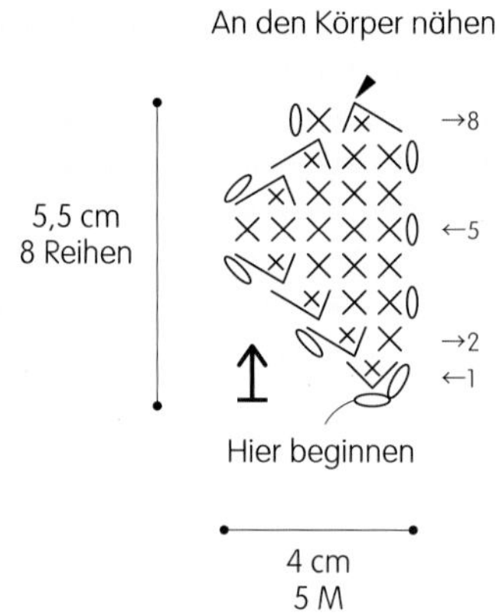


Mit der größeren Nadel und dem weißen Garn 2 Lm häkeln.

**Reihe 1 (Vorderseite):** 1 fM zun in der 2. Lm von der Nadel. *(2 fM)*

**Reihe 2:** 1 Lm, wenden, 1 fM zun in der 1. M, 1 fM in die letzte M. *(3 fM)*

**Reihe 3:** 1 Lm, wenden, je 1 fM in die ersten 2 M, 1 fM zun in der letzten M. *(4 fM)*

**Reihe 4:** 1 Lm, wenden, 1 fM zun in der 1. M, 1 fM in den letzten 3 M. *(5 fM)*

**Reihe 5:** 1 Lm, wenden, je 1 fM in jede M.

**Reihe 6:** 1 Lm, wenden, 2 fM zus häkeln, je 1 fM in die letzten 3 M. *(4 fM)*

**Reihe 7:** 1 Lm, wenden, je 1 fM in die ersten 2 M, 2 fM zus häkeln. *(3 fM)*

**Reihe 8:** 1 Lm, wenden, 2 fM zus häkeln, 1 fM in die letzte M. *(2 fM)*

Garn befestigen.

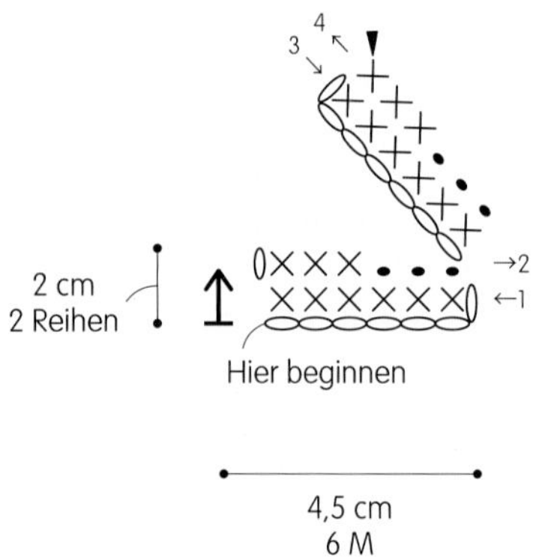


# Schwanz

Mit der größeren Nadel und dem weißen Garn 7 Lm häkeln.

**Erste Flosse**

**Reihe 1:** Je 1 fM in die 2. Lm von der Nadel und die nächsten 5 Lm. *(6 fM)*

**Reihe 2:** 1 Lm, wenden, je 1 Km in die ersten 3 M, je 1 Km in die letzten 3 M.

Garn nicht befestigen.

**Zweite Flosse**

**Reihe 3:** 7 Lm, wenden, je 1 fM in die 2. Lm von der Nadel und die nächsten 5 Lm. *(6 fM)*

**Reihe 4:** Wenden, je 1 Km in die ersten 3 M, je 1 fM in die letzten 3 M häkeln.

Das Garn befestigen.

# Mäulchen

Mit der kleineren Nadel und dem schwarzen Garn 2 Lm häkeln.

**Reihe 1:** 1 fM zun in der 2. Lm von der Nadel. *(2 fM)*

Garn befestigen

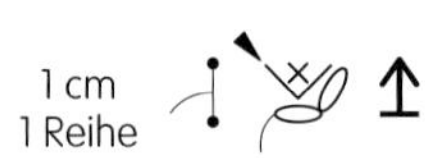

## Die Einzelteile zusammennähen

Befestigen Sie die Knöpfe (mit Nähgarn und Nadel) oder die Sicherheitsaugen an den Seitenteilen des Körpers, wie auf dem Diagramm gezeigt. Legen Sie die Punkte A, B, C und D (auf den Diagrammen mit Sternchen eingezeichnet) der Seitenteile, des Bauchteils und des Hinterkopfes aufeinander, nähen Sie sie mit dem Überwendlingsstich mit passendem Garn zusammen und füllen Sie die Figur, bevor Sie die Näharbeiten beendet haben. Nähen Sie mit dem Überwendlingsstich die Vorderflossen an die Seiten, den Schwanz hinten am Körper und das Mäulchen am Gesicht an. Verwenden Sie einen kurzen, schwarzen Faden, um die Gesichtsdetails im Geradstich zu sticken. Orientieren Sie sich dabei am Foto. Vernähen Sie die Enden.

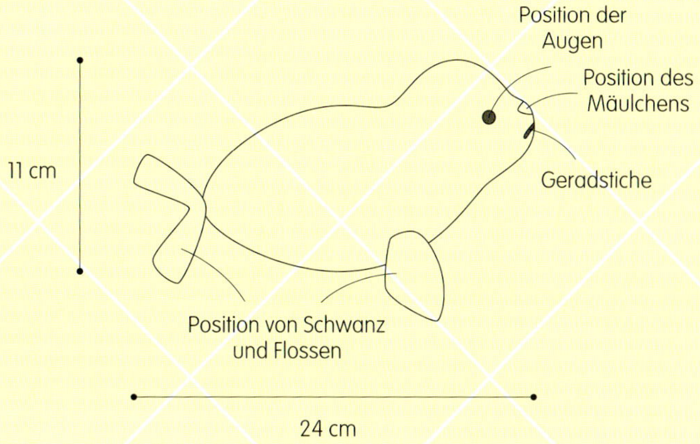


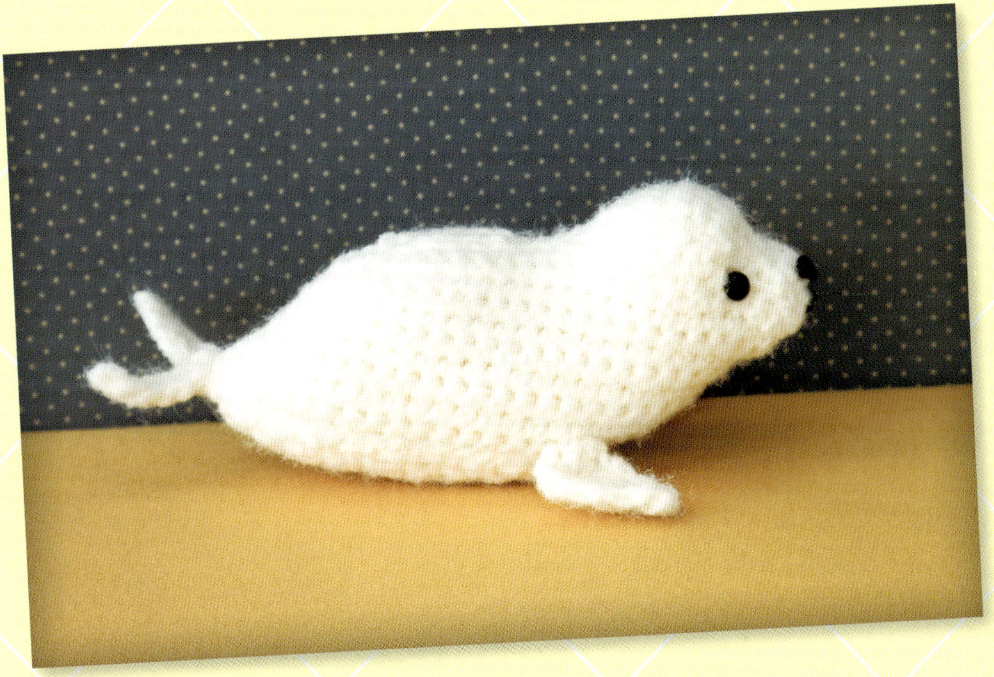

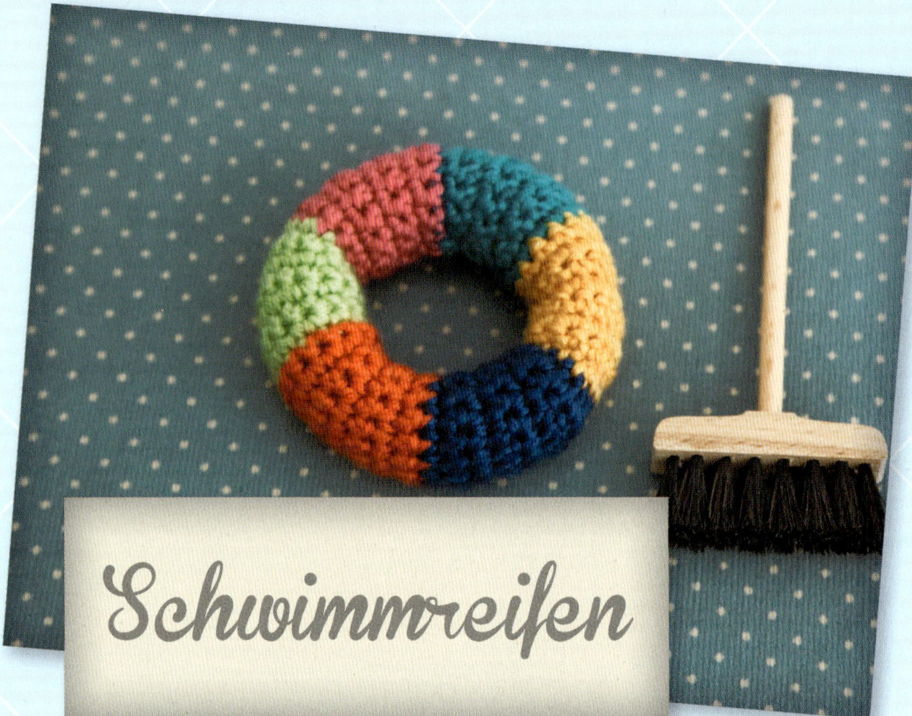


## Material

- Feines Garn (Gemisch aus Wolle und Acryl) in sattem Pink, Gelb und Orange, Limettengrün, Himmelblau und Marineblau, je 8,5 m (2 g)
- Füllwatte

## Abmessungen

Die fertige Größe beträgt 7 cm im Durchmesser.

## Handarbeitszeug

- Häkelnadel, 3,25 mm
- Stick- oder Garnnadel

## Verwendete Maschen

**Häkeln:** Luftmasche (Lm), feste Masche (fM).
**Nähen:** Überwendlingsstich. (Siehe Seiten 10–17 für detaillierte Anleitungen.)

## Anmerkungen zum Muster

1. Alle Abmessungen sind geschätzt und variieren je nach Spannung und Garnwahl.
2. Der Schwimmreifen besteht aus einem rechteckigen Häkelstück, das zu einer Röhre geformt wird. Die Röhre wird zuerst gefüllt, dann werden die Enden zusammengenäht, damit ein Ring entsteht.
3. Das Rechteck wird durchgehend mit 2 Fäden gehäkelt.

# Rechteck

Mit 2 Fäden in sattem Gelb einen langen Faden zum Zusammennähen stehenlassen und 13 Lm häkeln.

**Reihe 1 (Vorderseite):** Je 1 fM in die 2. Lm von der Nadel und in die restl Lm häkeln. *(12 fM)*

**Reihe 2–7:** 1 Lm, wenden, je 1 fM in jede M häkeln.

Das gelbe Garn befestigen und einen langen Faden zum Zusammennähen der gelben Ränder des Rechtecks stehenlassen.

**Reihe 8 (Rückseite):** Mit der RS nach oben und 2 Fäden in Hellblau das Garn in die 1. M einhäkeln, 1 Lm, je 1 fM in die 1. M und in die restl M häkeln.

**Reihe 9–14:** 1 Lm, wenden, je 1 fM in jede M häkeln.

Das himmelblaue Garn befestigen und einen langen Faden zum Zusammennähen der himmelblauen Ränder des Rechtecks stehenlassen.

**Reihe 15 (Vorderseite):** Mit der VS nach oben und 2 Fäden in Pink das Garn in der 1. M einhäkeln, 1 Lm, je 1 fM in die 1. M und in die restl M häkeln.

**Reihe 16–21:** 1 Lm, wenden, je 1 fM in jede M häkeln.

Das pinke Garn befestigen und einen langen Faden zum Zusammennähen der pinken Ränder des Rechtecks stehenlassen.

**Reihe 22 (Rückseite):** Mit der RS nach oben und 2 Fäden in Limettengrün das Garn in der 1. M einhäkeln, 1 Lm, je 1 fM in die 1. M und in die restl M häkeln.

**Reihe 23–28:** 1 Lm, wenden, je 1 fM in jede M häkeln.

Das limettengrüne Garn befestigen und einen langen Faden zum Zusammennähen der limettengrünen Ränder des Rechtecks stehenlassen.

**Reihe 29 (Vorderseite):** Mit der VS nach oben und 2 Fäden in Orange das Garn in der 1. M einhäkeln, 1 Lm, je 1 fM in die 1. M und die restl M häkeln.

**Reihe 30–35:** 1 Lm, wenden, je 1 fM in jede M häkeln.

Das orange Garn befestigen und einen langen Faden zum Zusammennähen der orangen Ränder des Rechtecks stehenlassen.

**Reihe 36 (Rückseite):** Mit der RS nach oben und 2 Fäden in Marineblau das Garn in der 1. M einhäkeln, 1 Lm, je 1 fM in die 1. M und in die restl M häkeln.

**Reihe 37–42:** 1 Lm, wenden, je 1 fM in jede M häkeln.

Das marineblaue Garn befestigen und einen langen Faden zum Zusammennähen der marineblauen Ränder des Rechtecks stehenlassen.

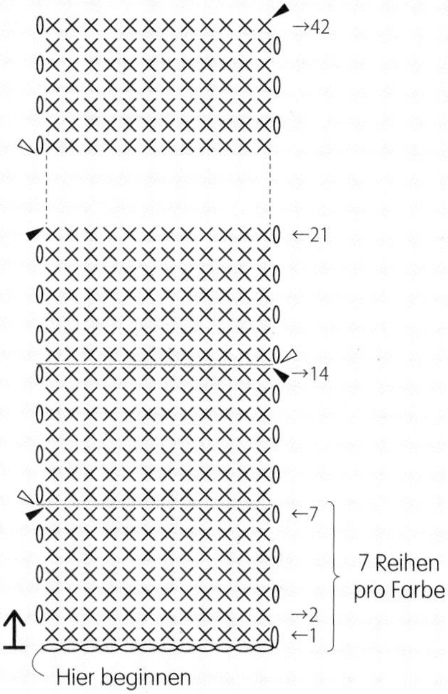


## Zusammennähen des Schwimmreifens

Verwenden Sie das Garn, das farblich dazupasst, um die Ränder des rechteckigen Häkelstücks zusammenzunähen, sodass sich ein Schlauch bildet. Füllen Sie diesen und biegen Sie ihn, sodass die Enden zusammenstoßen. Nähen Sie die Enden mit dem langen Faden vom Anfang im Überwendlingsstich zusammen.

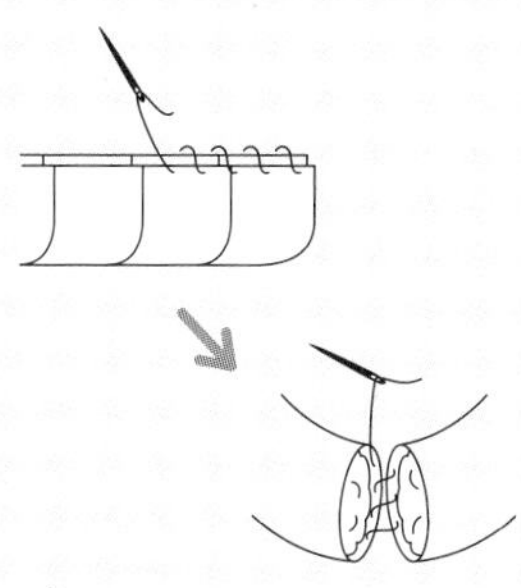

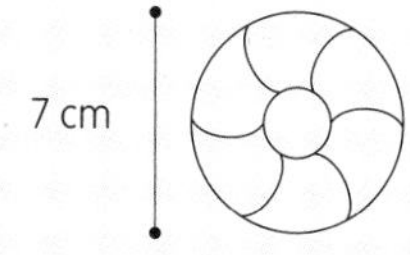

# Giraffe Gerda

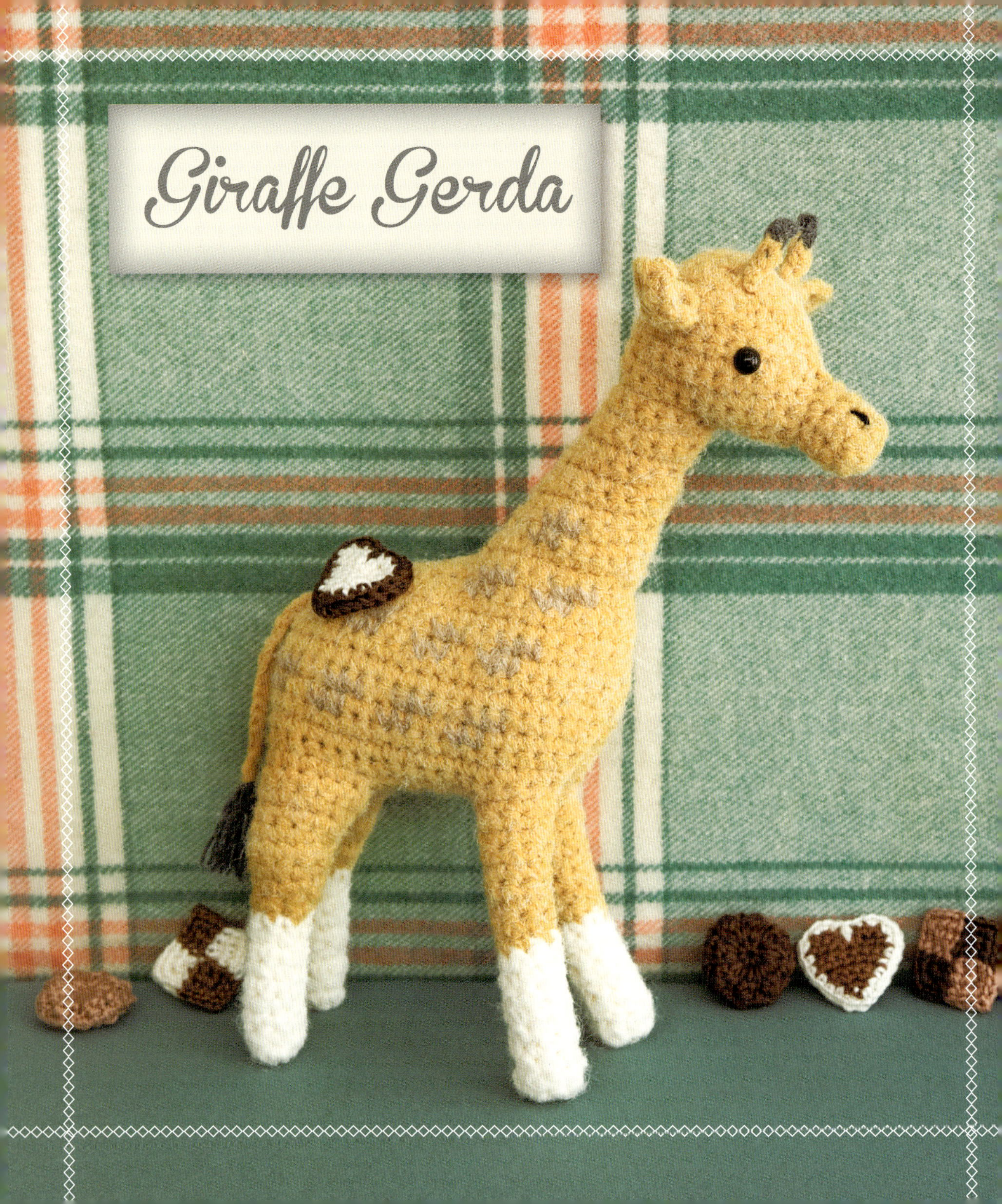

## Material

- Dickes Garn (Gemisch aus Wolle und Acryl) in Senfgelb, 64 m (60 g)
- Dickes Garn (Gemisch aus Wolle und Acryl) in Weiß, 16,5 m (15 g)
- Dickes Garn (Gemisch aus Wolle und Acryl) in Braun, 2 m (1 g)
- Dickes Garn (Gemisch aus Wolle und Acryl) in Schwarz, 2 m (1 g)
- Mittleres Garn (Gemisch aus Wolle und Acryl) in Schwarz, kleine Menge
- Füllwatte
- 2 schwarze Knöpfe oder Sicherheitsaugen, 10 mm Durchmesser

## Handarbeitszeug

- Häkelnadel, 5 mm
- Nähnadel und Nähseide (falls Sie Knöpfe für die Augen verwenden)
- Stick- oder Garnnadel

## Abmessungen

Die fertige Größe beträgt 24 cm x 35 cm.

## Verwendete Maschen

**Häkeln:** Luftmasche (Lm), feste Masche (fM), einfache Abnahme (2 fM zus häkeln), einfache Zunahme (1 fM zun), doppelte Abnahme (3 fM zus häkeln) und Kettmasche (Km).
**Nähen:** Überwendlingsstich. (Siehe Seiten 10–17 für detaillierte Anleitungen.)

## Anmerkungen zum Muster

1. Alle Abmessungen sind geschätzt und variieren je nach Spannung und Garnwahl.
2. Die Flecken werden auf die Giraffe gestickt, nachdem die Einzelteile fertig gehäkelt sind.
3. Um die Farbe zu wechseln, erst die letzte Masche mit der alten Farbe bis zum letzten Umschlag häkeln. Umschlag mit der neuen Farbe, diese dann durch alle Schlingen auf der Nadel ziehen und die Masche fertighäkeln. Mit dem neuen Garn fortfahren und das alte befestigen.
4. Die Giraffe besteht aus 14 Teilen: 2 Körper-Seitenteile, 1 Bauchteil, 2 Hinterbeine, 2 Vorderbeine, 1 Hinterkopf, 2 Ohren, 1 Mäulchen, 2 Hörner und 1 Schwanz. Die Vorder- und Hinterbeine werden direkt an die Seitenkanten des Bauchteils gehäkelt, um die Näharbeiten für die fertige Giraffe so gering wie möglich zu halten. Alle übrigen Körperteile werden zusammengenäht.

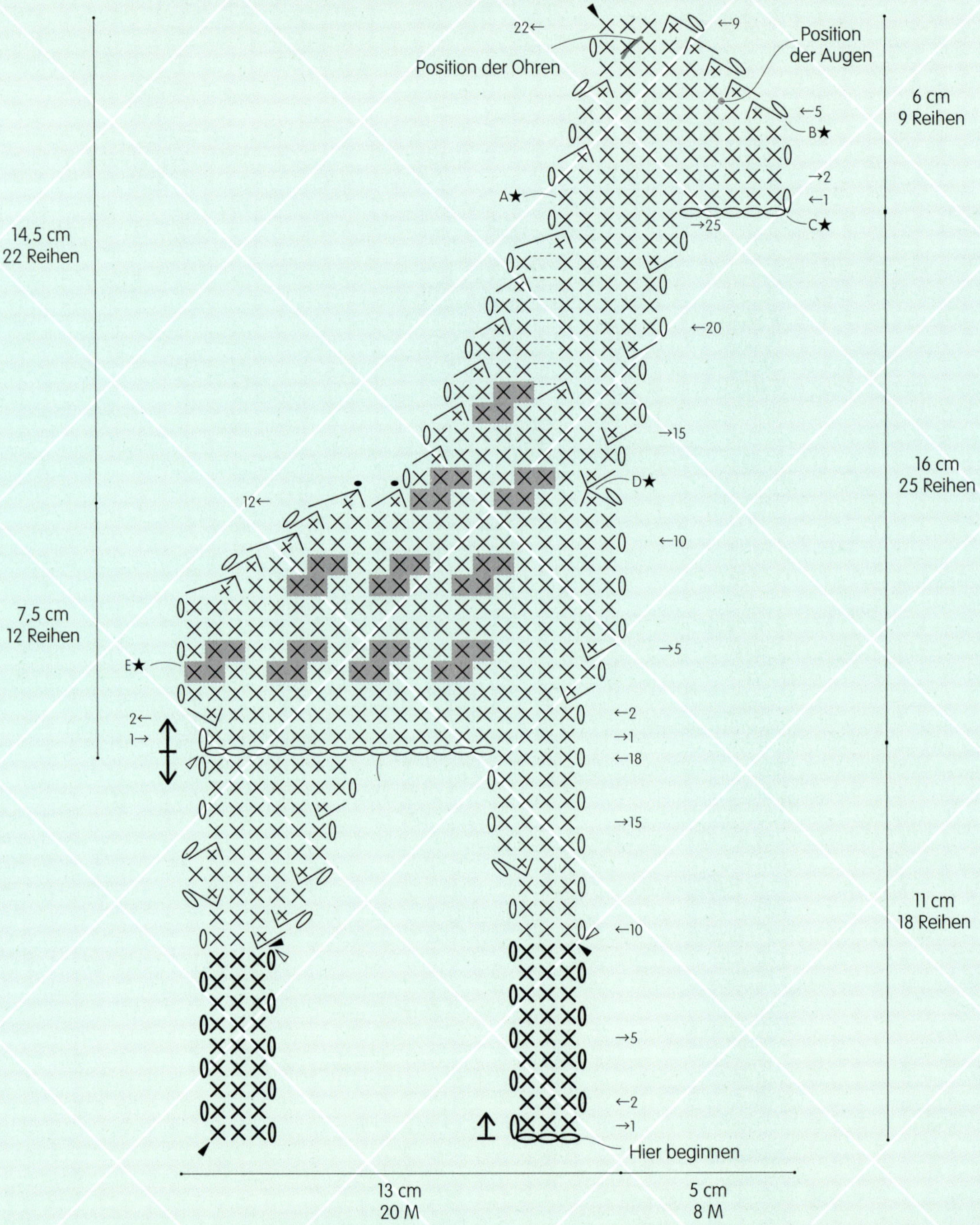
Position der Ohren
Position der Augen
6 cm
9 Reihen
14,5 cm
22 Reihen
16 cm
25 Reihen
7,5 cm
12 Reihen
11 cm
18 Reihen
A★
B★
C★
D★
E★
Hier beginnen
13 cm
20 M
5 cm
8 M

## Seitenteile

(2-mal häkeln)

Mit dem weißen Garn 4 Lm häkeln.

### Vorderbein

**Reihe 1 (Rückseite):** Mit der 2. Lm von der Nadel beginnen und 1 fM in jede Lm. *(3 fM)*

**Reihe 2–9:** 1 Lm, wenden, je 1 fM in jede Masche.

Das Garn wechseln und mit Senfgelb weiterhäkeln, bis die Anleitung etwas anderes verlangt. Das weiße Garn abschneiden.

**Reihe 10–12:** 1 Lm, wenden, je 1 fM in jede Masche.

**Reihe 13:** 1 Lm, wenden, 1 fM zun in der 1. M, je 1 fM in die letzten 2 M. *(4 fM)*

**Reihe 14–18:** 1 Lm, wenden, je 1 fM in jede Masche.

Garn nicht befestigen.

### Körper

**Reihe 1 (Rückseite):** 15 Lm, wenden, je 1 fM in die 2. M von der Nadel und in die nächsten 13 Lm, je 1 fM in die letzten 4 M. *(18 fM)*

**Reihe 2:** 1 Lm, wenden, je 1 fM in jede M bis zur letzten M, 1 fM zun in der letzten M. *(19 fM)*

**Reihe 3:** 1 Lm, wenden, je 1 fM in jede M bis zur letzten M, 1 fM zun in der letzten M. *(20 fM)*

**Reihe 4:** 1 Lm, wenden, je 1 fM in jede M.

**Reihe 5:** 1 Lm, wenden, je 1 fM in jede M bis zur letzten M, 1 fM zun in der letzten M. *(21 fM)*

**Reihe 6 und 7:** 1 Lm, wenden, je 1 fM in jede M.

**Reihe 8:** 1 Lm, wenden, je 1 fM in jede M bis zu den letzten 3 M, 3 fM zus häkeln. *(19 fM)*

**Reihe 9:** 1 Lm, wenden, 2 fM zus häkeln, je 1 fM in jede M. *(18 fM)*

**Reihe 10:** 1 Lm, wenden, je 1 fM in jede M bis zu den letzten 3 M, 3 fM zus häkeln. *(16 fM)*

**Reihe 11:** 1 Lm, wenden, 2 fM zus häkeln, je 1 fM in jede M. *(15 fM)*

**Reihe 12:** 1 Lm, wenden, 2 fM zus häkeln, je 1 fM in die nächsten 8 M, 2 fM zus häkeln, 3 fM zus häkeln. *(11 fM)*

**Reihe 13:** Wenden, je 1 Km in die ersten 2 M, 1 Lm, je 1 fM in die nächsten 8 M, 1 fM zun in der letzten M. *(10 fM)*

**Reihe 14:** 1 Lm, wenden, je 1 fM in jede M bis zu den letzten 2 M, 2 fM zus häkeln. *(9 fM)*

**Reihe 15:** 1 Lm, wenden, je 1 fM in jede M bis zur letzten M, 1 fM zun in der letzten M. *(10 fM)*

**Reihe 16:** 1 Lm, wenden, je 1 fM in jede M bis zu den letzten 2 M, 2 fM zus häkeln. *(9 fM)*

**Reihe 17:** 1 Lm, wenden, je 1 fM in die ersten 4 M, 2 fM zus häkeln, je 1 fM in die nächsten 3 M. *(8 fM)*

**Reihe 18:** 1 Lm, wenden, je 1 fM in jede M bis zu den letzten 2 M, 2 fM zus häkeln. *(7 fM)*

**Reihe 19:** 1 Lm, wenden, je 1 fM in jede M bis zur letzten M, 1 fM zun in der letzten M. *(8 fM)*

**Reihe 20:** 1 Lm, wenden, je 1 fM in jede M bis zu den letzten 2 M, 2 fM zus häkeln. *(7 fM)*

**Reihe 21:** 1 Lm, wenden, je 1 fM in jede M häkeln.

**Reihe 22:** 1 Lm, wenden, je 1 fM in jede M bis zu den letzten 2 M, 2 fM zus häkeln. *(6 fM)*

**Reihe 23:** 1 Lm, wenden, je 1 fM in jede M bis zur letzten M, 1 fM zun in der letzten M. *(7 fM)*

**Reihe 24:** 1 Lm, wenden, je 1 fM in jede M bis zu den letzten 2 M, 2 fM zus häkeln. *(6 fM)*

**Reihe 25:** 1 Lm, wenden, je 1 fM in jede M häkeln.

Das Garn nicht befestigen.

### Kopf

**Reihe 1 (Vorderseite):** 6 Lm, wenden, je 1 fM in die 2. Lm von der Nadel und in die nächsten 4 Lm, je 1 fM in die nächsten 6 M. *(11 fM)*

**Reihe 2:** 1 Lm, wenden, je 1 fM in jede M.

**Reihe 3:** 1 Lm, wenden, je 1 fM in jede M bis zur den letzten 2 M, 2 fM zus häkeln. *(10 fM)*

**Reihe 4:** 1 Lm, wenden, je 1 fM in jede M.

**Reihe 5:** 1 Lm, wenden, 2 fM zus häkeln, je 1 fM in jede M. *(9 fM)*

**Reihe 6:** 1 Lm, wenden, 2 fM zus häkeln, je 1 fM in jede M bis zur vorletzten M, 2 fM zus häkeln. *(7 fM)*

**Reihe 7:** 1 Lm, wenden, 2 fM zus häkeln, je 1 fM in jede M. *(6 fM)*

**Reihe 8:** 1 Lm, wenden, je 1 fM in jede M bis zur vorletzten M, 2 fM zus häkeln. *(5 fM)*

**Reihe 9:** 1 Lm, wenden, 2 fM zus häkeln, je 1 fM in jede M. *(4 fM)*

Garn befestigen.

**Hinterbein**

Mit der Vorderseite nach oben am Beginn von R 1 des Körpers in der 1. Lm das senfgelbe Garn einhäkeln.

**Reihe 1 (Vorderseite):** 1 Lm, je 1 fM in dieselbe Lm und in die nächsten 6 Lm, restl M ungehäkelt lassen. *(7 fM)*

**Reihe 2:** 1 Lm, wenden, je 1 fM in jede Masche.

**Reihe 3:** 1 Lm, wenden, je 1 fM in die ersten 5 M, 2 fM zus häkeln. *(6 fM)*

**Reihe 4:** 1 Lm, wenden, je 1 fM in jede Masche.

**Reihe 5:** 1 Lm, wenden, 1 fM zun in der 1. M, je 1 fM in die letzten 5 M. *(7 fM)*

**Reihe 6:** 1 Lm, wenden, 2 fM zus häkeln, je 1 fM in die letzten 5 M. *(6 fM)*

**Reihe 7:** 1 Lm, wenden, 2 fM zus häkeln, je 1 fM in die letzten 4 M. *(5 fM)*

**Reihe 8:** 1 Lm, wenden, 2 fM zus häkeln, je 1 fM in die letzten 3 M. *(4 fM)*

**Reihe 9:** 1 Lm, wenden, je 1 fM in die ersten 2 M häkeln, 2 fM zus häkeln. *(3 fM)*

Das Garn wechseln und mit dem weißen Garn weiterhäkeln. Das senfgelbe Garn abschneiden.

**Reihe 10–18:** 1 Lm, wenden, je 1 fM in jede Masche.

Das Garn befestigen.

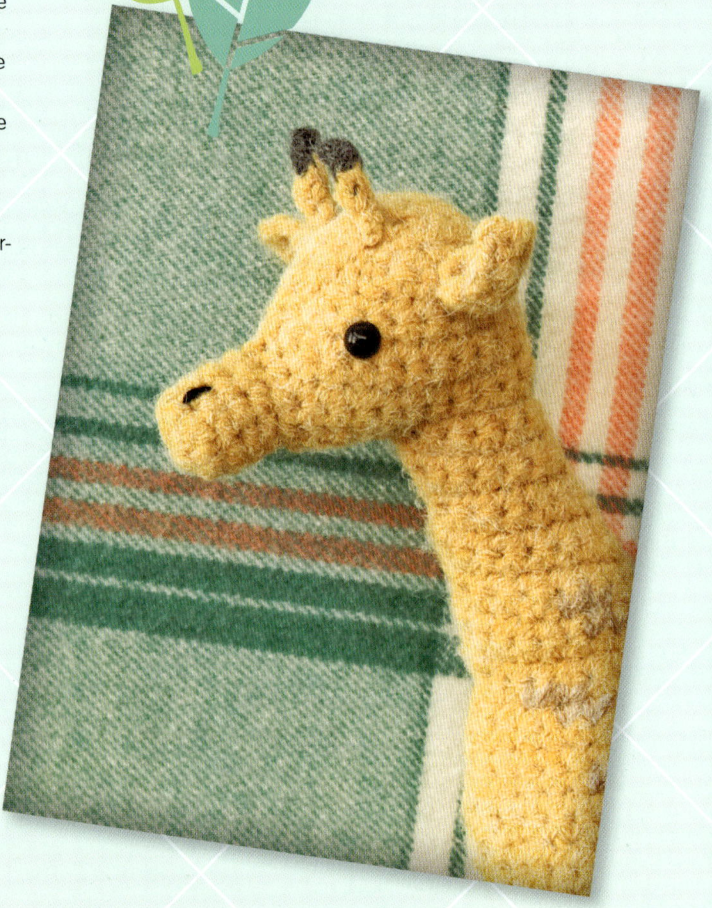

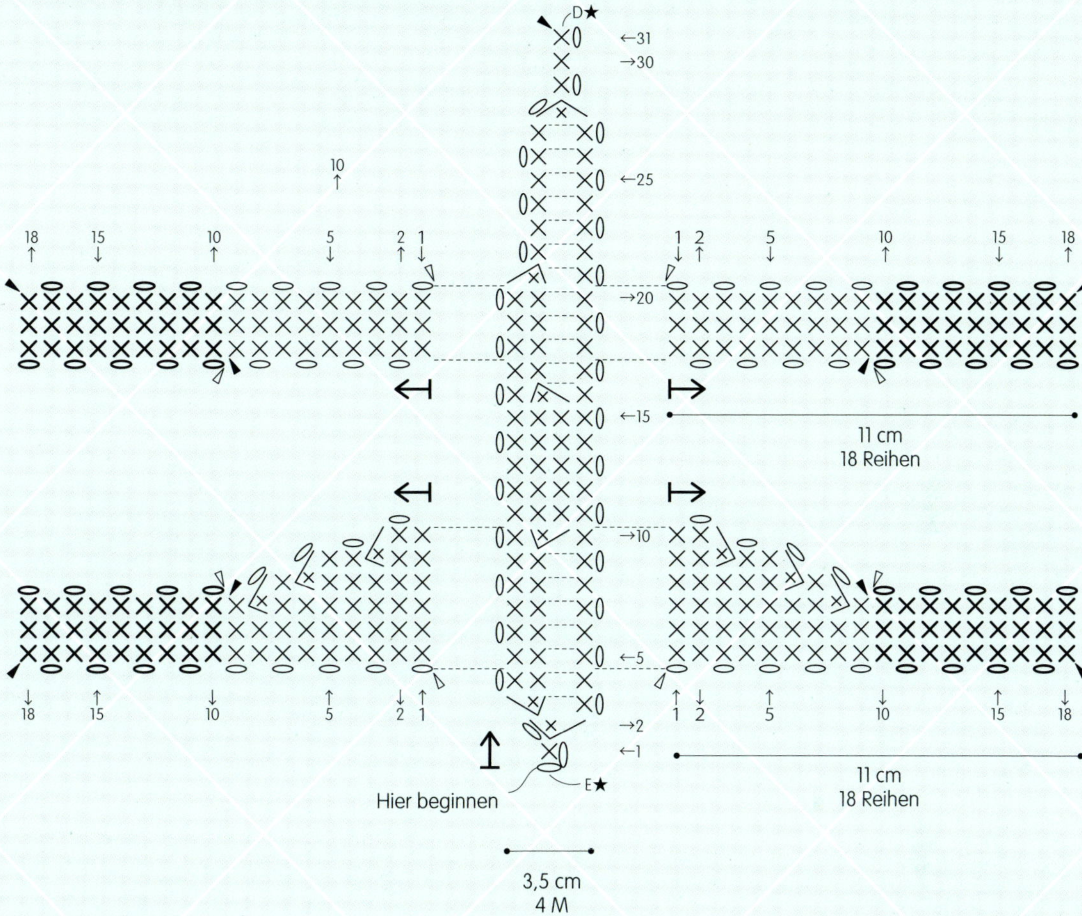


# Bauchteil

Mit dem senfgelben Garn 2 Lm häkeln.

**Reihe 1 (Vorderseite):** 1 fM in die 2. Lm von der Nadel häkeln. *(1 fM)*

**Reihe 2:** 1 Lm, wenden, 1 fM zun in der 1. M. *(2 fM)*

**Reihe 3:** 1 Lm, wenden, 1 fM in die 1. M , 1 fM zun in der letzten M. *(3 fM)*

**Reihe 4–9:** 1 Lm, wenden, je 1 fM in jede M häkeln.

**Reihe 10:** 1 Lm, wenden, 1 fM in die 1. M, 1 fM zun in der nächsten M, 1 fM in die letzte M. *(4 fM)*

**Reihe 11–15:** 1 Lm, wenden, je 1 fM in jede M häkeln.

**Reihe 16:** 1 Lm, wenden, 1 fM in die 1. M, 2 fM zus häkeln, 1 fM in die letzte M. *(3 fM)*

**Reihe 17–20:** 1 Lm, wenden, je 1 fM in jede M häkeln.

**Reihe 21:** 1 Lm, wenden, 1 fM in die 1. M, 2 fM zus häkeln. *(2 fM)*

**Reihe 22–27:** 1 Lm, wenden, 1 fM in jede M häkeln.

**Reihe 28:** 1 Lm, wenden, 2 fM zus häkeln. *(1 fM)*

**Reihe 29–31:** 1 Lm, wenden, 1 fM in die M häkeln.

Garn befestigen.

### Erstes Hinterbein

**Anmerkung:** Das erste Hinterbein wird entlang des unteren, rechten Randes des Bauchteils gehäkelt. Siehe Position im Diagramm für den Bauchteil.

Das senfgelbe Garn am Ende der 5. Reihe des Bauchteils (Vorderseite nach oben) einhäkeln.

**Reihe 1 (Vorderseite):** 1 Lm, je 1 fM in die Ränder von R 5–10 häkeln. *(6 fM)*

**Reihe 2**: 1 Lm, wenden, je 1 fM in jede M häkeln.

**Reihe 3:** 1 Lm, wenden, je 1 fM in jede M bis zu den letzten 2 M, 2 fM zus häkeln. *(5 fM)*

**Reihe 4 und 5:** 1 Lm, wenden, je 1 fM in jede M häkeln.

**Reihe 6:** 1 Lm, wenden, je 1 fM in die ersten 3 M, 2 fM zus häkeln. *(4 fM)*

**Reihe 7:** 1 Lm, wenden, je 1 fM in jede M häkeln.

**Reihe 8:** 1 Lm, wenden, je 1 fM in die ersten 2 M, 2 fM zus häkeln. *(3 fM)*

**Reihe 9:** 1 Lm, wenden, je 1 fM in jede M häkeln.

Mit dem weißen Garn weiterhäkeln und das senfgelbe Garn abschneiden.

**Reihe 10–18:** 1 Lm, wenden, je 1 fM in jede M häkeln.

Garn befestigen.

### Zweites Hinterbein

**Anmerkung:** Das zweite Hinterbein wird entlang des unteren, linken Randes des Bauchteils gehäkelt. Siehe Position im Diagramm für den Bauchteil.

Das senfgelbe Garn am Ende der 5. Reihe des Bauchteils (Rückseite nach oben) einhäkeln.

**Reihe 1 (Rückseite) – 18:** Häkeln Sie gleich wie die Reihen 1–18 des ersten Hinterbeins.

Garn befestigen.

### Erstes Vorderbein

**Anmerkung:** Das erste Vorderbein wird entlang des oberen, linken Randes des Bauchteils gehäkelt. Siehe Position im Diagramm für den Bauchteil.

Das senfgelbe Garn am Ende der 20. Reihe des Bauchteils (Vorderseite nach oben) einhäkeln.

**Reihe 1 (Vorderseite):** 1 Lm, je 1 fM in die Randmaschen von R 20–18 häkeln. *(3 fM)*

**Reihe 2–9:** 1 Lm, wenden, je 1 fM in jede M häkeln.

Mit dem weißen Garn weiterhäkeln und das senfgelbe Garn abschneiden.

**Reihe 10–18:** 1 Lm, wenden, je 1 fM in jede M häkeln.

Garn befestigen.

### Zweites Vorderbein

**Anmerkung:** Das zweite Vorderbein wird entlang des oberen, rechten Randes des Bauchteils gehäkelt. Siehe Position im Diagramm für den Bauchteil.

Das senfgelbe Garn am Ende der 20. Reihe des Bauchteils (Rückseite nach oben) einhäkeln.

**Reihe 1 (Rückseite) – 18:** Häkeln Sie gleich wie die Reihen 1–18 des ersten Vorderbeins.

Garn befestigen.

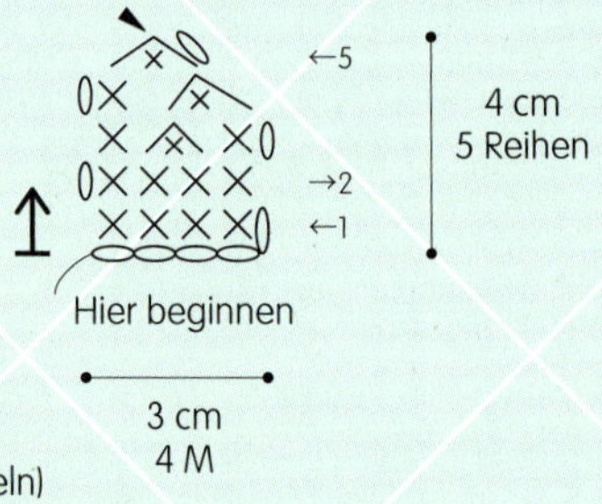


## Ohren

(2-mal häkeln)

Mit dem senfgelben Garn 5 Lm häkeln.

**Reihe 1:** Je 1 fM in die 2. Lm von der Nadel und in die nächsten 3 Lm häkeln. *(4 fM)*

**Reihe 2:** 1 Lm, wenden, je 1 fM in jede M häkeln.

**Reihe 3:** 1 Lm, wenden, 1 fM in die 1. M, 2 fM zus häkeln, 1 fM in die letzte M. *(3 fM)*

**Reihe 4:** 1 Lm, wenden, 1 fM in die 1. M, 2 fM zus häkeln. *(2 fM)*

**Reihe 5:** 1 Lm, wenden, 2 fM zus häkeln. *(1 fM)*

Garn befestigen.

## Hinterkopf

Mit dem senfgelben Garn 2 Lm häkeln.

**Reihe 1 (Vorderseite):** 1 fM in die 2. Lm von der Nadel häkeln. *(1 fM)*

**Reihe 2:** 1 Lm, wenden, 1 fM in die M häkeln.

**Reihe 3:** 1 Lm, wenden, 1 fM zun in der 1. M. *(2 fM)*

**Reihe 4:** 1 Lm, wenden, 1 fM in jede M häkeln.

**Reihe 5:** 1 Lm, wenden, 1 fM zun in der 1. M, 1 fM zun in der letzten M. *(4 fM)*

**Reihe 6:** 1 Lm, wenden, 1 fM in jede M häkeln.

**Reihe 7:** 1 Lm, wenden, 1 fM in die 1. M, je 1 fM zun in den nächsten 2 M, 1 fM in die letzte M. *(6 fM)*

**Reihe 8–10:** 1 Lm, wenden, je 1 fM in jede M.

**Reihe 11:** 1 Lm, wenden, je 1 fM in die ersten 2 M, 2 fM zus häkeln, je 1 fM in die letzten 2 M. *(5 fM)*

**Reihe 12:** 1 Lm, wenden, je 1 fM in die ersten 2 M, 2 fM zus häkeln, 1 fM in die letzte M. *(4 fM)*

**Reihe 13:** 1 Lm, wenden, 1 fM in die 1. M, 2 fM zus häkeln, 1 fM in die letzte M. *(3 fM)*

**Reihe 14:** 1 Lm, wenden, 1 fM in die 1. M, 2 fM zus häkeln. *(2 fM)*

**Reihe 15:** 1 Lm, wenden, 2 fM zus häkeln. *(1 fM)*

**Reihe 16:** 1 Lm, wenden, 1 fM in die M häkeln.

Das Garn befestigen.

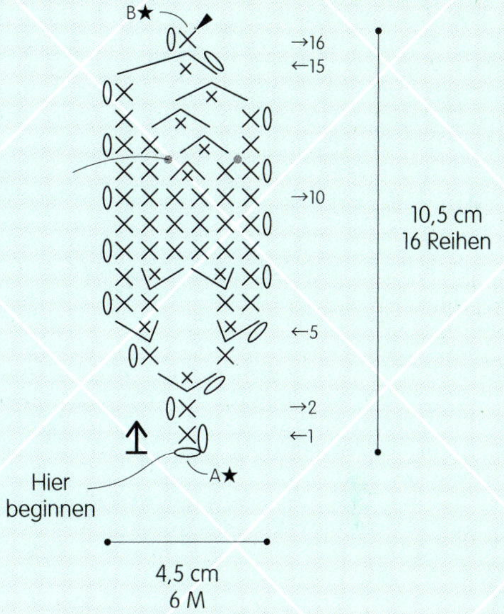


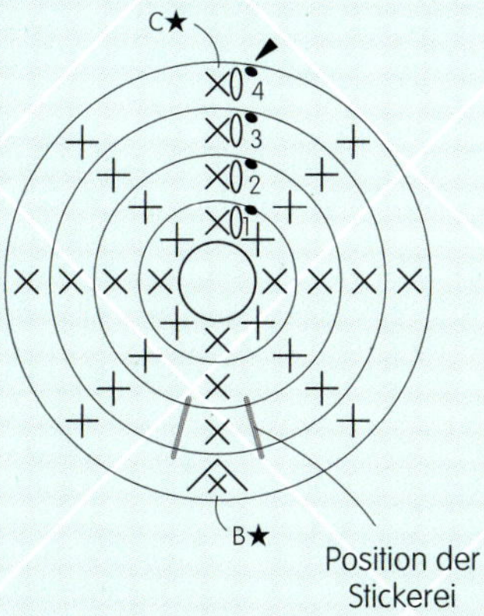


## Mäulchen

Mit dem senfgelben Garn zum Rundhäkeln einen Fadenring bilden.

**Runde 1:** 1 Lm, 8 fM in den Ring häkeln, mit 1 Km mit der 1. M verbinden. *(8 fM)*

**Runde 2 und 3:** 1 Lm, je 1 fM in jede M bis zum Ende der Runde.

**Runde 4:** 1 Lm, 1 fM in die Verbindungsmasche, je 1 fM in die nächsten 3 M, 1 fM zun in der nächsten M, je 1 fM in die nächsten 3 M. *(9 fM)*

Garn befestigen und einen langen Faden stehenlassen, um das Mäulchen am Gesicht anzunähen.

## Hörner

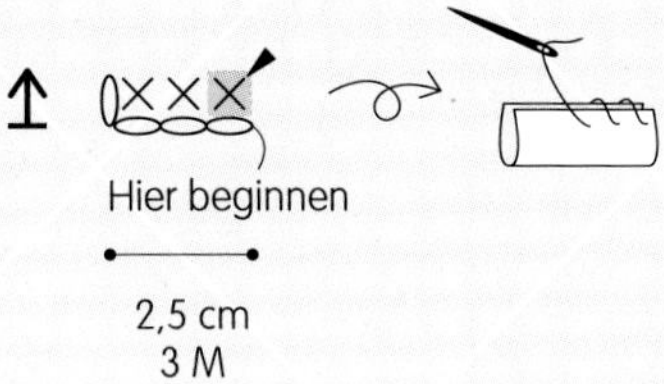


Mit dem senfgelben Garn 4 Lm häkeln.

**Reihe 1:** 1 fM in die 2. Lm von der Nadel und die nächste Lm häkeln; mit dem schwarzen Garn 1 fM in die letzte Lm häkeln. *(3 fM)*

Das Garn befestigen.

Das Häkelstück der Länge nach falten und die Ränder mit dem Überwendlingsstich zusammennähen.

## Schwanz

Mit dem senfgelben Garn 15 Lm häkeln. Das Garn befestigen und einen langen Faden zum Annähen am Körper stehenlassen.

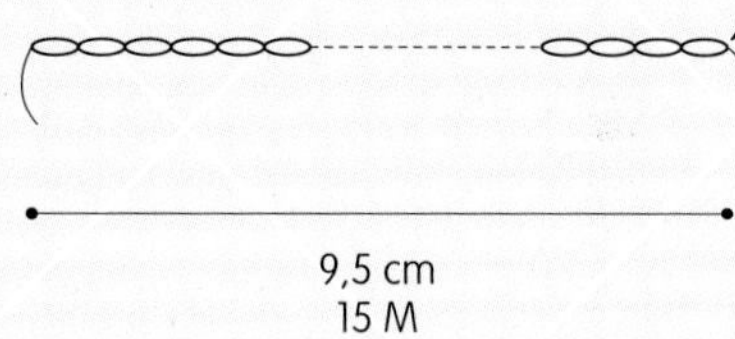


## Büschel

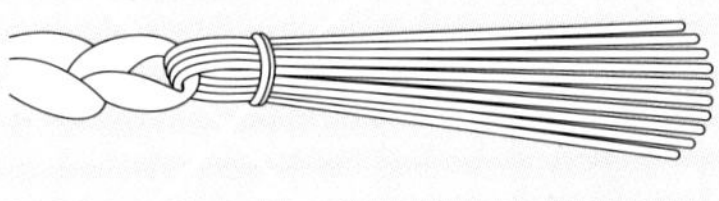

Orientieren Sie sich am Diagramm, um das Büschel für den Schwanz zu gestalten.

Schneiden Sie 2 Stücke schwarzen Garns mit einer Länge von 10 cm zurecht. Halten Sie diese beiden Fäden zusammen, fädeln Sie sie durch den Anfang des Schwanzes und falten Sie sie dann in der Mitte. Wickeln Sie eine weitere Länge schwarzen Garns einige Mal oben um das Büschel und stecken Sie die Enden dann in die Wicklung, um diese zu befestigen.

## Die Einzelteile zusammennähen

Befestigen Sie die Knöpfe (mit Nähgarn und Nadel) oder die Sicherheitsaugen an den Seitenteilen des Körpers, wie auf dem Diagramm gezeigt, und folgen Sie dem Stickmuster. Legen Sie die Punkte A, B, C und D (auf den Diagrammen mit Sternchen eingezeichnet) der Seitenteile, des Bauchteils und des Hinterkopfes aufeinander, nähen Sie sie mit dem Überwendlingsstich mit passendem Garn zusammen. Füllen Sie die Figur, bevor Sie die Näharbeiten beendet haben. Nähen Sie dann mit dem Überwendlingsstich die Ohren und die Hörner oben am Kopf, das Mäulchen am Gesicht und das Schwänzchen hinten am Körper an. Verwenden Sie schwarzes Garn, um die Nüstern im Geradstich zu sticken. Vernähen Sie die Enden.

## Die Flecken sticken

Führen Sie die Nadel hinter eine Masche und bringen Sie sie dann erneut hinter dieselbe Masche.

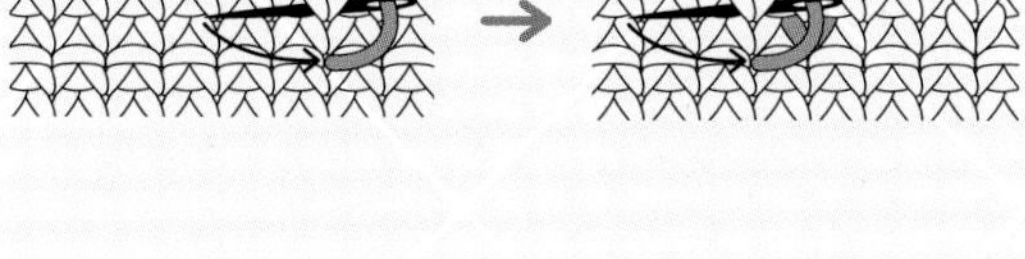

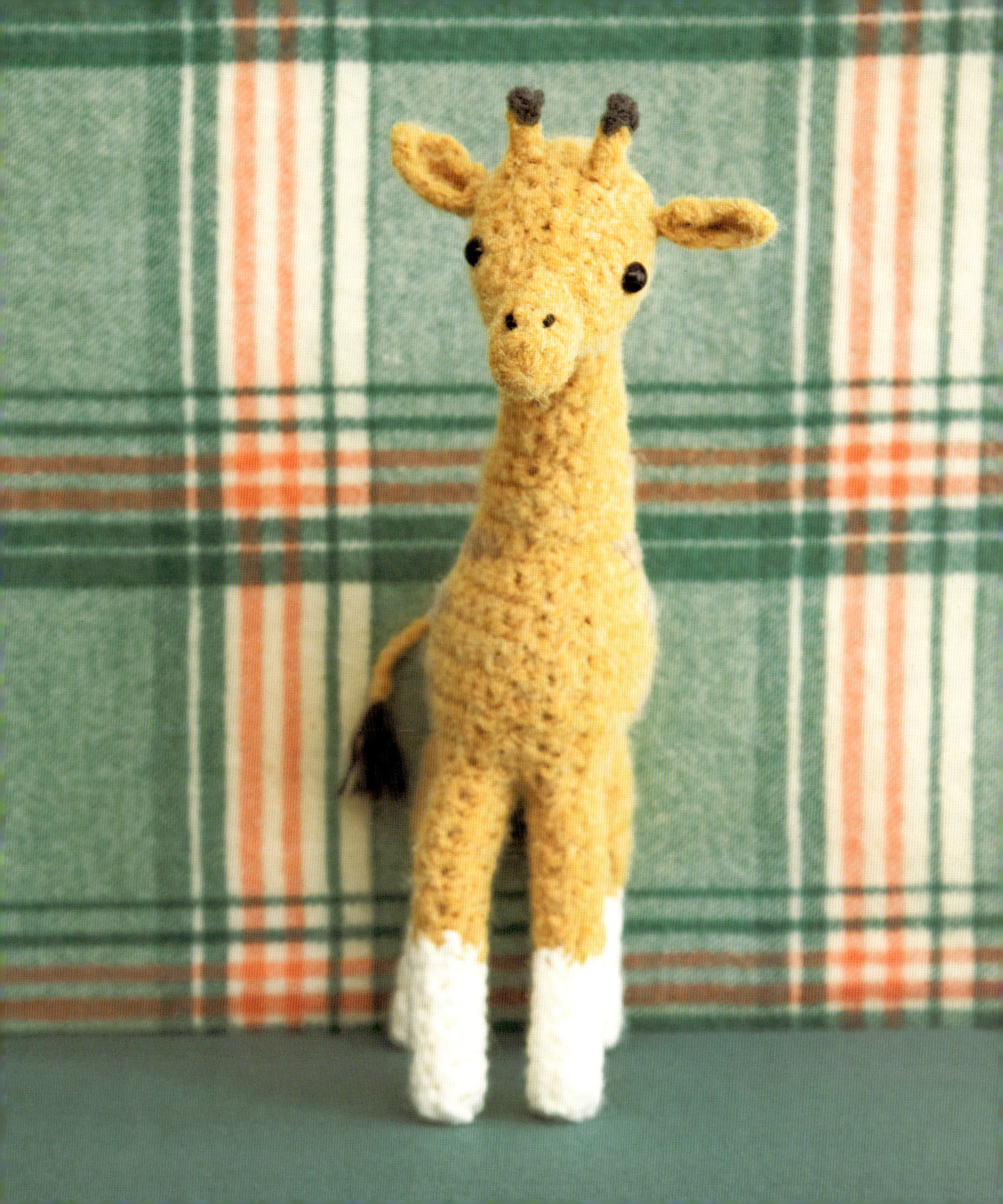

# Kekse

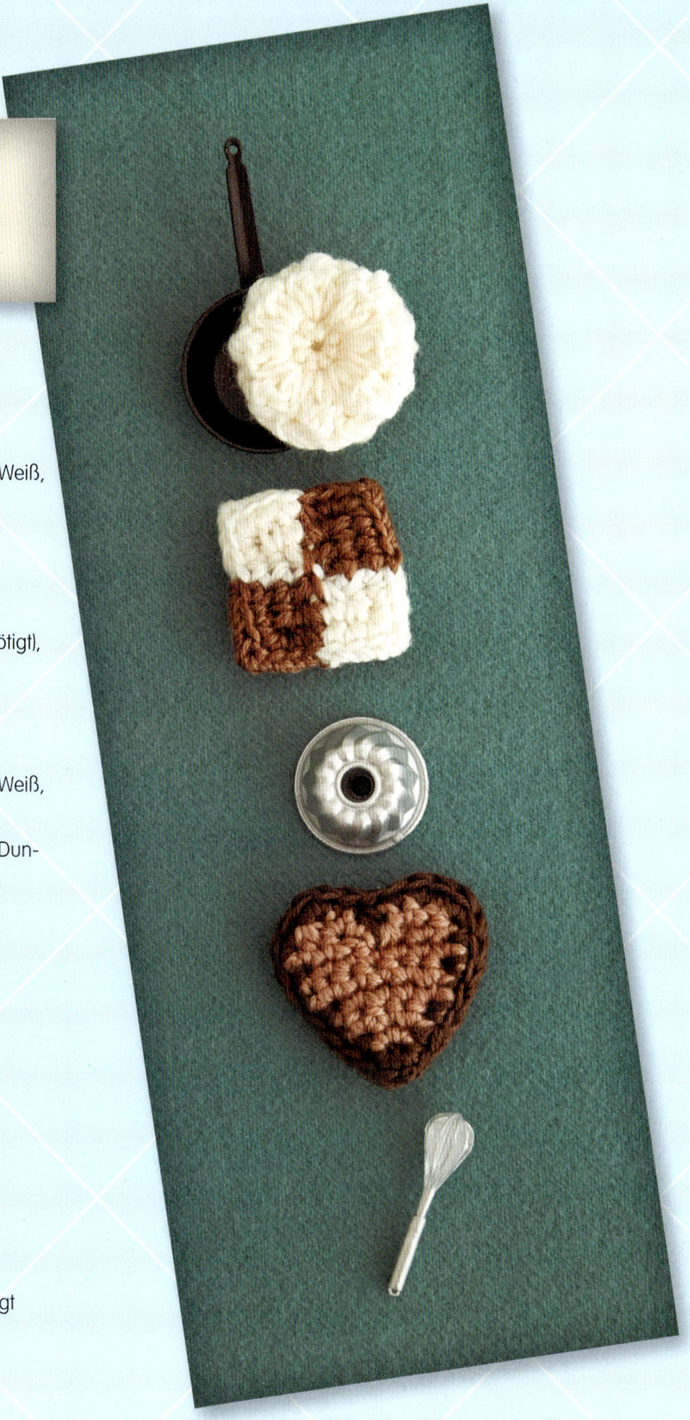

## Material

**Für den runden Keks**

- Feines Garn (Gemisch aus Wolle und Acryl) in Weiß, Dunkelbraun und Rotbraun, je 5 m (1 g)

**Für den eckigen Keks**

- Feines Garn (Gemisch aus Wolle und Acryl) in Dunkelbraun, Braun oder Weiß (2 Farben benötigt), je 8,5 m (2 g) pro Farbe

**Für den herzförmigen Keks**

- Feines Garn (Gemisch aus Wolle und Acryl) in Weiß, Dunkelbraun und Rotbraun, je 8,5 m (2 g)
- Feines Garn (Gemisch aus Wolle und Acryl) in Dunkelbraun oder Weiß, 5 m (1 g)

## Handarbeitszeug

- Häkelnadel, 3,25 mm
- Stick- oder Garnnadel

## Abmessungen

Die fertige Größe des runden Kekses beträgt 4 cm im Durchmesser.

Die fertige Größe des eckigen Kekses beträgt 4 cm x 4 cm.

Die fertige Breite des herzförmigen Kekses beträgt 4,5 cm.

## Verwendete Maschen

**Häkeln:** Luftmasche (Lm), feste Masche (fM), einfache Abnahme (2 fM zus häkeln), einfache Zunahme (1 fM zun), doppelte Zunahme (2 fM zun), doppelte Abnahme (3 fM zus häkeln) Kettmasche (Km), Büschelmaschen aus 2 Stb (Bm 2 Stb) und aus 3 Stb (Bm 3 Stb). **Nähen:** Überwendlingsstich. (Siehe Seiten 10–17 für detaillierte Anleitungen).

## Anmerkungen zum Muster

1. Alle Abmessungen sind geschätzt und variieren je nach Spannung und Garnwahl.
2. Um die Farbe zu wechseln, erst die letzte Masche mit der alten Farbe bis zum letzten Umschlag häkeln. Umschlag mit der neuen Farbe, diese dann durch alle Schlingen auf der Nadel ziehen und die Masche fertighäkeln. Mit dem neuen Garn fortfahren und das nicht verwendete Garn auf der Rückseite der Arbeit mitführen, bis es wieder gebraucht wird. Orientieren Sie sich bei Farbwechseln an den Diagrammen.
3. Jeder Keks wird aus zwei identischen Stücken gefertigt, die am Ende Rückseite an Rückseite zusammengenäht werden.
4. Die Einzelteile der Kekse werden durchgehend mit 2 Fäden gehäkelt.

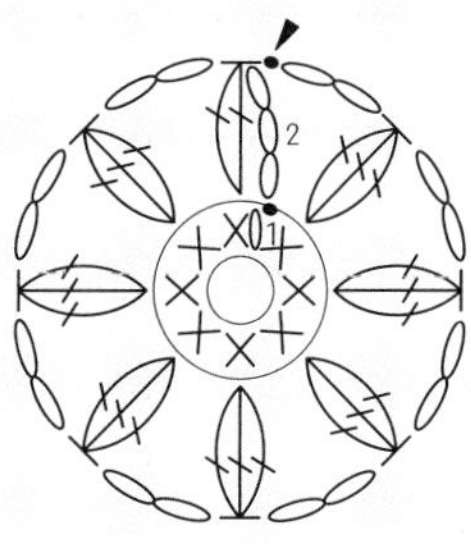

4 cm

## Runder Keks

(2-mal häkeln)

**Anmerkung:** Ein Stück in der ersten und eines in der zweiten Farbe häkeln. Mit 2 Fäden zum Rundhäkeln einen Fadenring machen.

**Runde 1 (Vorderseite):** 1 Lm, 8 fM in den Ring häkeln; 1 Km in die 1. M. *(8 fM)*

**Runde 2:** 3 Lm, 1 Bm 2 Stb in die 1. fM, [2 Lm, 1 Bm 3 Stb in die nächste fM] 7-mal, 2 Lm; 1 Km oben in die Lm-Kette. *(8 Bm)*

Das Garn abschneiden und einen langen Faden zum Zusammennähen der Einzelteile stehenlassen.

# Quadratischer Keks

(2-mal häkeln)

Mit 2 Fäden in der ersten Farbe zum Rundhäkeln einen Fadenring machen.

**Anmerkung:** Nehmen Sie beim Farbwechsel 2 Fäden zusammen.

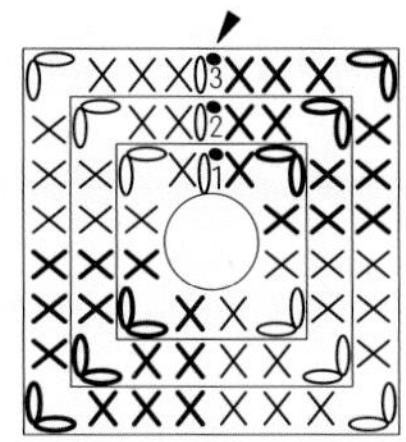

3.5 cm

**Runde 1 (Vorderseite):** 1 Lm, [in der 1. Farbe (1 fM, 2 Lm, 1 fM) in den Ring häkeln; mit der 2. Farbe (1 fM, 2 Lm, 1 fM) in den Ring häkeln] 2-mal; 1 Km in die 1. M. *(8 fM und 4 Lm-Ketten)*

**Runde 2:** Mit der 1. Farbe 1 Lm, 1 fM in dieselbe M wie die Verbindungsmasche, (1 fM, 2 Lm, 1 fM) in die nächste Lm-Kette, 1 fM in die nächste M; mit der 2. Farbe 1 fM in die nächste M, (1 fM, 2 Lm, 1 fM) in die nächste Lm-Kette, 1 fM in die nächste M; mit der 1. Farbe 1 fM in die nächste M, (1 fM, 2 Lm, 1 fM) in die nächste Lm-Kette, 1 fM in die nächste M; mit der 2. Farbe 1 fM in die nächste M, (1 fM, 2 Lm, 1 fM) in die nächste Lm-Kette, 1 fM in die nächste M; mit 1 Km in die 1. M verbinden. *(16 fM und 4 Lm-Ketten)*

**Runde 3:** Mit der 1. Farbe 1 Lm, je 1 fM in dieselbe M wie die Verbindungsmasche und die nächste M, (1 fM, 2 Lm, 1 fM) in die nächste Lm-Kette, je 1 fM in die nächsten 2 M; mit der 2. Farbe je 1 fM in die nächsten 2 M, (1 fM, 2 Lm, 1 fM) in die nächste Lm-Kette, je 1 fM in die nächsten 2 M; mit der 1. Farbe je 1 fM in die nächsten 2 M, (1 fM, 2 Lm, 1 fM) in die nächste Lm-Kette, je 1 fM in die nächsten 2 M; mit der 2. Farbe je 1 fM in die nächsten 2 M, (1 fM, 2 Lm, 1 fM) in die nächste Lm-Kette, je 1 fM in die nächsten 2 M; mit 1 Km in die 1. M verbinden. *(24 fM und 4 Lm-Ketten)*

Garn befestigen und einen langen Faden zum Zusammennähen stehenlassen.

# Herzförmiger Keks

Mit 2 Fäden in der ersten Farbe 2 Lm häkeln.

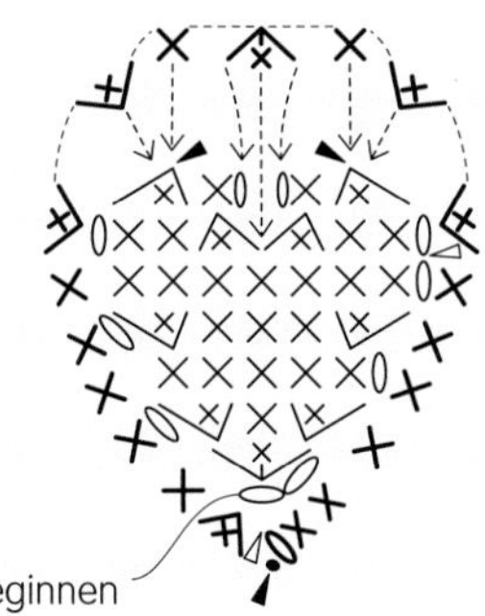


4.5 cm

**Reihe 1:** 3 fM zun in der 2. Lm von der Nadel. *(3 fM)*

**Reihe 2:** 1 Lm, wenden, 1 fM zun in der 1. M, 1 fM in die nächste M, 1 fM zun in der letzten M. *(5 fM)*

**Reihe 3:** 1 Lm, wenden, je 1 fM in jede M häkeln.

**Reihe 4:** 1 Lm, wenden, 1 fM zun in der 1. M, je 1 fM in die nächsten 3 M, 1 fM zun in der letzten M. *(7 fM)*

**Reihe 5:** 1 Lm, wenden, je 1 fM in jede M häkeln.

**Erste Rundung**

**Reihe 6 (Rückseite):** 1 Lm, wenden, je 1 fM in die ersten 2 M, 2 fM zus häkeln; die restl M ungehäkelt lassen. *(3 fM)*

**Reihe 7:** 1 Lm, wenden, 1 fM in die 1. M, 2 fM zus häkeln. *(2 fM)*

Das Garn befestigen.

**Zweite Rundung**

**Reihe 6 (Vorderseite):** Mit der Vorderseite nach oben 2 Fäden in der ersten Farbe in der 1. M aus Reihe 5 einhäkeln, 1 fM in dieselbe M, 1 fM in die nächste M, 2 fM zus häkeln. *(3 fM)*

**Anmerkung:** Der letzte Teil der 2 fM zus häkeln wird in dieselbe M gehäkelt wie der 1. Teil der Abnahme des 1. Höckers.

**Reihe 7:** 1 Lm, wenden, 1 fM in die 1. M, 2 fM zus häkeln. *(2 fM)*

Das Garn befestigen.

**Rand (Vorderseite):** Mit der Vorderseite nach oben und 2 Fäden in der 2. Farbe an der unteren Spitze des Herzens einhäkeln, 1 Lm, 1 fM in dieselbe M; entlang des Randes des Herzens häkeln und je 1 fM in die Enden der ersten 5 Reihen häkeln, je 1 fM zun am Ende der nächsten 2 Reihen; oben entlang der ersten Rundung häkeln und 1 fM in die 1. M häkeln; in der nächsten M, zwischen den beiden Rundungen und in der 1. M der nächsten Rundung je 1 M einhäkeln (3 Schlingen auf der Nadel), Garn umschlagen und durch alle 3 Schlingen ziehen (3 fM zus gehäkelt), 1 fM in die nächste M; entlang der anderen Seite des Randes weiterhäkeln, am Ende der ersten 2 Reihen je 1 fM zun, je 1 fM in das Ende der nächsten 5 Reihen häkeln, 1 fM zun in der unteren Spitze des Herzens; mit 1 Km in der 1. M verbinden. *(24 M)*

Das Garn befestigen und einen langen Faden zum Zusammennähen der Einzelteile stehenlassen.

## Die Einzelteile zusammennähen

Legen Sie die zwei Teile des Kekses Rücken an Rücken aufeinander, sodass die einzelnen Maschen übereinander zu liegen kommen. Verwenden Sie die stehengelassenen Fäden, um die Ränder mit dem Überwendlingsstich zusammenzunähen, und stechen Sie dabei immer nur durch die inneren Schlingen der einzelnen Teile. Die Enden vernähen.

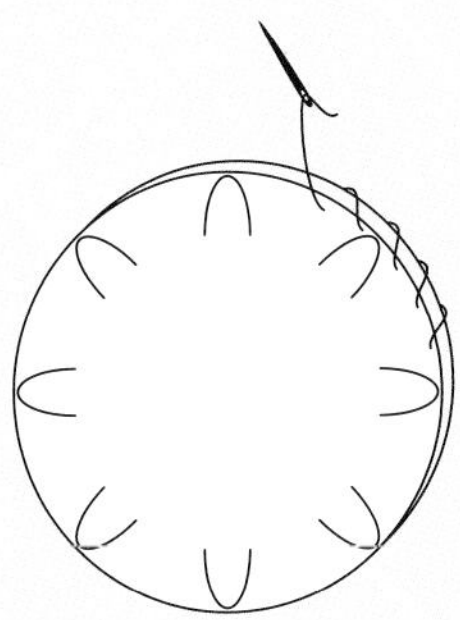

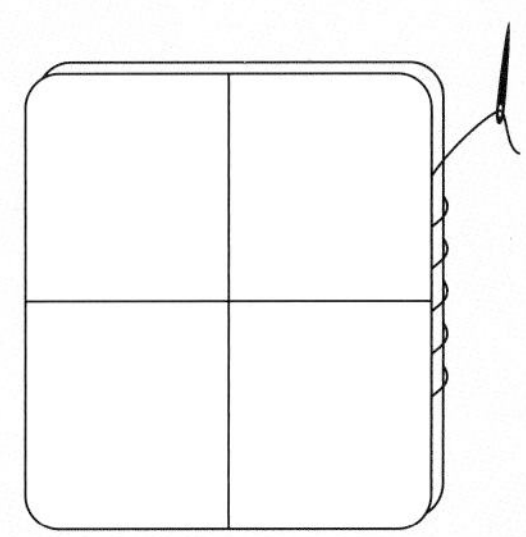

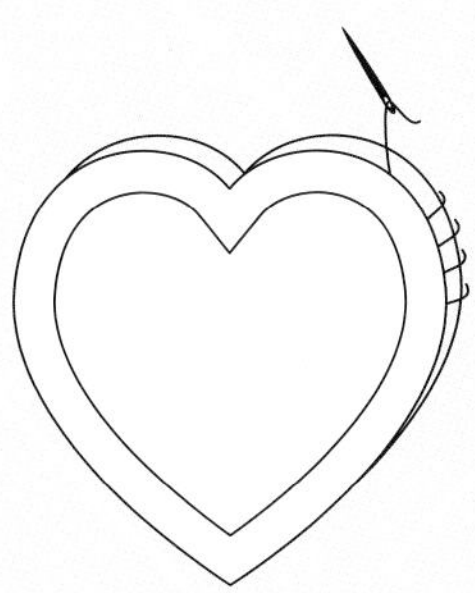

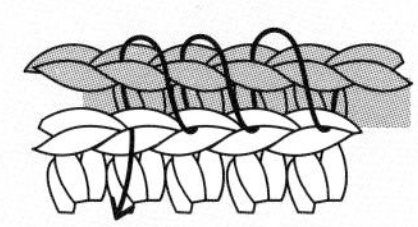

Nur durch die inneren Hälften der Maschen nähen.

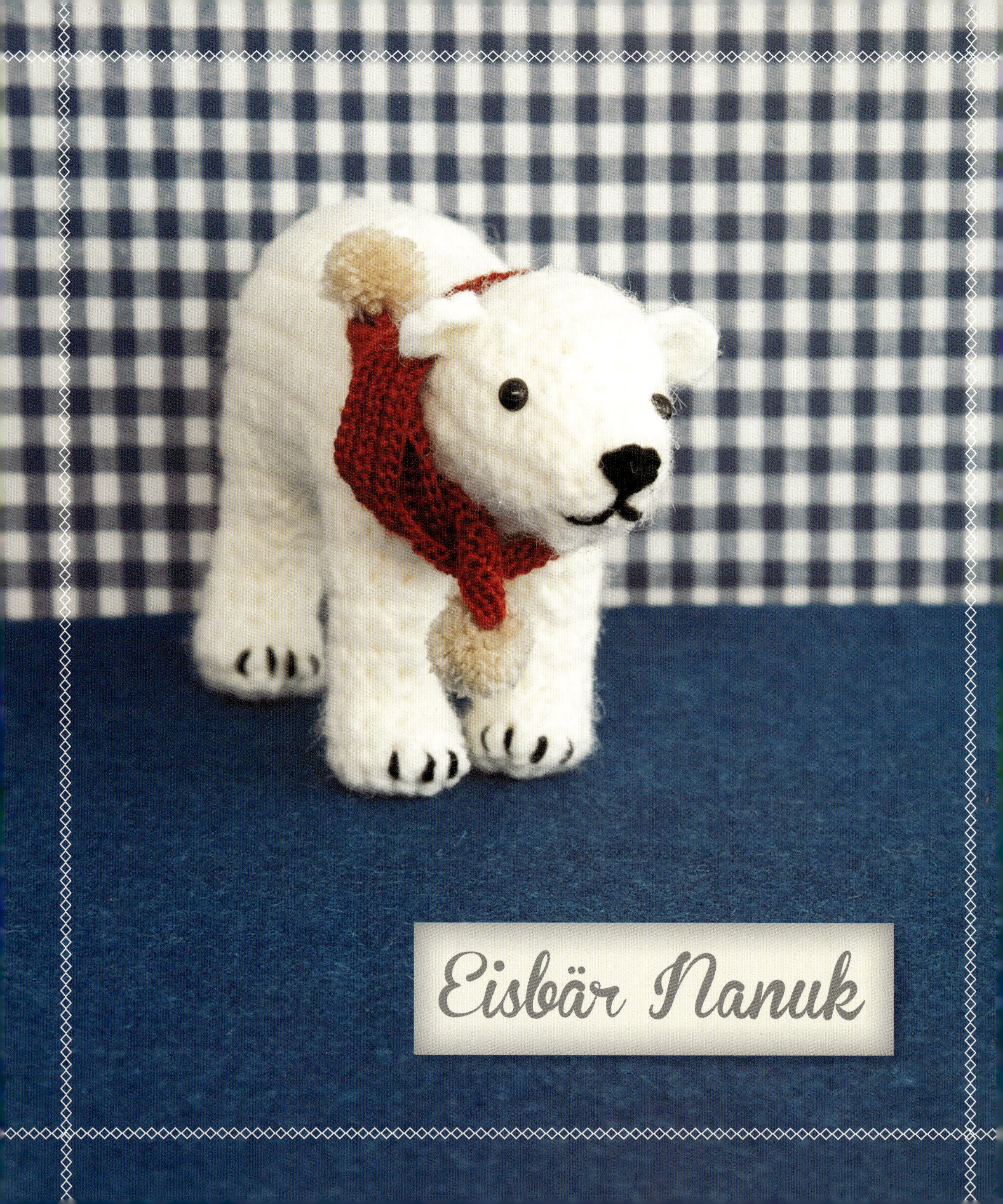

# Eisbär Nanuk

## Material

- Dickes Garn (Gemisch aus grober Wolle und Acryl) in Weiß, 64 m (60 g)
- Mittleres Garn (Gemisch aus mittelfeiner Wolle und Acryl) in Schwarz, kleine Menge
- Füllwatte
- 2 schwarze Knöpfe oder Sicherheitsaugen, 8 mm Durchmesser

## Handarbeitszeug

- Häkelnadel, 5 mm
- Häkelnadel, 4 mm
- Nähnadel und Nähseide (falls Sie Knöpfe für die Augen verwenden)
- Stick- oder Garnnadel

## Abmessungen

Die fertige Größe beträgt 23 cm x 14 cm.

## Verwendete Maschen

**Häkeln:** Luftmasche (Lm), feste Masche (fM), einfache Abnahme (2 fM zus häkeln), doppelte Abnahme (3 fM zus häkeln), einfache Zunahme (1 fM zun), doppelte Zunahme (2 fM zun) und Kettmasche (Km).
**Nähen:** Überwendlingsstich. (Siehe Seiten 10–17 für detaillierte Anleitungen.)

## Anmerkungen zum Muster

1. Alle Abmessungen sind geschätzt und variieren je nach Spannung und Garnwahl.
2. Der Eisbär besteht aus 12 Teilen: 2 Körper-Seitenteile, 1 Bauchteil, 2 Hinterbeine, 2 Vorderbeine, 1 Hinterkopf, 2 Ohren, 1 Mäulchen und ein Schwänzchen. Die Vorder- und Hinterbeine werden direkt an die Seitenkanten des Bauchteils gehäkelt, um die Näharbeiten für den fertigen Eisbären so gering wie möglich zu halten. Alle übrigen Körperteile werden zusammengenäht.

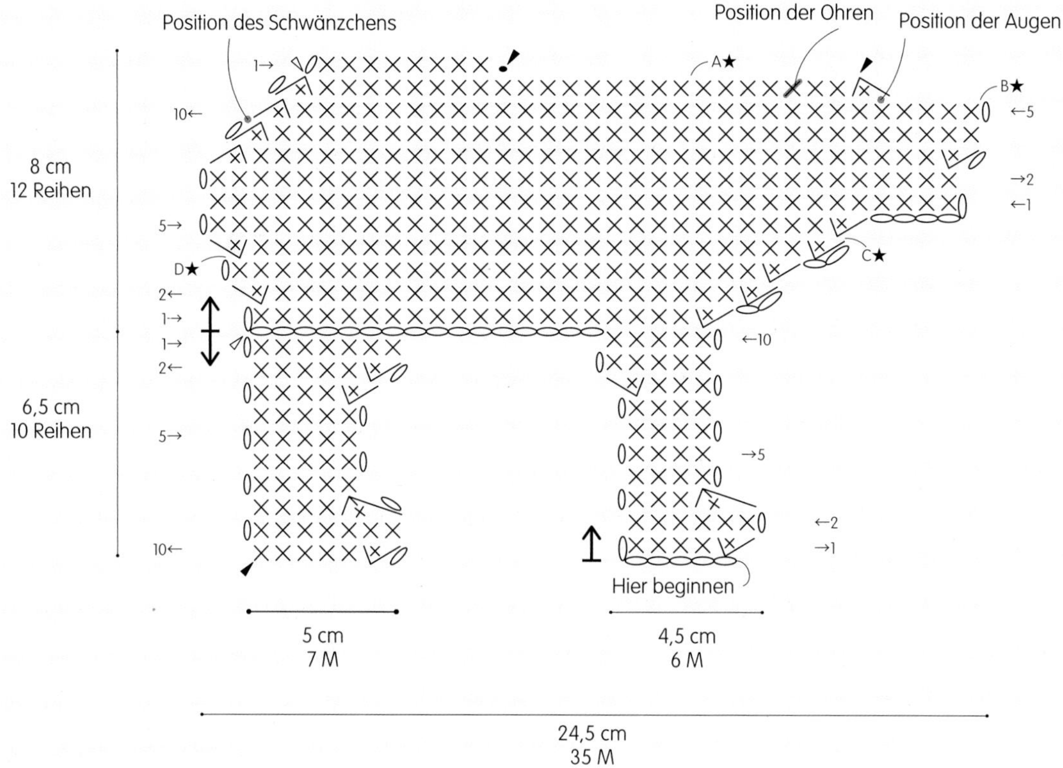


## Seitenteile

(2-mal häkeln)

Mit dem weißen Garn und der größeren Häkelnadel 6 Lm häkeln.

### Vorderbein

**Reihe 1 (Rückseite):** Je 1 fM in die 2. Lm von der Nadel und in die nächsten 3 Lm, 1 fM zun in der letzten Lm. *(6 fM)*

**Reihe 2:** 1 Lm, wenden, je 1 fM häkeln.

**Reihe 3:** 1 Lm, wenden, 3 fM zus häkeln, je 1 fM in die letzten 3 Masche. *(4 fM)*

**Reihe 4–7:** 1 Lm, wenden, je 1 fM häkeln.

**Reihe 8:** 1 Lm, wenden, je 1 fM in die ersten 3 M, 1 fM zun in der letzten M. *(5 fM)*

**Reihe 9 und 10:** 1 Lm, wenden, je 1 fM häkeln.

Garn nicht befestigen.

### Körper

**Reihe 1 (Rückseite):** 17 Lm, wenden, je 1 fM in die 2. Lm von der Nadel und in die nächsten 15 Lm, je 1 fM in die nächsten 4 M, 1 fM zun in der letzten M. *(22 fM)*

**Reihe 2:** 2 Lm, wenden, 1 fM zun in der 2. Lm von der Nadel, je 1 fM in jede M bis zur letzten, 1 fM zun in der letzten M. *(25 fM)*

**Reihe 3:** 1 Lm, wenden, je 1 fM in jede M bis zur letzten M, 1 fM zun in der letzten M. *(26 fM)*

**Reihe 4 und 5:** Wiederholen Sie Reihe 2 und 3. *(30 fM)*

Garn nicht befestigen.

### Kopf

**Reihe 1 (Vorderseite):** 5 Lm, wenden, je 1 fM in die 2. Lm von der Nadel und in die nächsten 3 Lm, je 1 fM in jede M. *(34 fM)*

**Reihe 2:** 1 Lm, wenden, je 1 fM in jede M häkeln.

**Reihe 3: 1** Lm, wenden, 1 fM zun in der 1. M, je 1 fM in jede M bis zu den letzten 2 M, 2 fM zus häkeln.

**Reihe 4:** 1 Lm, wenden, 2 fM zus häkeln, je 1 fM in jede M häkeln. *(33 fM)*

**Reihe 5:** 1 Lm, wenden, je 1 fM in jede M bis zu den letzten 2 M, 2 fM zus häkeln. *(32 fM)*

**Reihe 6:** 1 Lm, wenden, 2 fM zus häkeln, je 1 fM in jede M bis zu den letzten 6 M, 2 fM zus häkeln, restl M ungehäkelt lassen. *(26 fM)*

### Oberer Rücken (letzte Reihe des Körpers)

Mit der Vorderseite nach oben mit der größeren Häkelnadel das Garn in der 1. M der letzten Reihe (R 6 des Kopfes) einhäkeln, 1 Lm, Verbindungsmasche ausl, je 1 fM in die nächsten 8 M, 1 Km in die nächste M; verbleibende M ungehäkelt lassen. *(8 fM)*

Garn befestigen.

### Hinterbein

Mit der Vorderseite nach oben das Garn in der Lm am Beginn der R 1 des Körpers wieder einhäkeln.

**Reihe 1 (Vorderseite):** 1 Lm, 1 fM in die Verbindungs-Lm, je 1 fM in die nächsten 6 Lm; die restl M ungehäkelt lassen. *(7 fM)*

**Reihe 2:** 1 Lm, wenden, 2 fM zus häkeln, je 1 fM in jede M häkeln. *(6 fM)*

**Reihe 3:** 1 Lm, wenden, je 1 fM in die ersten 4 M, 2 fM zus häkeln. *(5 fM)*

**Reihe 4–7:** 1 Lm, wenden, je 1 fM in jede M häkeln.

**Reihe 8:** 1 Lm, wenden, 2 fM zun in der 1. M, je 1 fM in jede M häkeln. *(7 fM)*

**Reihe 9:** 1 Lm, wenden, je 1 fM in jede M häkeln.

**Reihe 10:** 1 Lm, wenden, 2 fM zus häkeln, je 1 fM in jede M häkeln. *(6 fM)*

Garn befestigen.

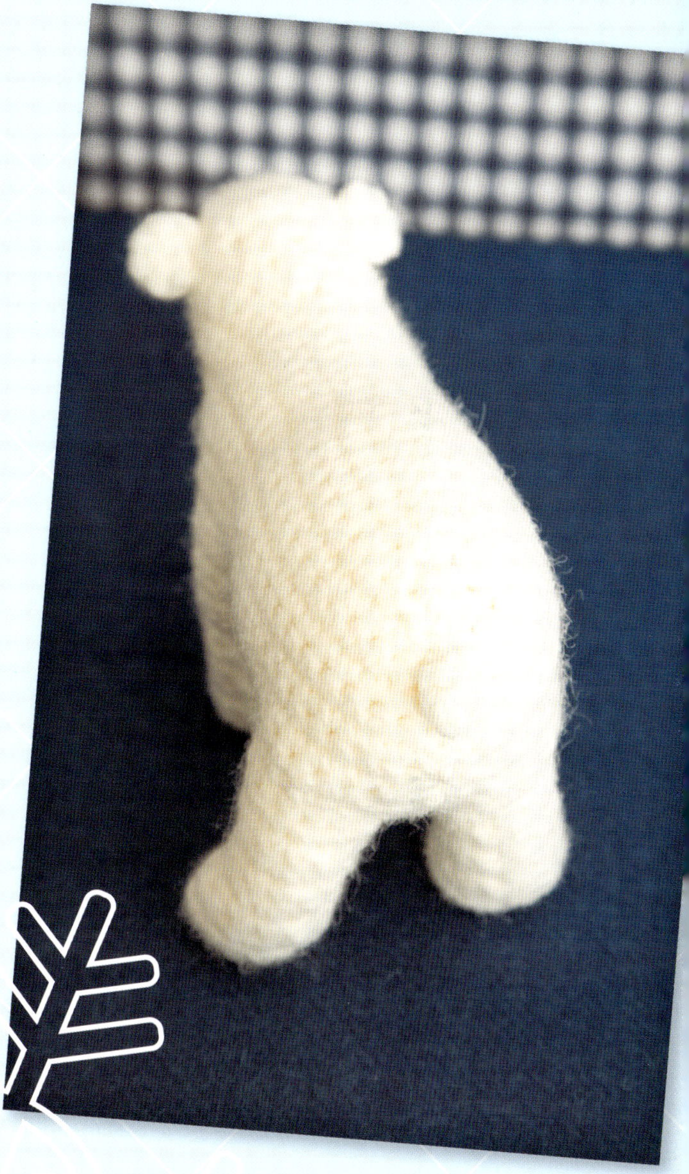

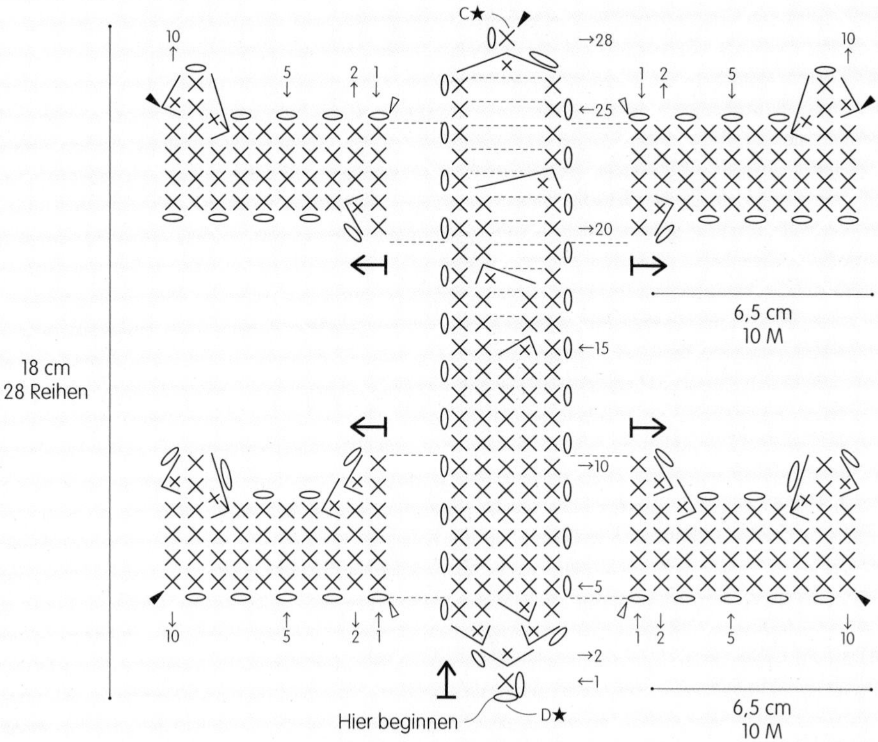


## Bauchteil

Mit dem weißen Garn und der größeren Häkelnadel 2 Lm häkeln.

**Reihe 1 (Vorderseite):** 1 fM in die 2. Lm von der Nadel. *(1 fM)*

**Reihe 2:** 1 Lm, wenden, 1 fM zun. *(2 fM)*

**Reihe 3:** 1 Lm, wenden, 1 fM zun in der 1. M, 1 fM zun in der letzten M. *(4 fM)*

**Reihe 4:** 1 Lm, wenden, je 1 fM in die ersten 2 M, 1 fM zun in der nächsten M, 1 fM in die letzte M. *(5 fM)*

**Reihe 5–14:** 1 Lm, wenden, je 1 fM in jede M häkeln.

**Reihe 15:** 1 Lm, wenden, 1 fM in die 1. M, 2 fM zus häkeln, je 1 fM in die letzten 2 M häkeln. *(4 fM)*

**Reihe 16 und 17:** 1 Lm, wenden, je 1 fM in jede M häkeln.

**Reihe 18:** 1 Lm, wenden, 1 fM in die 1. M, 2 fM zus häkeln, 1 fM in die letzte M häkeln. *(3 fM)*

**Reihe 19–21:** 1 Lm, wenden, je 1 fM in jede M häkeln.

**Reihe 22:** 1 Lm, wenden, 1 fM in die 1. M, 2 fM zus häkeln. *(2 fM)*

**Reihe 23–26:** 1 Lm, wenden, je 1 fM in jede M häkeln.

**Reihe 27:** 1 Lm, wenden, 2 fM zus häkeln. *(1 fM)*

**Reihe 28:** 1 Lm, wenden, 1 fM in die M häkeln.

Garn befestigen.

### Erstes Hinterbein

**Anmerkung:** Das erste Hinterbein wird entlang des unteren, rechten Randes des Bauchteils gehäkelt. Siehe Position im Diagramm für den Bauchteil.

Mit der größeren Nadel das weiße Garn am Ende der 5. Reihe des Bauchteils (Vorderseite nach oben) einhäkeln.

**Reihe 1 (Vorderseite):** 1 Lm, je 1 fM in die Randmaschen von R 5 über die nächsten 5 Reihen häkeln. *(6 fM)*

**Reihe 2:** 1 Lm, wenden, 2 fM zus häkeln, je 1 fM in die letzten 4 M häkeln. *(5 fM)*

**Reihe 3:** 1 Lm, wenden, je 1 fM in die ersten 3 M, 2 fM zus häkeln. *(4 fM)*

**Reihe 4–7:** 1 Lm, wenden, je 1 fM in jede M häkeln.

**Reihe 8:** 1 Lm, wenden, 2 fM zun in der 1. M, je 1 fM in die letzten 3 M häkeln. *(6 fM)*

**Reihe 9:** 1 Lm, wenden, je 1 fM in jede M häkeln.

**Reihe 10:** 1 Lm, wenden, 2 fM zus häkeln, je 1 fM in jede M häkeln. *(5 fM)*

Garn befestigen.

### Zweites Hinterbein

**Anmerkung:** Das zweite Hinterbein wird entlang des unteren, linken Randes des Bauchteils gehäkelt. Siehe Position im Diagramm für den Bauchteil.

Mit der größeren Nadel das weiße Garn am Ende der 5. Reihe des Bauchteils (Rückseite nach oben) einhäkeln.

**Reihe 1 (Rückseite) – 10:** Häkeln Sie gleich wie die Reihen 1–10 des ersten Hinterbeins.

Garn befestigen.

### Erstes Vorderbein

**Anmerkung:** Das erste Vorderbein wird entlang des oberen, linken Randes des Bauchteils gehäkelt. Siehe Position im Diagramm für den Bauchteil.

Mit der größeren Nadel das weiße Garn am Anfang der 24. Reihe des Bauchteils (Vorderseite nach oben) einhäkeln.

**Reihe 1 (Vorderseite):** 1 Lm, je 1 fM in die Randmaschen von R 24 und der nächsten 4 Reihen. *(5 fM)*

**Reihe 2:** 1 Lm, wenden, 2 fM zus häkeln, je 1 fM in die letzten 3 M häkeln. *(4 fM)*

**Reihe 3–7:** 1 Lm, wenden, je 1 fM in jede M häkeln.

**Reihe 8:** 1 Lm, wenden, je 1 fM in die ersten 3 M häkeln, 2 fM zun in der letzten M. *(6 fM)*

**Reihe 9:** 1 Lm, wenden, je 1 fM in jede M.

**Reihe 10:** 1 Lm, wenden, je 1 fM in die ersten 4 M, 2 fM zus häkeln. *(5 fM)*

Garn befestigen.

### Zweites Vorderbein

**Anmerkung:** Das zweite Vorderbein wird entlang des oberen, rechten Randes des Bauchteils gehäkelt. Siehe Position im Diagramm für den Bauchteil.

Mit der größeren Nadel und dem weißen Garn am Ende der 24. Reihe des Bauchteils (Rückseite nach oben) das Garn einhäkeln.

**Reihe 1 (Rückseite) – 10:** Häkeln Sie gleich wie die Reihen 1–10 des ersten Vorderbeins.

Garn befestigen.

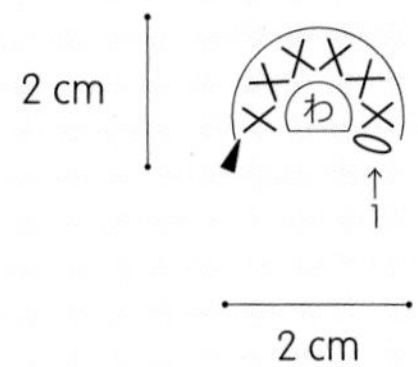


## Ohren

(2-mal häkeln)

Mit dem weißen Garn und der größeren Häkelnadel einen Fadenring zum Rundhäkeln machen.

**Reihe 1 (Vorderseite):** 1 Lm, 6 fM in den Ring häkeln und die Runde nicht mit 1 Km beenden. Garn befestigen.

## Hinterkopf

Mit dem Garn in der Farbe des Körpers und der größeren Häkelnadel 2 Lm häkeln.

**Reihe 1 (Vorderseite):** 1 fM zun in der 2. Lm von der Nadel. *(2 fM)*

**Reihe 2:** 1 Lm, wenden, je 1 fM in jede M häkeln.

**Reihe 3:** 1 Lm, wenden, 1 fM zun in der 1. M, 1 fM zun in der letzten M. *(4 fM)*

**Reihe 4:** 1 Lm, wenden, 1 fM zun in der 1. M, je 1 fM in die nächsten 2 M, 1 fM zun in der letzten M. *(6 fM)*

**Reihe 5–7:** 1 Lm, wenden, je 1 fM in jede M.

**Reihe 8:** 1 Lm, wenden, 2 fM zus häkeln, je 1 fM in die nächsten 2 M, 2 fM zus häkeln. *(4 fM)*

**Reihe 9:** 1 Lm, wenden, [2 fM zus häkeln] 2-mal. *(2 fM)*

**Reihe 10–12:** 1 Lm, wenden, je 1 fM in jede M.

**Reihe 13:** 1 Lm, wenden, 2 fM zus häkeln. *(1 fM)*

Garn befestigen.

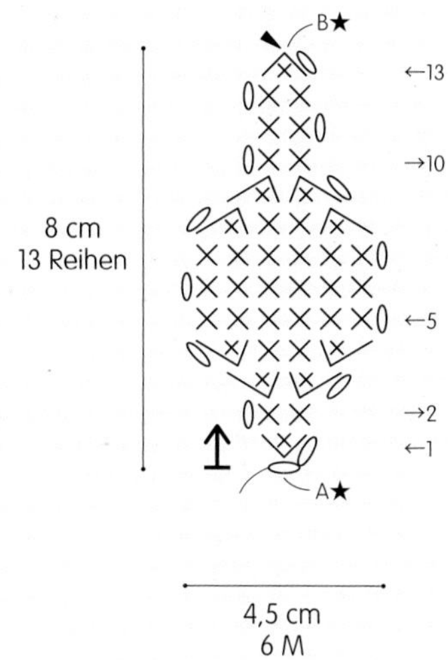


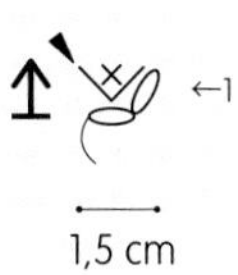


## Mäulchen

Mit dem schwarzen Garn und der kleineren Häkelnadel 2 Lm häkeln.

**Reihe 1:** 1 fM zun in der 2. Lm von der Nadel. *(2 fM)*

Das Garn befestigen und einen langen Faden stehenlassen, damit Sie das Mäulchen an das Gesicht nähen können.

## Schwanz

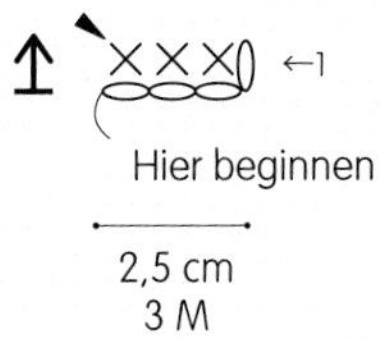


Mit der größeren Häkelnadel und dem weißen Garn 3 Lm häkeln.

**Reihe 1 (Vorderseite):** 1 fM in die 2. Lm von der Nadel und je 1 fM in die nächsten 2 Lm. *(3 fM)*

Das Garn abschneiden und einen langen Faden zum Annähen an den Körper stehenlassen.

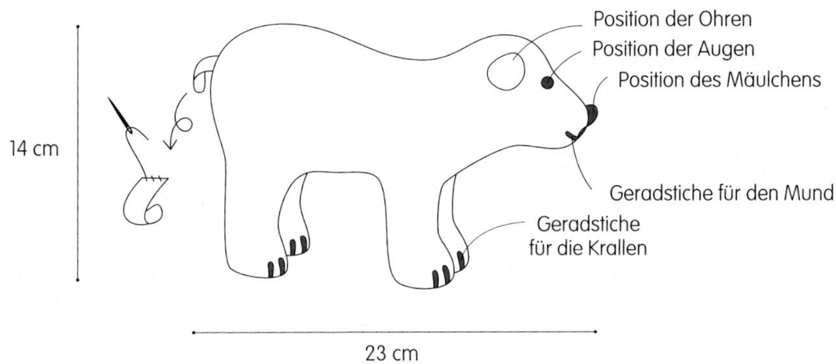


## Die Einzelteile zusammennähen

Befestigen Sie die Knöpfe (mit Nähgarn und Nadel) oder die Sicherheitsaugen an den Seitenteilen des Körpers, wie auf dem Diagramm gezeigt. Legen Sie die Punkte A, B, C und D (auf den Diagrammen mit Sternchen eingezeichnet) der Seitenteile, des Bauchteils und des Hinterkopfes aufeinander, nähen Sie sie mit dem Überwendlingsstich mit passendem Garn zusammen und füllen Sie die Figur, bevor Sie die Näharbeiten beendet haben. Nähen Sie mit dem Überwendlingsstich die Ohren oben am Kopf, das Mäulchen an der Nasenspitze und den Schwanz hinten am Körper an. Verwenden Sie einen kurzen, schwarzen Faden und sticken Sie im Geradstich den Mund unter die Nase und die Klauen vorne an die Vorder- und Hinterbeine. Orientieren Sie sich dabei am Foto. Die Enden vernähen.

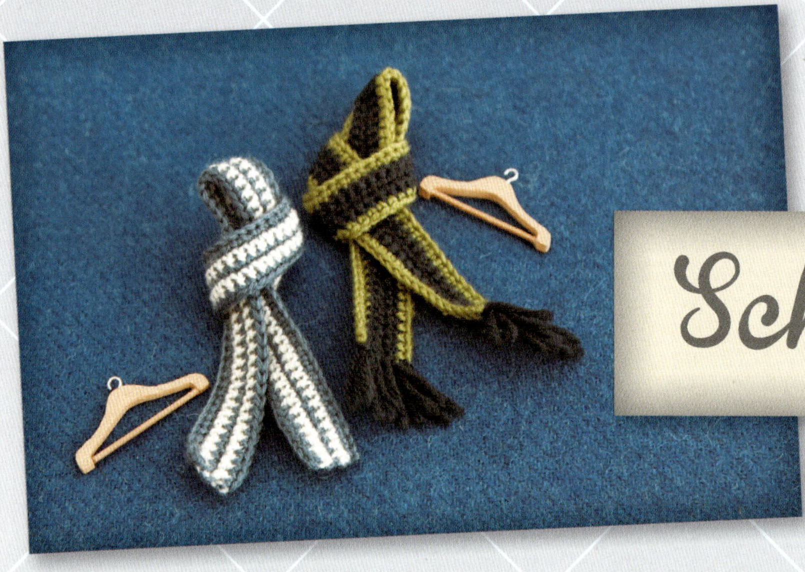

# Schal

## Material

- Feines Garn (Gemisch aus Wolle und Acryl) in Rot, Weiß, Beige, Blau, Marineblau oder Olivgrün, insgesamt 17,55 m (6 g) in 1 oder 2 Farben.

## Handarbeitszeug

- Häkelnadel, 2,25 mm
- Häkelnadel, 3,25 mm
- Stick- oder Garnnadel

## Abmessungen

Die fertige Größe beträgt 2 cm x 35 cm ohne Fransen oder Pompons und 39 cm lang mit Fransen oder Pompons.

## Verwendete Maschen

**Häkeln:** Luftmasche (Lm), feste Masche (fM).

## Anmerkungen zum Muster

1. Alle Abmessungen sind geschätzt und variieren je nach Spannung und Garnwahl.
2. Um die Farbe zu wechseln, erst die letzte Masche mit der alten Farbe bis zum letzten Umschlag häkeln. Umschlag mit der neuen Farbe, diese dann durch alle Schlingen auf der Nadel ziehen und die Masche fertighäkeln. Mit dem neuen Garn fortfahren und das alte befestigen. Die nicht verwendete Farbe auf der Rückseite mitführen, bis sie wieder benötigt wird. Orientieren Sie sich für die Farbwechsel am Diagramm.
3. Jeder Schal wird der Länge nach gehäkelt, wechseln Sie die Farbe wie gewünscht oder für den gezeigten Schal, um Streifen zu häkeln.
4. Der Schal wird durchgehend mit 2 Fäden gehäkelt.
5. Wahlweise können Sie Fransen oder Pompons an den Enden des Schals anbringen.

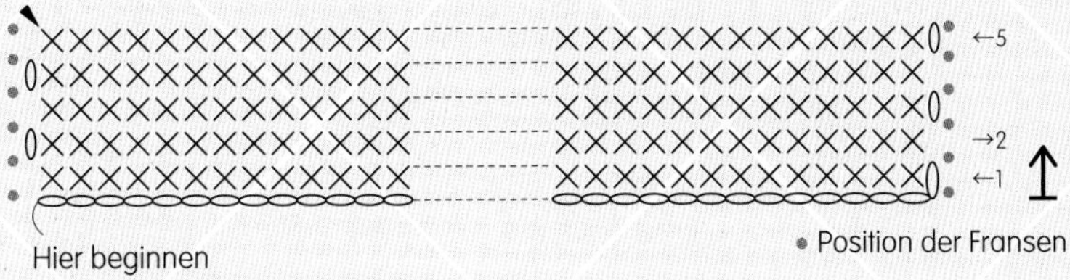


## Schals

Mit der größeren Nadel und 2 Fäden 91 Lm häkeln.

**Reihe 1 (Vorderseite):** Je 1 fM in die 2. Lm von der Nadel und in jede weitere Lm häkeln. *(90 fM)*

**Reihe 2–5:** 1 Lm, wenden, je 1 fM in jede M häkeln und, wie gewünscht oder wie im Muster gezeigt, die Farben wechseln.

Das Garn befestigen.

## Fransen (wahlweise)

Schneiden Sie die Fäden in der gewünschten Farbe mit einer Länge von je 5 cm zurecht. Falten Sie einen Strang in der Mitte. Führen Sie die kleine Häkelnadel in den Rand des Schals und bringen Sie die gefaltete Mitte auf die Nadel. Das gefaltete Garn durchziehen, die Enden der Fäden durch die so entstandene Schlinge ziehen, indem Sie sie falten und festziehen. Den Vorgang wiederholen, um die Fransen gleichmäßig an beiden Enden des Schals zu verteilen. Die Fransen geradeschneiden.

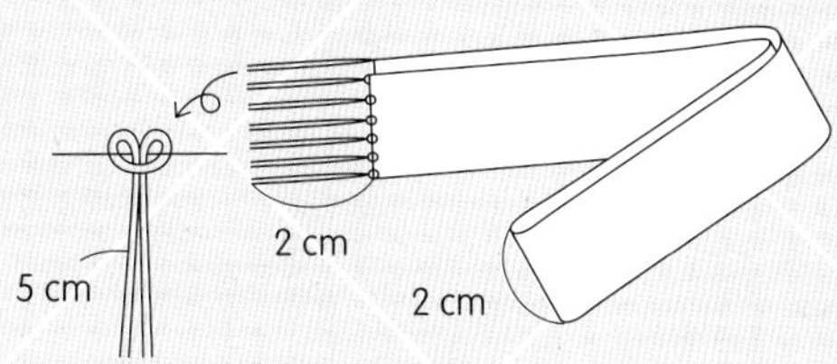


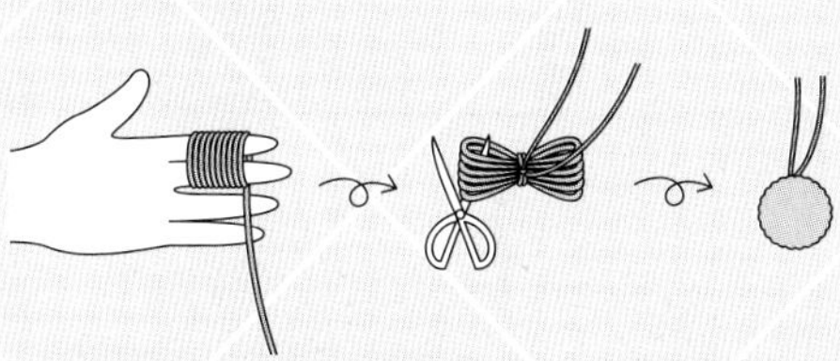

## Pompons

Garn um 2 Finger wickeln, je öfter Sie das Garn um Ihren Finger wickeln, umso flauschiger wird der Pompon. Nehmen Sie die Wicklungen von den Fingern und verknoten Sie sie in der Mitte mit einem Stück Garn. Schneiden Sie die gefalteten Enden der Wicklung auf und schon ist der Pompon fertig. Verwenden Sie die Enden des Knotens in der Mitte, um den Pompon mit dem Überwendlingsstich am Schal anzunähen, und nehmen Sie die Enden während des Nähens zusammen. Die Garnenden vernähen.

# Prinz und Prinzessin Pferd

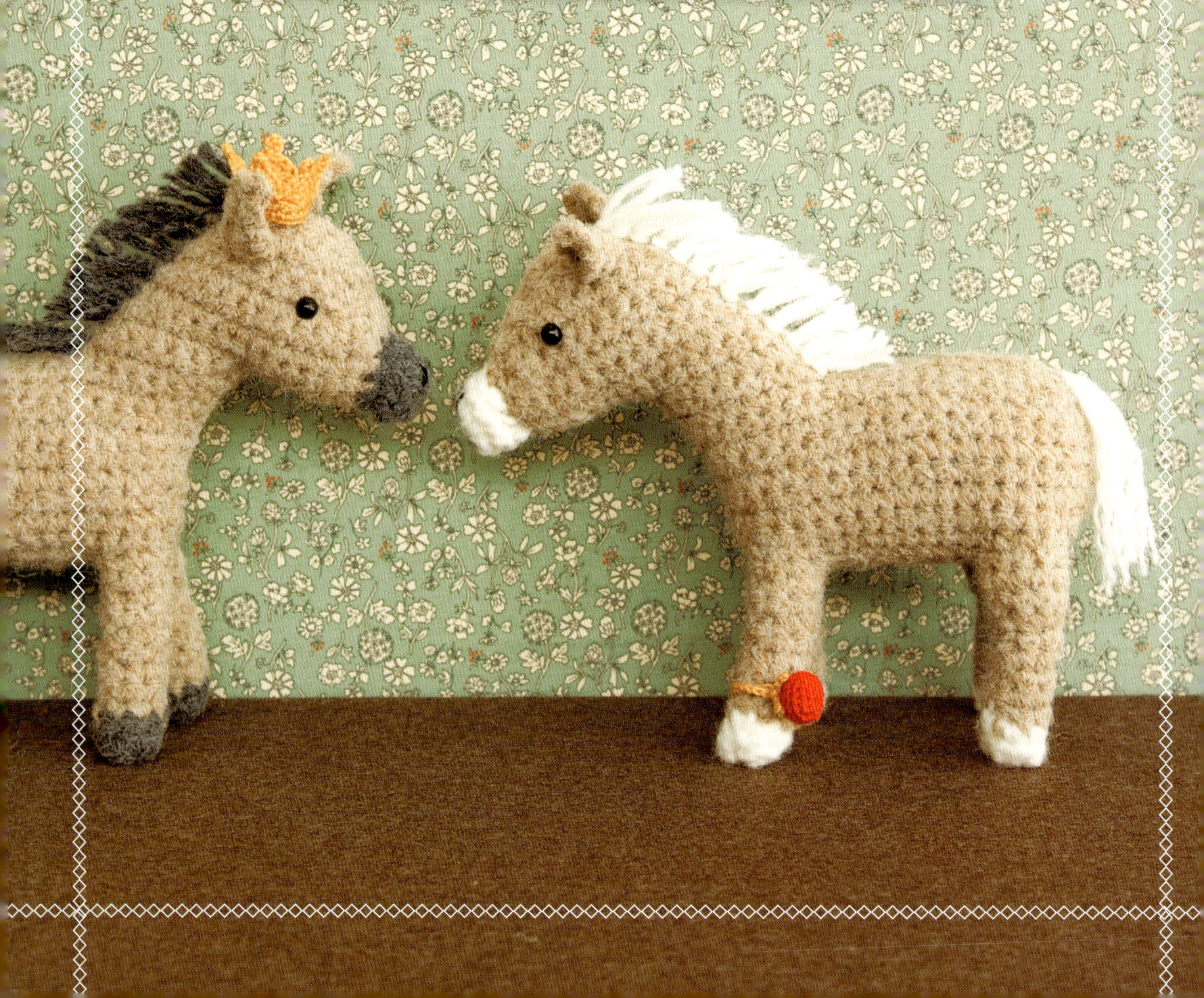

## Material

- Dickes Garn (Gemisch aus Wolle und Acryl) in Braun, 55 m (50 g)
- Dickes Garn (Gemisch aus Wolle und Acryl) in Weiß (für die Prinzessin) oder in Dunkelbraun (für den Prinzen), 5,5 m (5 g)
- Mittleres Garn in Schwarz, kleine Menge
- Füllwatte
- 2 schwarze Knöpfe oder Sicherheitsaugen, 8 mm Durchmesser

## Handarbeitszeug

- Häkelnadel, 5 mm
- Nähnadel und Nähseide (falls Sie Knöpfe für die Augen verwenden)
- Stick- oder Garnnadel

## Abmessungen

Die fertige Größe beträgt 23 cm x 21,5 cm

## Verwendete Maschen

**Häkeln:** Luftmasche (Lm), feste Masche (fM), einfache Abnahme (2 fM zus häkeln), doppelte Abnahme (3 fM zus häkeln), einfache Zunahme (1 fM zun), doppelte Zunahme (2 fM zun), Masche auslassen (M ausl) und Kettmasche (Km).
**Nähen:** Überwendlingsstich. (Siehe Seiten 10–17 für detaillierte Anleitungen.)

## Anmerkungen zum Muster

1. Alle Abmessungen sind geschätzt und variieren je nach Spannung und Garnwahl.
2. Um die Farbe zu wechseln, erst die letzte Masche in der alten Farbe bis zum letzten Umschlag häkeln. Umschlag mit der neuen Farbe, diese dann durch alle Schlingen auf der Nadel ziehen und die Masche fertighäkeln. Mit dem neuen Garn fortfahren und das alte befestigen.
3. Ein Pferd besteht aus 11 Teilen: 2 Körper-Seitenteile, 1 Bauchteil, 2 Hinterbeine, 2 Vorderbeine, 1 Hinterkopf, 2 Ohren und 1 Mäulchen. Die Vorder- und Hinterbeine werden direkt an die Seitenkanten des Bauchteils gehäkelt, um die Näharbeiten für das fertige Pferd so gering wie möglich zu halten. An der Oberseite des Halses und hinten am Körper wird Garn für Mähne und Schweif angebracht. Alle übrigen Körperteile werden zusammengenäht.

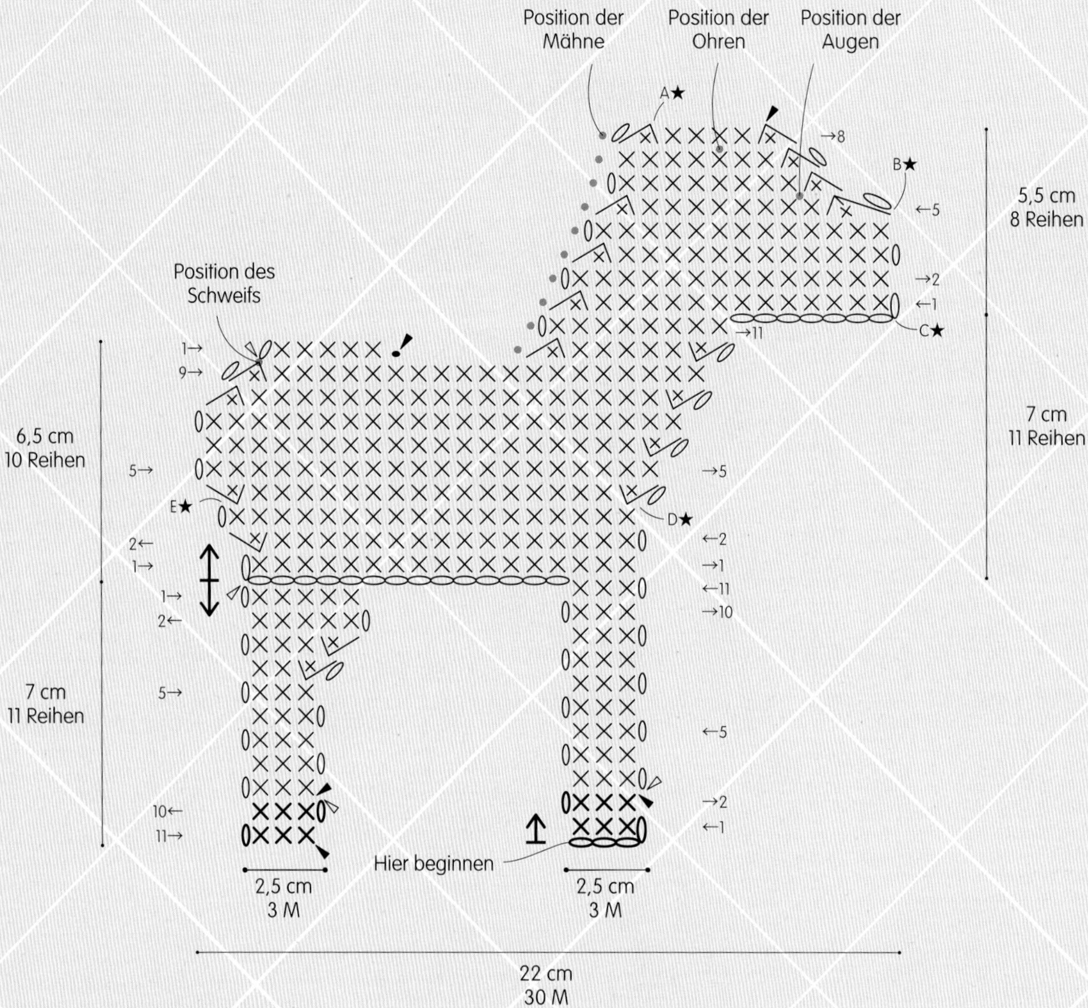

Position der Mähne
Position der Ohren
Position der Augen
A★
B★
C★
D★
E★
Position des Schweifs
5,5 cm
8 Reihen
7 cm
11 Reihen
6,5 cm
10 Reihen
7 cm
11 Reihen
Hier beginnen
2,5 cm
3 M
2,5 cm
3 M
22 cm
30 M

## Seitenteile

(2-mal häkeln)

Mit weißem oder dunkelbraunem Garn 4 Lm häkeln.

**Vorderbein**

**Reihe 1 (Vorderseite):** Je 1 fM in die 2. Lm von der Nadel und in die nächsten 2 Lm. *(3 fM)*

**Reihe 2:** 1 Lm, wenden, je 1 fM in jede M häkeln.

Zum braunen Garn wechseln.

**Reihe 3–11:** 1 Lm, wenden, je 1 fM in jede M häkeln.

Garn nicht befestigen.

**Körper**

**Reihe 1 (Rückseite):** 15 Lm, wenden, je 1 fM in die 2. Lm von der Nadel und in die nächsten 13 Lm, je 1 fM in die nächsten 3 M. *(17 fM)*

**Reihe 2:** 1 Lm, wenden, je 1 fM in jede M bis zur letzten M, 1 fM zun in der letzten M. *(18 fM)*

**Reihe 3:** 1 Lm, wenden, je 1 fM in jede M häkeln.

**Reihe 4:** 1 Lm, wenden, 1 fM zun in der 1. M, je 1 fM in jede M bis zur letzten M, 1 fM zun in der letzten M. *(20 fM)*

**Reihe 5:** 1 Lm, wenden, je 1 fM in jede M häkeln.

**Reihe 6:** 1 Lm, wenden, 2 fM in die 1. M, je 1 fM in jede M häkeln. *(21 fM)*

**Reihe 7:** 1 Lm, wenden, je 1 fM in jede M häkeln.

**Reihe 8:** 1 Lm, wenden, 1 fM zun in der 1. M, je 1 fM in jede M bis zur vorletzten M, 2 fM zus häkeln.

**Reihe 9:** 1 Lm, wenden, 2 fM zus häkeln, je 1 fM in jede M häkeln. *(20 fM)*

Garn nicht befestigen.

**Hals**

**Reihe 10 (Vorderseite):** 1 Lm, wenden, 1 fM zun in der 1. M, je 1 fM in die nächsten 5 M, 2 fM zus häkeln; die restl M ungehäkelt lassen. *(8 fM)*

**Reihe 11:** 1 Lm, wenden, je 1 fM in jede M häkeln.

Garn nicht befestigen.

**Kopf**

**Reihe 1 (Vorderseite):** 8 Lm, wenden, je 1 fM in die 2. Lm von der Nadel und in die nächsten 6 Lm häkeln, je 1 fM in die nächsten 6 M häkeln. *(14 fM)*

**Reihe 2:** 1 Lm, wenden, je 1 fM in jede M häkeln.

**Reihe 3:** 1 Lm, wenden, je 1 fM in jede M bis zu den letzten 2 M, 2 fM zus häkeln. *(13 fM)*

**Reihe 4:** 1 Lm, wenden, je 1 fM in jede M häkeln.

**Reihe 5:** 1 Lm, wenden, 3 fM zus häkeln, je 1 fM in jede M bis zu den letzten 2 M, 2 fM zus häkeln. *(10 fM)*

**Reihe 6:** 1 Lm, wenden, je 1 fM in jede M bis zu den letzten 2 M, 2 fM zus häkeln. *(9 fM)*

**Reihe 7:** 1 Lm, wenden, 2 fM zus häkeln, je 1 fM in jede M häkeln. *(8 fM)*

**Reihe 8:** 1 Lm, wenden, 2 fM zus häkeln, je 1 fM in jede M bis zu den letzten 2 M, 2 fM zus häkeln. *(6 fM)*

Garn befestigen.

**Oberer Rücken (letzte Reihe des Körpers)**

Mit der Vorderseite nach oben das braune Garn in der 1. M der letzten Reihe (R 9) einhäkeln, 1 Lm, Verbindungsmasche ausl, je 1 fM in die nächsten 5 M, 1 Km in die nächste M; restl M ungehäkelt lassen. *(5 fM)*

Garn befestigen.

**Hinterbein**

Mit der Vorderseite nach oben in der 1. Lm am unteren Rand der R 1 des Körpers das braune Garn einhäkeln.

**Reihe 1 (Vorderseite):** 1 Lm, 1 fM in die Verbindungs-Lm, je 1 fM in die nächsten 4 Lm; die restl M ungehäkelt lassen. *(5 fM)*

**Reihe 2:** 1 Lm, wenden, je 1 fM in jede M häkeln.

**Reihe 3:** 1 Lm, wenden, je 1 fM in die ersten 3 M, 2 fM zus häkeln. *(4 fM)*

**Reihe 4:** 1 Lm, wenden, 2 fM zus häkeln, je 1 fM in die letzten 2 M häkeln. *(3 fM)*

**Reihe 5–9:** 1 Lm, wenden, je 1 fM in jede M häkeln.

Mit dem weißen oder dem dunkelbraunen Garn weiterhäkeln.

**Reihe 10 und 11:** 1 Lm, wenden, je 1 fM in jede M häkeln.

Garn befestigen.

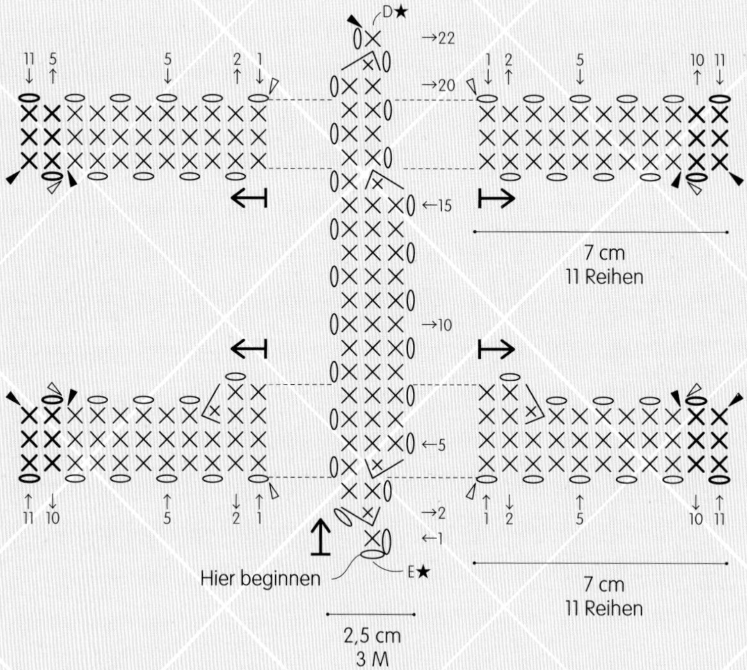


## Bauchteil

Mit dem braunen Garn 2 Lm häkeln.

**Reihe 1 (Vorderseite):** 1 fM in die 2. Lm von der Nadel. *(1 fM)*

**Reihe 2:** 1 Lm, wenden, 1 fM zun. *(2 fM)*

**Reihe 3:** 1 Lm, wenden, je 1 fM in jede M häkeln.

**Reihe 4:** 1 Lm, wenden, 1 fM zun in der 1. M, 1 fM in die letzte M. *(3 fM)*

**Reihe 5–15:** 1 Lm, wenden, je 1 fM in jede M häkeln.

**Reihe 16:** 1 Lm, wenden, 1 fM in die 1. M, 2 fM zus häkeln. *(2 fM)*

**Reihe 17–20:** 1 Lm, wenden, je 1 fM in jede M häkeln.

**Reihe 21:** 1 Lm, wenden, 2 fM zus häkeln. *(1 fM)*

**Reihe 22:** 1 Lm, wenden, 1 fM in die M häkeln.

Garn befestigen.

### Erstes Hinterbein

**Anmerkung:** Das erste Hinterbein wird entlang des unteren, rechten Randes des Bauchteils gehäkelt. Siehe Position im Diagramm für den Bauchteil.

Das braune Garn am Ende der 4. Reihe des Bauchteils (Vorderseite nach oben) einhäkeln.

**Reihe 1 (Vorderseite):** 1 Lm, je 1 fM in die Randmaschen von R 4 und den nächsten 3 Reihen häkeln. *(4 fM)*

**Reihe 2:** 1 Lm, wenden, je 1 fM in jede M häkeln.

**Reihe 3:** 1 Lm, wenden, je 1 fM in die ersten 2 M, 2 fM zus häkeln. *(3 fM)*

**Reihe 4–9:** 1 Lm, wenden, je 1 fM in jede M häkeln.

Mit dem weißen oder dunkelbraunen Garn weiterhäkeln.

**Reihe 10 und 11:** 1 Lm, wenden, je 1 fM in jede M häkeln.

Garn befestigen.

**Zweites Hinterbein**

**Anmerkung:** Das zweite Hinterbein wird entlang des unteren, linken Randes des Bauchteils gehäkelt. Siehe Position im Diagramm für den Bauchteil.

Das braune Garn am Anfang der 4. Reihe des Bauchteils (Rückseite nach oben) einhäkeln.

**Reihe 1 (Rückseite) – 11:** Häkeln Sie gleich wie die Reihen 1–11 des ersten Hinterbeins.

Garn befestigen.

**Erstes Vorderbein**

**Anmerkung:** Das erste Vorderbein wird entlang des oberen, linken Randes des Bauchteils gehäkelt. Siehe Position im Diagramm für den Bauchteil.

Das braune Garn am Ende der 17. Reihe des Bauchteils (Vorderseite nach oben) einhäkeln.

**Reihe 1 (Vorderseite):** 1 Lm, je 1 fM in die Randmaschen von R 18 und von den nächsten 2 Reihen. *(3 fM)*

**Reihe 2–9:** 1 Lm, wenden, je 1 fM in jede M häkeln.

Mit dem weißen oder dunkelbraunen Garn weiterhäkeln.

**Reihe 10 und 11:** 1 Lm, wenden, je 1 fM in jede M häkeln.

Garn befestigen.

**Zweites Vorderbein**

**Anmerkung:** Das zweite Vorderbein wird entlang des oberen, rechten Randes des Bauchteils gehäkelt. Siehe Position im Diagramm für den Bauchteil.

Das braune Garn am Anfang der 17. Reihe des Bauchteils (Rückseite nach oben) einhäkeln.

**Reihe 1 (Rückseite) – 11:** Häkeln Sie gleich wie die Reihen 1–11 des ersten Vorderbeins.

Garn befestigen.

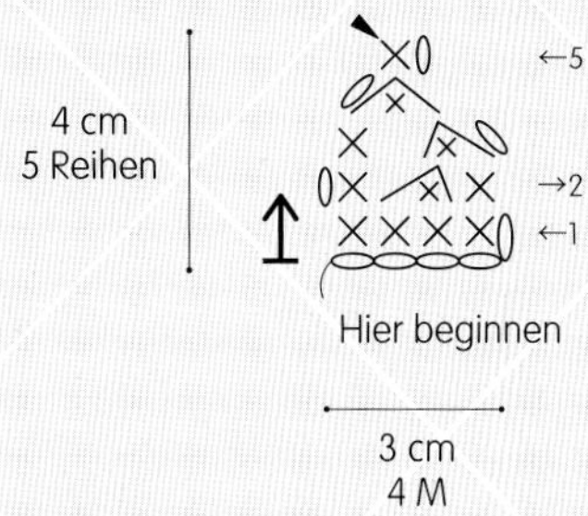


## Ohren

(2-mal häkeln)

Mit dem braunen Garn 5 Lm häkeln.

**Reihe 1 (Vorderseite):** 1 fM in die 2. Lm von der Nadel und in die nächsten 3 Lm häkeln. *(4 fM)*

**Reihe 2:** 1 Lm, wenden, 1 fM in die 1. M, 2 fM zus häkeln, 1 fM in die letzte M. *(3 fM)*

**Reihe 3:** 1 Lm, wenden, 2 fM zus häkeln, 1 fM in die letzte M. *(2 fM)*

**Reihe 4:** 1 Lm, wenden, 2 fM zus häkeln. *(1 fM)*

**Reihe 5:** 1 Lm, wenden, 1 fM in die M häkeln.

Garn befestigen.

## Hinterkopf

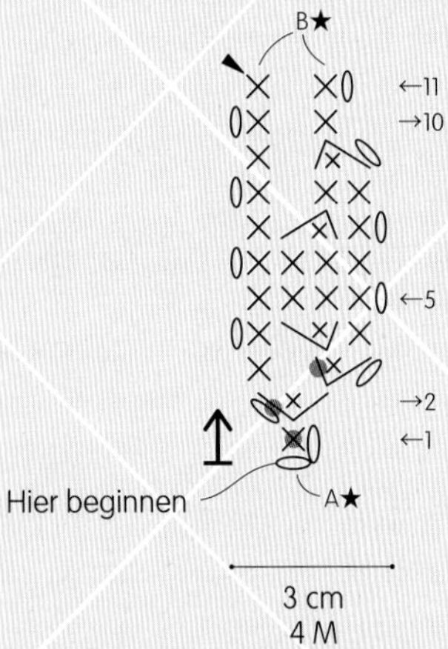


Mit dem braunen Garn 2 Lm häkeln.

**Reihe 1 (Vorderseite):** 1 fM in die 2. Lm von der Nadel. *(1 fM)*

**Reihe 2:** 1 Lm, wenden, 1 fM zun in der 1. M. *(2 fM)*

**Reihe 3:** 1 Lm, wenden, 1 fM zun in der 1. M, 1 fM in die letzte M häkeln. *(3 fM)*

**Reihe 4:** 1 Lm, wenden, 1 fM in die 1. M, 1 fM zun in der nächsten M, 1 fM in die letzte M häkeln. *(4 fM)*

**Reihe 5 und 6:** 1 Lm, wenden, je 1 fM in jede M.

**Reihe 7:** 1 Lm, wenden, 1 fM in die 1. M, 2 fM zus häkeln, 1 fM in die letzte M häkeln. *(3 fM)*

**Reihe 8:** 1 Lm, wenden, je 1 fM in jede M.

**Reihe 9:** 1 Lm, wenden, 2 fM zus häkeln, 1 fM in die letzte M häkeln. *(2 fM)*

**Reihe 10 und 11:** 1 Lm, wenden, je 1 fM in jede M häkeln.

Garn befestigen.

## Mäulchen

Mit dem weißen oder dunkelbraunen Garn zum Rundhäkeln einen Fadenring bilden.

**Runde 1:** 1 Lm, 5 fM in den Ring häkeln; die Rd mit 1 Km in die 1. fM beenden. *(5 fM)*

**Runde 2:** 1 Lm, je 1 fM zun in jeder M bis zum Ende der Rd; die Rd mit 1 Km in die 1. fM beenden. *(10 fM)*

**Runde 3:** 1 Lm, je 1 fM in jede M; die Rd mit 1 Km in die 1. fM beenden.

Garn befestigen und einen langen Faden stehenlassen, um das Mäulchen am Gesicht anzunähen.

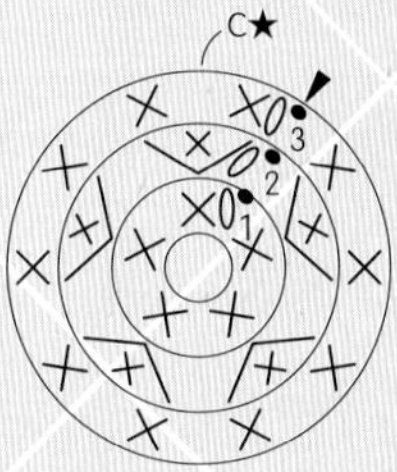

## Die Einzelteile zusammennähen

Befestigen Sie die Knöpfe (mit Nähgarn und Nadel) oder die Sicherheitsaugen an den Seitenteilen des Körpers, wie auf dem Diagramm gezeigt. Legen Sie die Punkte A, B, C und D (auf den Diagrammen mit Sternchen eingezeichnet) der Seitenteile, des Bauchteils und des Hinterkopfs aufeinander, nähen Sie sie mit dem Überwendlingsstich mit passendem Garn zusammen und füllen Sie die Figur, bevor Sie die Näharbeiten beendet haben. Nähen Sie mit dem Überwendlingsstich die Ohren oben am Kopf und das Mäulchen im Gesicht an. Verwenden Sie einen kurzen, schwarzen Faden, um im Geradstich die Nüstern auf das Mäulchen zu sticken. Orientieren Sie sich dabei am Foto. Die Enden vernähen.

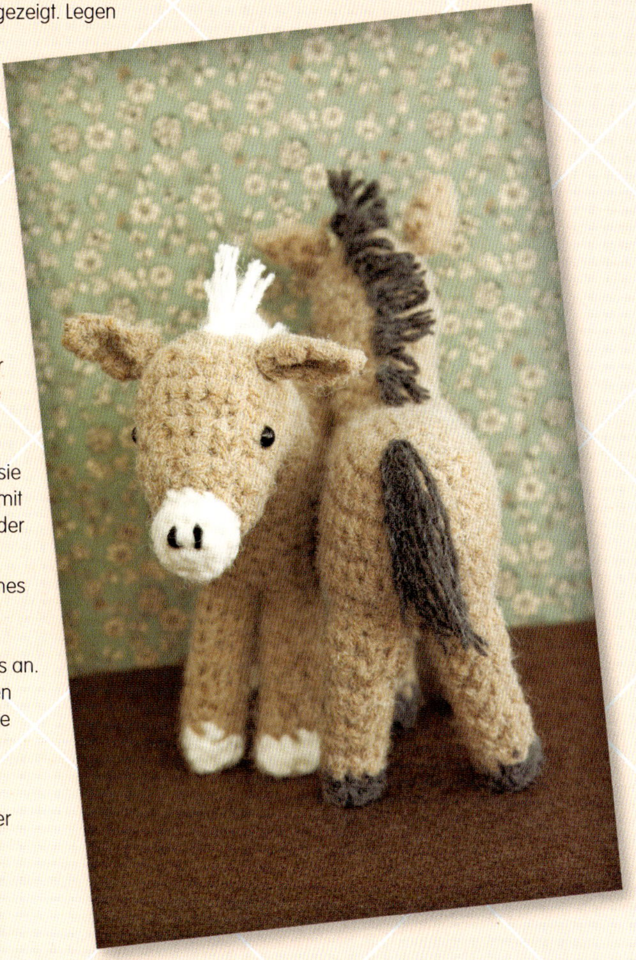

**Schweif:** Schneiden Sie 2 Stränge weißes oder dunkelbraunes Garn mit einer Länge von 25,5 cm zurecht. Nehmen Sie die Fäden zusammen und falten Sie sie in der Mitte. Führen Sie die kleinere Häkelnadel um eine Masche hinten am Körper herum und legen Sie die gefaltete Mitte auf die Nadel. Ziehen Sie sie durch, fädeln Sie die Enden der Fäden durch die so entstandene Schlinge und ziehen sie sie fest. Trennen Sie das Garn in seine Einzelfäden auf, damit ein flauschiger Schweif entsteht. Schneiden Sie die Enden der Fäden zurecht.

**Mähne:** Schneiden Sie 13 Fäden weißes oder dunkelbraunes Garn mit einer Länge von 15 cm zurecht. Falten Sie einen Faden auf dieselbe Art in der Mitte wie die Fäden für den Schweif und bringen Sie ihn auf dieselbe Art oben am Hals an. Wiederholen Sie diesen Vorgang für die restlichen 12 Fäden und verteilen Sie diese gleichmäßig auf die gesamte Länge des Halses. Schneiden Sie die Enden der Fäden zurecht.

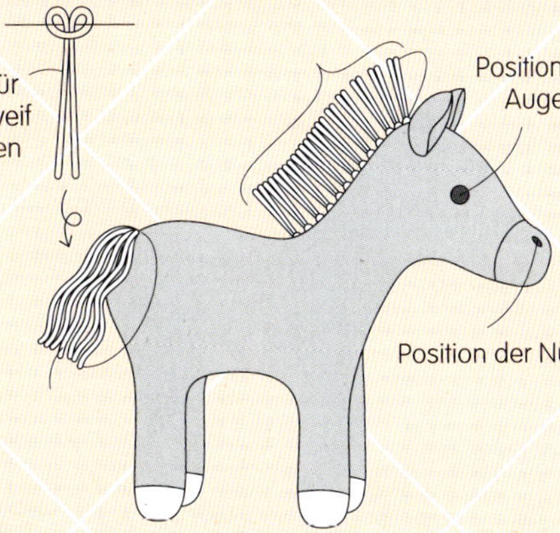

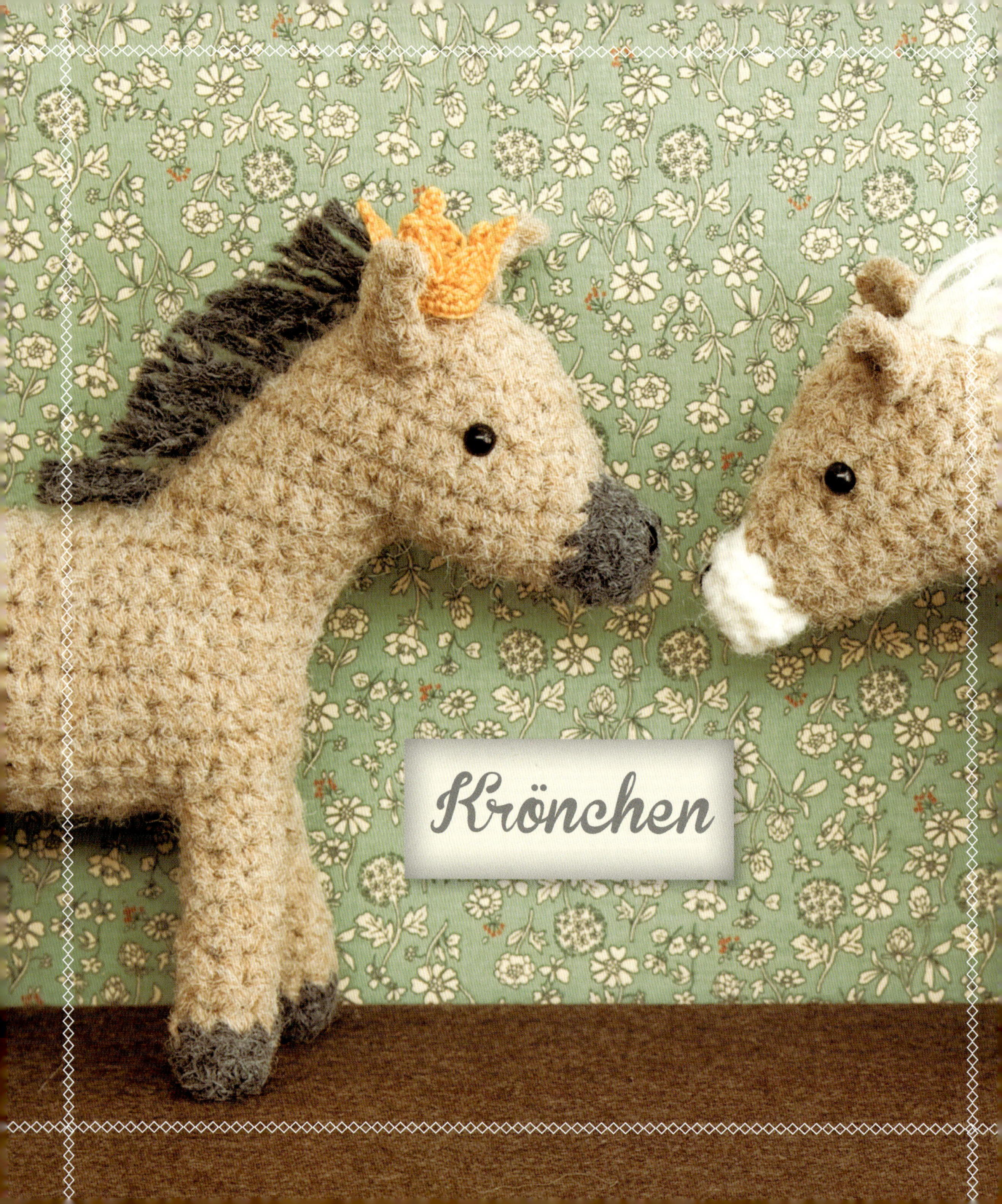
Krönchen

## Material

- Feines Garn (Gemisch aus Wolle und Acryl) in Gelb, 5,5 m (2 g)

## Handarbeitszeug

- Häkelnadel, 2,25 mm
- Stick- oder Garnnadel

## Abmessungen

Die fertige Größe beträgt 2 cm im Durchmesser und 1 cm in der Höhe.

## Verwendete Maschen

**Häkeln:** Luftmasche (Lm), feste Masche (fM) und Kettmasche (Km). (Siehe Seiten 10–17 für detailliertere Anleitungen.)

**Speziell für dieses Muster:** Doppeltes Stäbchen (DStb): Das Garn 2-mal um die Häkelnadel wickeln, die Häkelnadel in die nächste Masche stechen, Garn umschlagen und die Schlinge durch die Masche ziehen. [Garn umschlagen und das Garn durch die ersten 2 Maschen auf der Häkelnadel ziehen] 3-mal. Eine Schlinge verbleibt auf der Nadel.

## Anmerkungen zum Muster

1. Alle Abmessungen sind geschätzt und variieren je nach Spannung und Garnwahl.
2. Die Krone wird rund gehäkelt, wobei die Runden verbunden werden und an der unteren Kante begonnen wird.

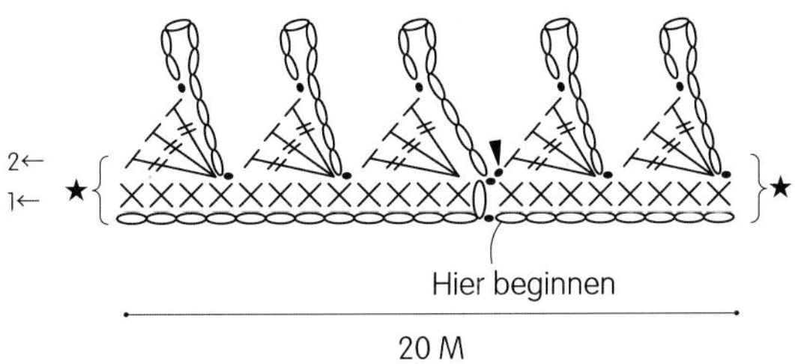


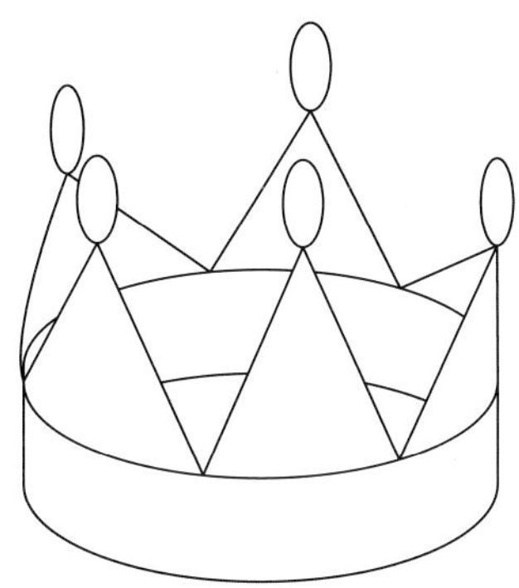

## Krönchen

20 Lm häkeln; achten Sie darauf, die Lm nicht zu verdrehen und die Lm-Kette mit 1 Km verbinden.

**Runde 1:** 1 Lm, 1 fM in dieselbe M wie die Verbindungsmasche, je 1 fM in die restl 19 Lm; Runde mit 1 Km in die 1. M beenden. *(20 fM)*

**Runde 2:** 9 Lm, 1 Km in die 6. Lm von der Nadel, 3 DStb in die 1. fM (1. Zacke fertig), * die nächsten 3 M ausl, (1 Km, 9 Lm, 1 Km in die 6. Lm von der Nadel, 3 DStb) in die nächste fM (Zacke fertig); ab * 3-mal wiederholen; Runde mit 1 Km in die Km der Vorrunde beenden. *(5 Kronenspitzen)*

Garn befestigen und die Enden vernähen.

# Ringe

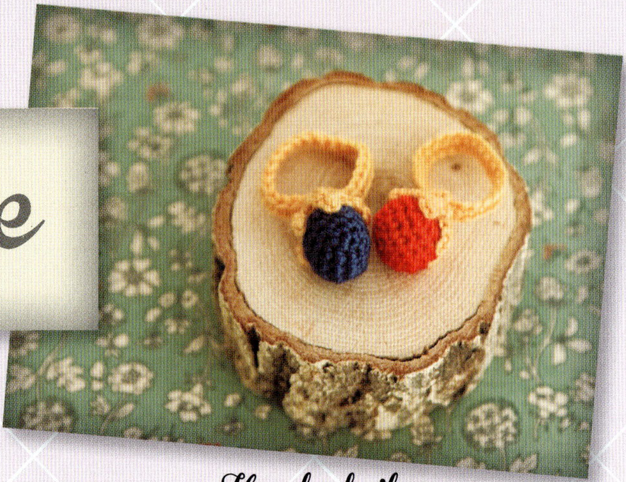

## Material

- Feines Garn (Gemisch aus Wolle und Acryl) in Rot oder Marineblau, 4 m (1 g)
- Feines Garn (Gemisch aus Wolle und Acryl) in Gelb, 4 m (1 g)
- Füllwatte (kleine Menge)

## Abmessungen

Die fertige Größe beträgt 1,5 cm im Durchmesser und 3,5 cm in der Höhe.

## Handarbeitszeug

- Häkelnadel, 2,25 mm
- Stick- oder Garnnadel

## Verwendete Maschen

**Häkeln:** Luftmasche (Lm), feste Masche (fM), einfache Zunahme (1 fM zun) und Kettmasche (Km). **Nähen:** Überwendlingsstich. (Siehe Seiten 10–17 für detailliertere Anleitungen.)

## Anmerkungen zum Muster

1. Alle Abmessungen sind geschätzt und variieren je nach Spannung und Garnwahl.
2. Ein Ring besteht aus 3 Teilen: Dem Edelstein, dem Ring und der Fassung.

## Ring

Mit dem gelben Garn 23 Lm häkeln; achten Sie darauf, die Lm nicht zu verdrehen. Die Lm-Kette mit 1 Km verbinden.

**Runde 1:** 1 Lm, 1 fM in dieselbe M wie die Verbindungsmasche, je 1 fM in die restl Lm; Runde mit 1 Km in die 1. M beenden. *(23 fM)*

Das Garn befestigen.

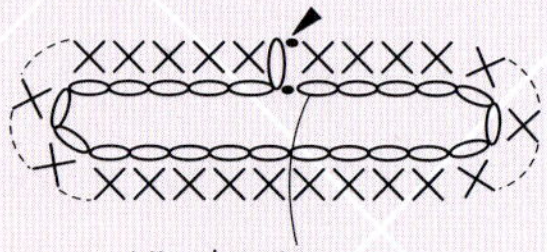

Hier beginnen

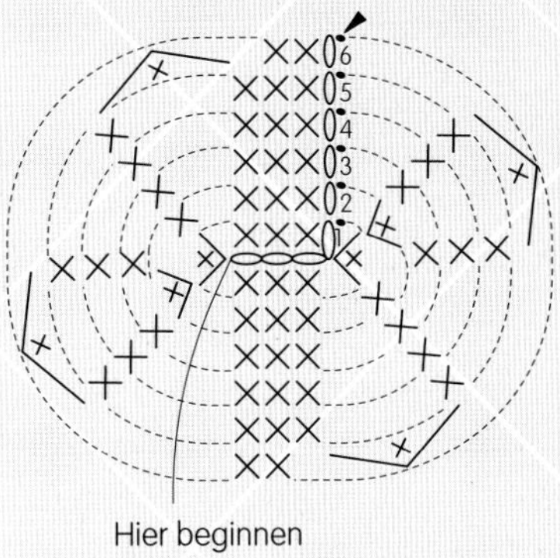


## Edelstein

Mit dem blauen oder dem roten Garn zum Rundhäkeln 4 Lm häkeln.

**Runde 1:** Je 1 fM in die 2. Lm von der Nadel und in die nächste Lm, (1 fM, 1 fM zun, 1 fM) in die letzte Lm; häkeln Sie auf der anderen Seite der Lm-Kette weiter, 1 fM in die nächste Lm. (1 fM, 1 fM zun) in die letzte Lm; die Rd mit 1 Km in die Anfangs-Lm beenden. *(10 fM)*

**Runde 2:** 1 Lm, * je 2 fM in die nächsten 4 M, 1 fM zun in die nächste M; ab * 1 -mal wiederholen; die Runde mit 1 Km in die Anfangs-Lm beenden. *(12 fM)*

**Runde 3-5:** 1 Lm, je 1 fM in jede M rundherum; die Rd mit 1 Km in die Anfangs-Lm beenden.

**Runde 6:** 1 Lm, * je 1 fM in die nächsten 2 fM, [2 fM zus häkeln] 2-mal; ab * 1-mal wiederholen; die Rd mit 1 Km in die Anfangs-Lm beenden. *(8 fM)*

## Fassung

Mit dem gelben Garn zum Rundhäkeln 4 Lm häkeln.

**Runde 1:** Je 1 fM in die 2. Lm von der Nadel und die nächste Lm, (1 fM, 1 fM zun, 1 fM) in die letzte Lm; häkeln Sie auf der anderen Seite der Lm-Kette weiter, 1 fM in die nächste Lm, (1 fM, 1 fM zun) in die letzte Lm; die Runde mit 1 Km in die 1. Anfangs-Lm beenden. *(10 fM)*

**Runde 2:** 1 Lm, je 1 fM in jede M; die Rd mit 1 Km in die Anfangs-Lm beenden.

**Runde 3:** 3 Lm, 1 Km in die 2. Lm von der Nadel, 1 fM in die nächste Lm (1. Zinke fertig), 1. fM der 2. Runde ausl, * je 1 Km in die nächsten 2 fM, 3 Lm, 1 Km in die 2. Lm von der Nadel, 1 fM in die nächste Lm (Zinke fertig); ab * 3-mal wiederholen, 1 Km in die nächste fM; die Runde mit 1 Km in die Km der vorigen Runde beenden. *(5 Zinken)*

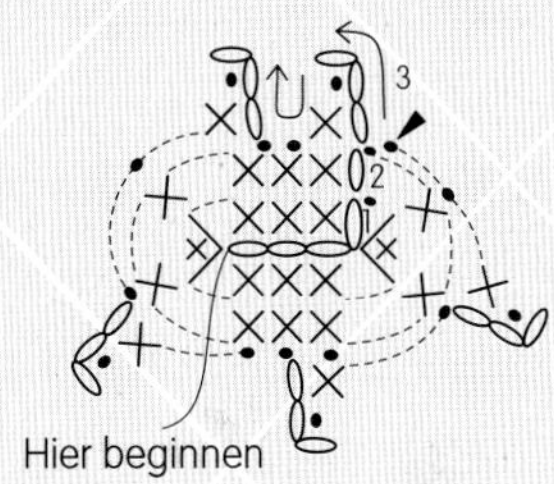


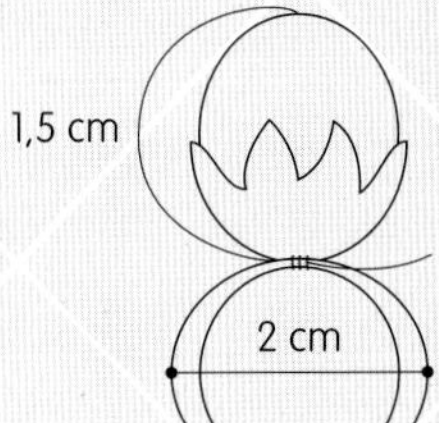


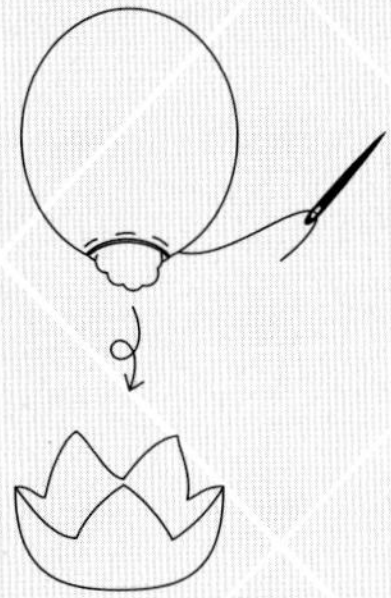

## Die Einzelteile zusammennähen

Nähen Sie den Edelstein mit dem Überwendlingsstich in die Fassung. Nähen Sie diese dann an den Ring und vernähen Sie die Enden.

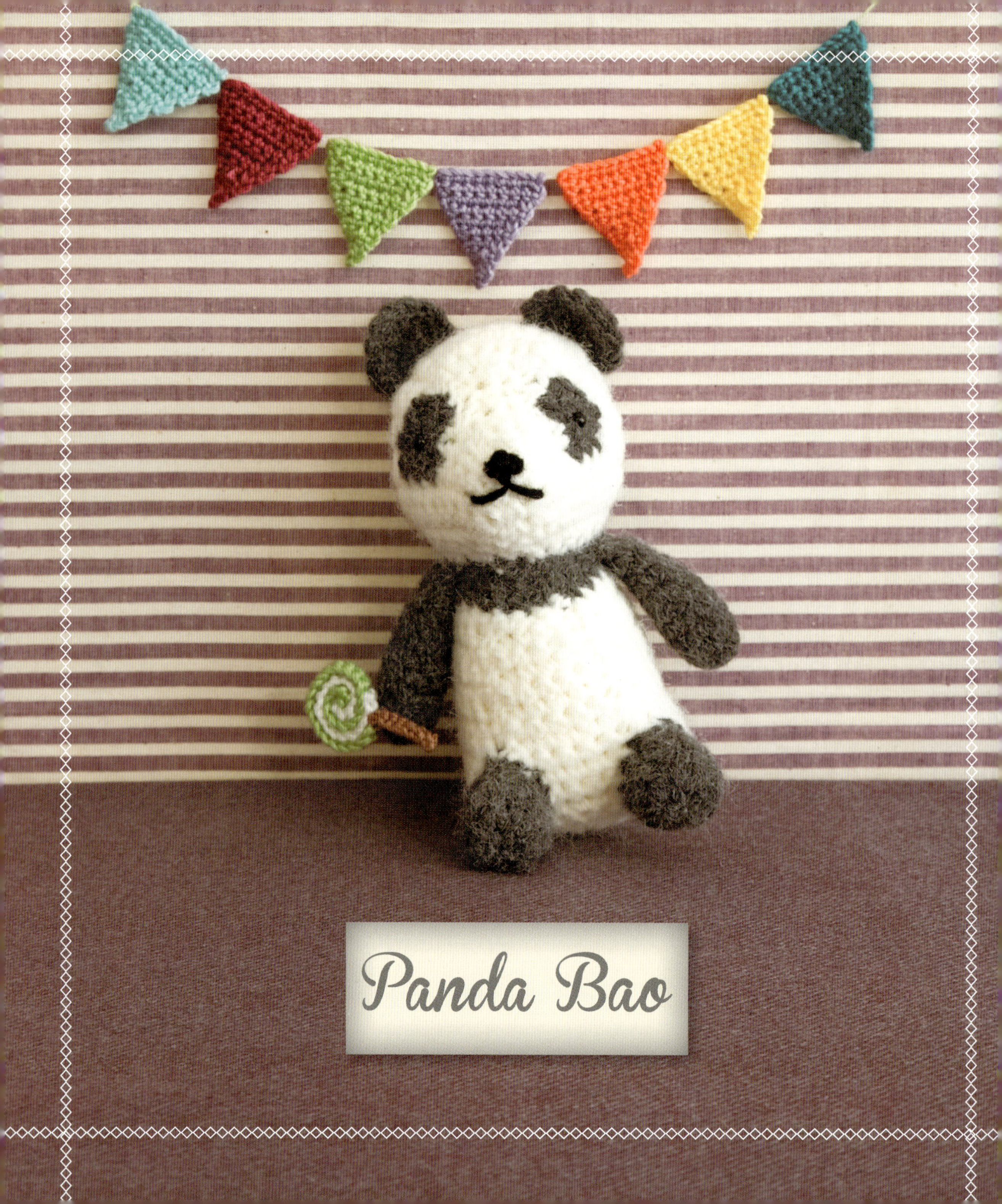
Panda Bao

## Material

- Dickes Garn (Gemisch aus Wolle und Acryl) in Weiß, 44 m (40 g)
- Dickes Garn (Gemisch aus Wolle und Acryl) in Schwarz, 22 m (20 g)
- Mittleres Garn (Gemisch aus Wolle und Acryl) in Schwarz, kleine Menge
- Füllwatte
- 2 schwarze Knöpfe oder Sicherheitsaugen, 9 mm Durchmesser

## Handarbeitszeug

- Häkelnadel, 5 mm
- Häkelnadel, 4 mm
- Nähnadel und Nähseide (falls Sie Knöpfe für die Augen verwenden)
- Verschließbarer Maschenmarkierer
- Stick- oder Garnnadel

## Abmessungen

Die fertige Größe beträgt 11 cm x 18 cm

## Verwendete Maschen

**Häkeln:** Luftmasche (Lm), feste Masche (fM), einfache Zunahme (1 fM zun), einfache Abnahme (2 fM zus häkeln) und Kettmasche (Km). **Nähen:** Überwendlingsstich. (Siehe Seiten 10–17 für detaillierte Anleitungen.)

## Anmerkungen zum Muster

1. Alle Abmessungen sind geschätzt und variieren je nach Spannung und Garnwahl.
2. Um die Farbe zu wechseln, erst die letzte Masche in der alten Farbe bis zum letzten Umschlag häkeln. Umschlag mit der neuen Farbe, diese dann durch alle Schlingen auf der Nadel ziehen und die Masche fertighäkeln. Mit dem neuen Garn fortfahren und das alte Garn dorthin führen, wo es als nächstes benötigt wird. Beachten Sie das Diagramm für die Farbwechsel.
3. Der Panda besteht aus 12 Teilen: 2 Körper-Seitenteile, 1 Bauchteil, 2 Hinterbeine, 2 Vorderbeine, 2 Ohren, 1 Hinterkopf, 1 Mäulchen und 1 Schwänzchen. Die Vorder- und Hinterbeine werden direkt an die Seitenkanten des Bauchteils gehäkelt, um die Näharbeiten für den fertigen Panda so gering wie möglich zu halten. Alle übrigen Körperteile werden zusammengenäht.

# Seitenteile

(2-mal häkeln)

Mit dem weißen Garn und der größeren Häkelnadel 10 Lm und mit dem schwarzen Garn 6 weitere Lm häkeln. *(16 Lm)*

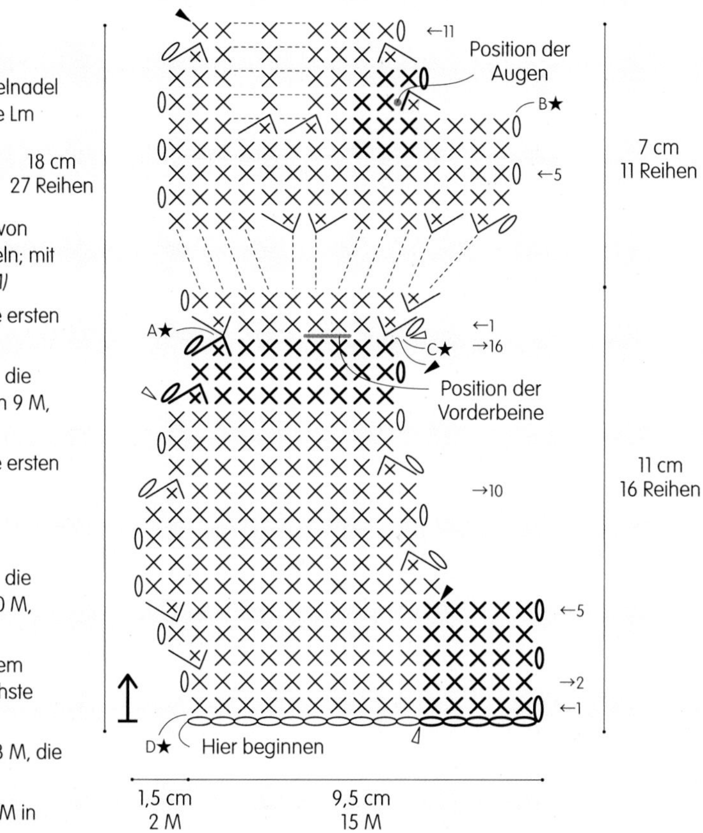


**Hinterbein**

**Reihe 1 (Rückseite):** Mit Schwarz in die 2. Lm von der Nadel und die nächsten 4 Lm je 1 fM häkeln; mit Weiß je 1 fM in die letzten 10 Lm häkeln. *(15 fM)*

**Reihe 2:** Mit Weiß 1 Lm, wenden, je 1 fM in die ersten 10 M; mit Schwarz je 1 fM in die letzten 5 M.

**Reihe 3:** Mit Schwarz 1 Lm, wenden, je 1 fM in die nächsten 5 M; mit Weiß je 1 fM in die nächsten 9 M, 1 fM zun in der letzten M. *(16 fM)*

**Reihe 4:** Mit Weiß 1 Lm, wenden, je 1 fM in die ersten 11 M; mit Schwarz je 1 fM in die letzten 5 M.

**Körper**

**Reihe 5:** Mit Schwarz 1 Lm, wenden, je 1 fM in die ersten 5 M, mit Weiß je 1 fM in die nächsten 10 M, 1 fM zun in der letzten M. *(17 fM)*

Das schwarze Garn befestigen und nur mit dem weißen Garn fortfahren, bis Schwarz das nächste Mal benötigt wird.

**Reihe 6:** 1 Lm, wenden, je 1 fM in die ersten 13 M, die restl M ungehäkelt lassen. *(13 fM)*

**Reihe 7:** 1 Lm, wenden, 2 fM zus häkeln, je 1 fM in jede M häkeln. *(12 fM)*

**Reihe 8 und 9:** 1 Lm, wenden, je 1 fM in jede M.

**Reihe 10:** 1 Lm, wenden, 2 fM zus häkeln, je 1 fM in jede M häkeln. *(11 fM)*

**Reihe 11:** 1 Lm, wenden, 2 fM zus häkeln, je 1 fM in jede M. *(10 fM)*

**Runde 12 und 13:** 1 fM, wenden, je 1 fM in jede M. Am Ende der 13. Reihe zum schwarzen Garn wechseln.

**Runde 14:** Mit Schwarz 1 Lm, wenden, 2 fM zus häkeln, je 1 fM in jede M häkeln. *(9 fM)*

**Runde 15:** Mit Schwarz 1 Lm, wenden, je 1 fM in jede M häkeln.

**Runde 16:** Mit Schwarz 1 Lm, wenden, 2 fM zus häkeln, je 1 fM in jede M häkeln; am Ende der Reihe zum weißen Garn wechseln. *(8 fM)*

Das schwarze Garn befestigen und nur mit dem weißen Garn fortfahren, bis Schwarz das nächste Mal benötigt wird.

**Kopf**

**Reihe 1:** 1 Lm, wenden, 1 fM zun in der 1. M, je 1 fM in die nächsten 6 M, 1 fM zun in der letzten M. *(10 fM)*

**Reihe 2:** 1 Lm, wenden, je 1 fM in jede M bis zur letzten, 1 fM zun in der letzten M. *(11 fM)*

**Reihe 3:** 1 Lm, wenden, [je 1 fM zun in den nächsten 2 M, je 1 fM in die nächsten 3 M] 2-mal, 1 fM in die letzte M häkeln. *(15 fM)*

**Reihe 4 und 5:** 1 Lm, wenden, je 1 fM in jede M.

**Reihe 6:** 1 Lm, wenden, je 1 fM in die ersten 8 M; mit

Schwarz je 1 fM in die nächsten 3 M; mit Weiß je 1 fM in die letzten 4 M.

**Reihe 7:** Mit Weiß 1 Lm, wenden, je 1 fM in die ersten 4 M; mit Schwarz je 1 fM in die nächsten 3 M; mit Weiß 1 fM in die nächste M, [2 fM zus häkeln] 2-mal, je 1 fM in die letzten 3 M. *(13 fM)*

**Reihe 8:** Mit Weiß 1 Lm, wenden, je 1 fM in die ersten 6 M; mit Schwarz je 1 fM in die nächsten 2 M, 2 fM zus häkeln; die restl M ungehäkelt lassen. *(9 fM)*

**Reihe 9:** Mit Schwarz 1 Lm, wenden, je 1 fM in die ersten 2 M; mit Weiß je 1 fM in die nächsten 7 M. Das schwarze Garn befestigen und nur mit dem weißen Garn weiterhäkeln.

**Reihe 10:** 1 Lm, wenden, 2 fM zus häkeln, je 1 fM in die nächsten 5 M, 2 fM zus häkeln. *(7 fM)*

**Reihe 11:** 1 Lm, wenden, je 1 fM in jede M häkeln.

Garn befestigen

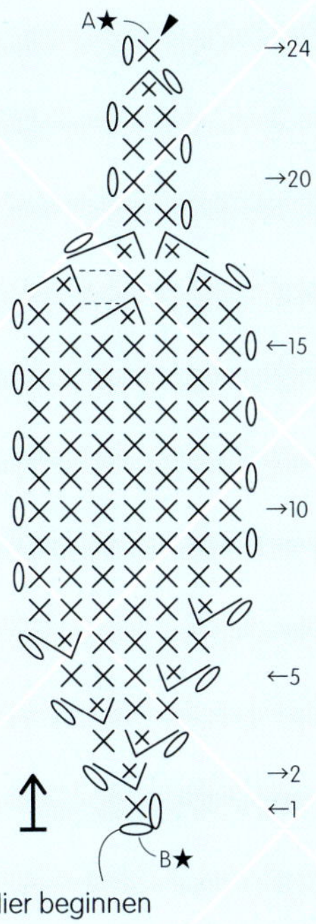

Hier beginnen

## Hinterkopf

Mit dem weißen Garn 2 Lm häkeln.

**Reihe 1:** 1 fM in die 2. M von der Nadel. *(1 fM)*

**Reihe 2:** 1 Lm, wenden, 1 fM zun in der M. *(2 fM)*

**Reihe 3:** 1 Lm, wenden, 1 fM zun in der 1. M, 1 fM in die letzte M häkeln. *(3 fM)*

**Reihe 4:** 1 Lm, wenden, 1 fM zun in der 1. M, je 1 fM in die nächsten 2 M häkeln. *(4 fM)*

**Reihe 5:** 1 Lm, wenden, 1 fM zun in der 1. M, je 1 fM in die nächsten 3 M häkeln. *(5 fM)*

**Reihe 6:** 1 Lm, wenden, 1 fM zun in der 1. M, je 1 fM in die nächsten 4 M häkeln. *(6 fM)*

**Reihe 7:** 1 Lm, wenden, 1 fM zun in der 1. M, je 1 fM in die nächsten 5 M häkeln. *(7 fM)*

**Reihe 8–15:** 1 Lm, wenden, je 1 fM in jede M häkeln.

**Reihe 16:** 1 Lm, wenden, je 1 fM in die ersten 2 M, 2 fM zus häkeln, je 1 fM in die letzten 3 M. *(6 fM)*

**Reihe 17:** 1 Lm, wenden, 2 fM zus häkeln, je 1 fM in die nächsten 2 M, 2 fM zus häkeln. *(4 fM)*

**Reihe 18:** 1 Lm, wenden, [2 fM zus häkeln] 2-mal. *(2 fM)*

**Reihe 19–22:** 1 Lm, wenden, je 1 fM in jede M häkeln.

**Reihe 23:** 1 Lm, wenden, 2 fM zus häkeln. *(1 fM)*

**Reihe 24:** 1 Lm, wenden, 1 fM in die M häkeln.

Garn befestigen und einen langen Faden zum Annähen stehenlassen.

## Bauchteil

Mit dem weißen Garn und der größeren Häkelnadel 2 Lm häkeln.

**Reihe 1:** 1 fM zun in der 2. Lm von der Nadel. *(2 fM)*

**Reihe 2:** 1 Lm, wenden, 1 fM zun in der 1. M, 1 fM in die letzte M häkeln. *(3 fM)*

**Reihe 3:** 1 Lm, wenden, 1 fM in die 1. M, 1 fM zun in der 2. M, 1 fM in die letzte M häkeln. *(4 fM)*

**Reihe 4:** 1 Lm, wenden, 1 fM in die 1. M, 1 fM zun in der nächsten M, je 1 fM in die letzten 2 M. *(5 fM)*

**Reihe 5–20:** 1 Lm, wenden, je 1 fM in jede M häkeln.

**Reihe 21:** 1 Lm, wenden, je 1 fM in die ersten 2 M, 2 fM zus häkeln, 1 fM in die letzte M. *(4 fM)*

**Reihe 22:** 1 Lm, wenden, je 1 fM in jede M häkeln.

**Reihe 23:** 1 Lm, wenden, 1 fM in die 1. M, 2 fM zus häkeln, 1 fM in die letzte M häkeln; am Ende der Reihe zu Schwarz wechseln. *(3 fM)*

Das weiße Garn befestigen und nur mit dem schwarzen weiterhäkeln.

**Reihe 24:** 1 Lm, wenden, 1 fM in die 1. M, 2 fM zus häkeln. *(2 fM)*

**Reihe 25:** 1 Lm, wenden, 2 fM zus häkeln. *(1 fM)*

**Reihe 26:** 1 Lm, wenden, 1 fM in die M häkeln.

Garn befestigen.

### Erstes Hinterbein

**Anmerkung:** Das erste Hinterbein wird entlang des rechten Randes des Bauchteils gehäkelt. Siehe Position im Diagramm für den Bauchteil.

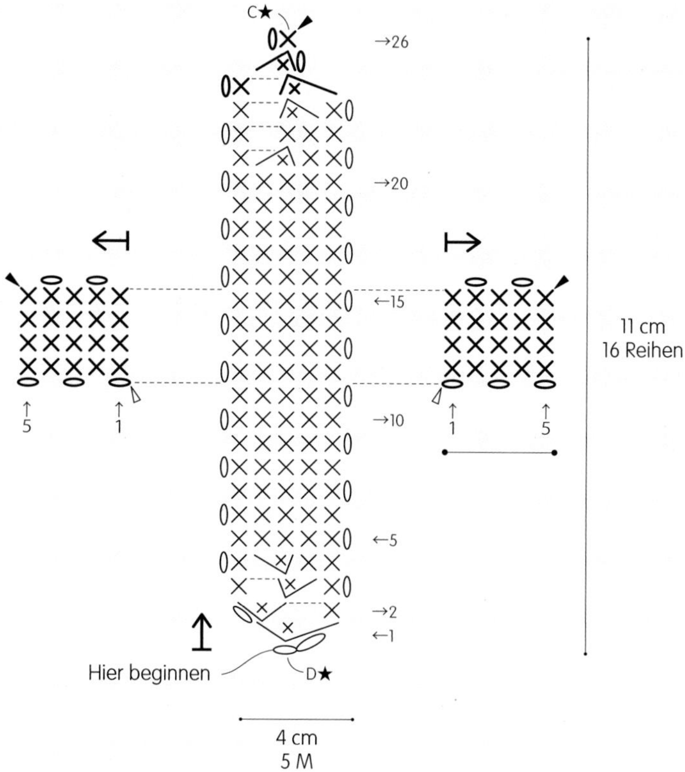


Mit der größeren Nadel das schwarze Garn am Ende der 12. Reihe des Bauchteils (Vorderseite nach oben) einhäkeln.

**Reihe 1 (Vorderseite):** 1 Lm, je 1 fM in Randmaschen von R 12–15. *(4 fM)*

**Reihe 2–5:** 1 Lm, wenden, je fM in jede M häkeln.

Garn befestigen.

### Zweites Hinterbein

**Anmerkung:** Das zweite Hinterbein wird entlang des linken Randes des Bauchteils gehäkelt. Siehe Position im Diagramm für den Bauchteil.

Mit der größeren Nadel das schwarze Garn am Anfang der 12. Reihe des Bauchteils (Rückseite nach oben) einhäkeln.

**Reihe 1 (Rückseite):** 1 Lm, je 1 fM in Randmaschen von R 12–15. *(4 fM)*

**Reihe 2–5:** 1 Lm, wenden, je fM in jede M.

Garn befestigen.

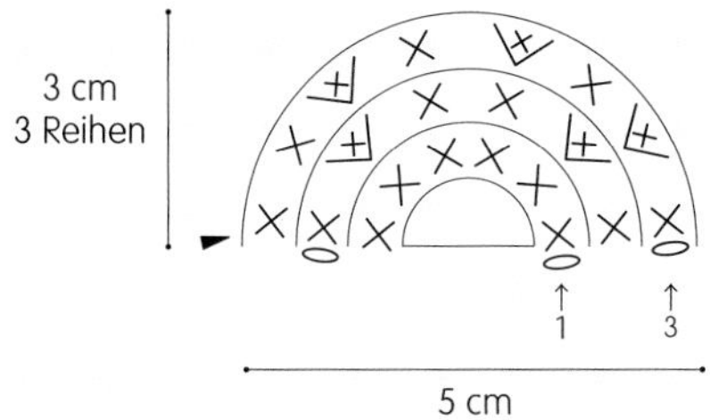


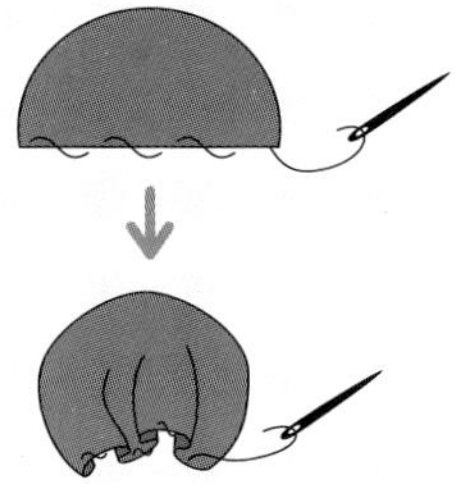

## Ohren

(2-mal häkeln)

Mit dem schwarzen Garn Fadenring zum Rundhäkeln bilden.

**Reihe 1:** 1 Lm, 6 fM in den Ring häkeln und die Runde nicht mit 1 Km beenden. Nicht in Runden, sondern in Hin- und Rückreihen arbeiten. *(6 fM)*

**Reihe 2:** 1 Lm, wenden, 1 fM in die 1. M, 1 fM zun in der nächsten M, je 1 fM in die nächsten 2 M, 1 fM zun in der nächsten M, 1 fM in die letzte M. *(8 fM)*

**Reihe 3:** 1 Lm, wenden, 1 fM in die 1. M, [1 fM zun in der nächsten M, 1 fM in die nächste M] 3-mal, 1 fM in die letzte M. *(11 fM)*

Das Garn befestigen und einen langen Faden zum Formen und Annähen des Ohrs stehenlassen.

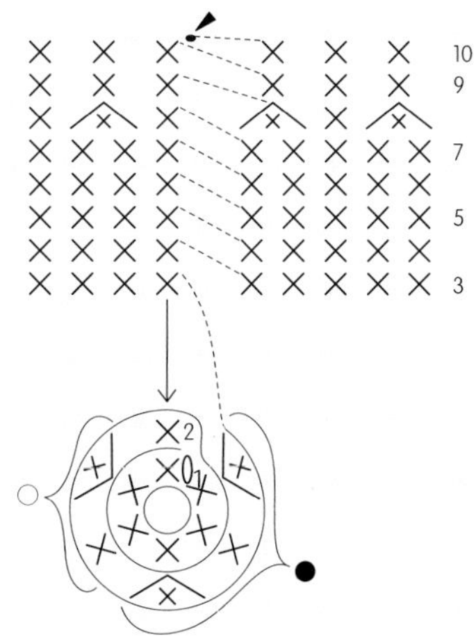

## Vorderbeine

(2-mal häkeln)

Mit dem schwarzen Garn einen Fadenring zum Rundhäkeln bilden.

**Runde 1:** 1 Lm, 6 fM in den Ring häkeln; nicht mit 1 Km in der Anfangs-Lm verbinden, sondern durchgehend in Spiralen häkeln. *(6 fM)*

Befestigen Sie einen Maschenmarkierer an der letzten M, um das Ende der Runde zu markieren. Bewegen Sie den Maschenmarkierer mit jeder fertiggestellten Runde nach oben.

**Runde 2:** 1 fM in die nächste M (die 1. M aus Rd 1), 1 fM zun in der nächsten M, [1 fM in die nächste M, 1 fM zun in der nächsten M] 2-mal. *(9 fM)*

**Runde 3–7:** Je 1 fM in jede M häkeln.

**Runde 8:** [1 fM in die nächste M, 2 fM zus häkeln] 3-mal. *(6 fM)*

**Runde 9 und 10:** Je 1 fM in jede M häkeln.

Das Garn befestigen und einen langen Faden zum Annähen des Vorderbeins an den Körper stehenlassen.

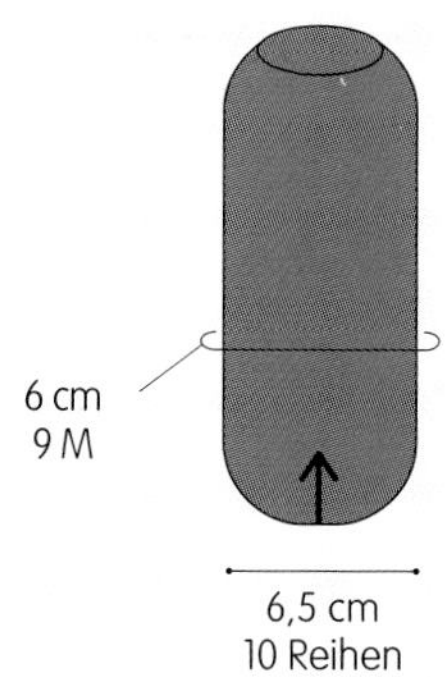

# Mäulchen

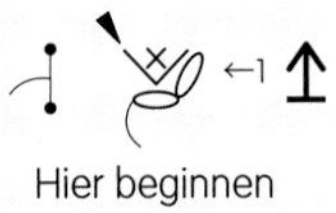


Mit dem schwarzen Garn und der kleineren Häkelnadel 2 Lm häkeln.

**Reihe 1:** 1 fM zun in der 2. Lm von der Nadel. *(2 fM)*

Das Garn befestigen und einen langen Faden stehenlassen, damit Sie das Mäulchen an das Gesicht annähen und Gesichtsdetails sticken können.

# Schwänzchen

Mit dem weißen Garn und der größeren Häkelnadel einen Fadenring zum Rundhäkeln machen.

**Runde 1:** 1 Lm, 6 fM in den Ring häkeln und diesen mit 1 Km in der Anfangs-Lm schließen. *(6 fM)*

Das Garn befestigen und einen langen Faden zum Annähen des Schwänzchens an den Körper stehenlassen.

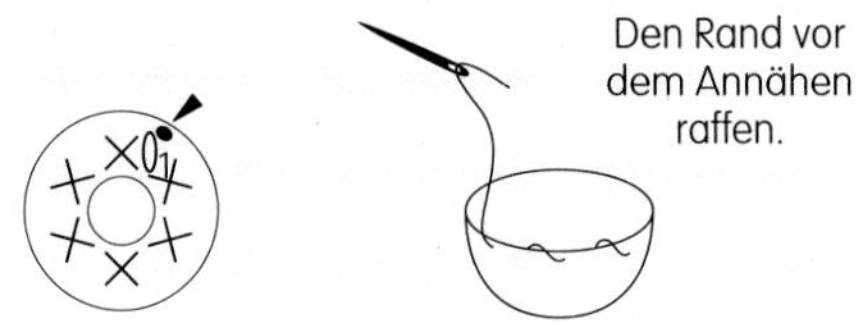


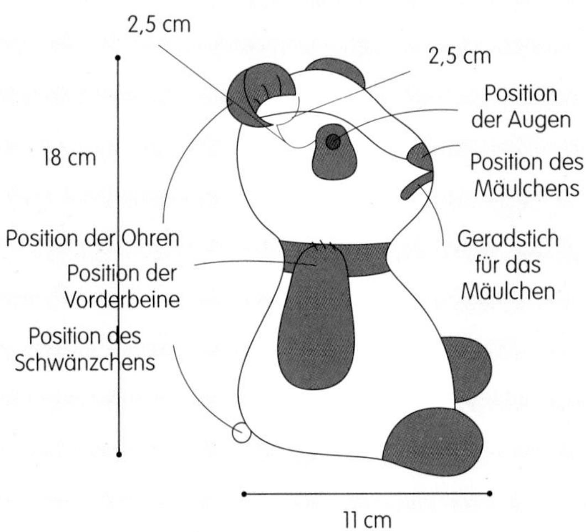


# Die Einzelteile zusammennähen

Befestigen Sie die Knöpfe (mit Nähgarn und Nadel) oder die Sicherheitsaugen an den Seitenteilen des Körpers, wie auf dem Diagramm gezeigt. Legen Sie die Punkte A, B, C und D (auf den Diagrammen mit Sternchen eingezeichnet) von Seitenteilen, Bauchteil und Hinterkopf aufeinander, nähen Sie sie mit dem Überwendlingsstich mit passendem Garn zusammen und füllen Sie die Figur, bevor Sie die Näharbeiten beendet haben. Füllen Sie die Vorderbeine und verwenden Sie einen langen Faden, um die Öffnung zu schließen und sie an die Seiten des Körpers anzunähen. Verwenden Sie das restliche Garn an den Ohren, um diese zu raffen, wie auf der Abbildung gezeigt, und nähen Sie sie mit dem Überwendlingsstich oben an dem Kopf an. Nehmen Sie die Enden des Schwänzchens zusammen und nähen sie es hinten am Körper an. Nähen Sie dann das Mäulchen an der Nasenspitze an. Verwenden Sie das Garnende des Mäulchens (oder einen anderen kurzen, schwarzen Faden), um den Mund im Geradstich unter die Nase zu sticken. Orientieren Sie sich dabei am Foto. Vernähen Sie die Enden.

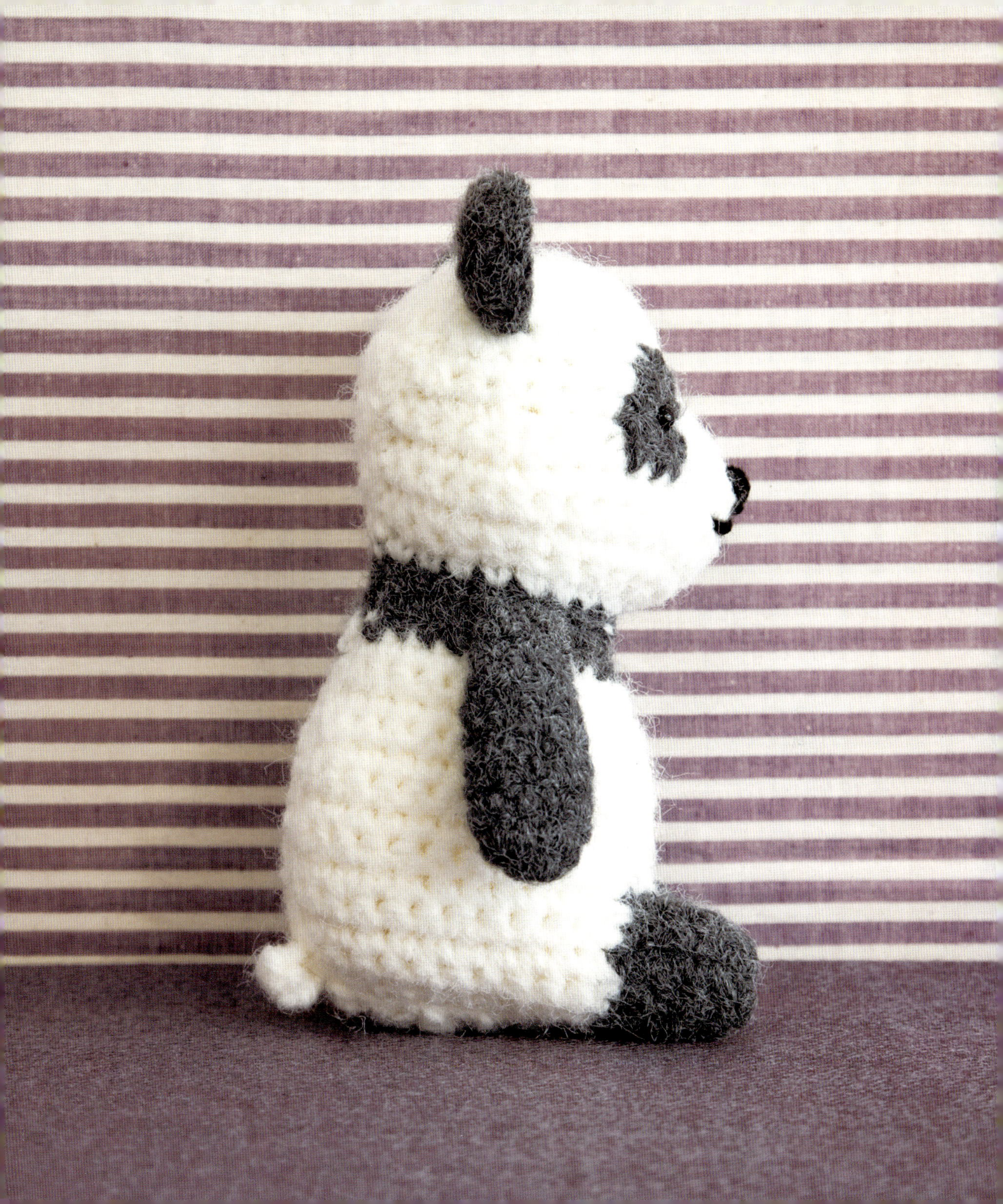

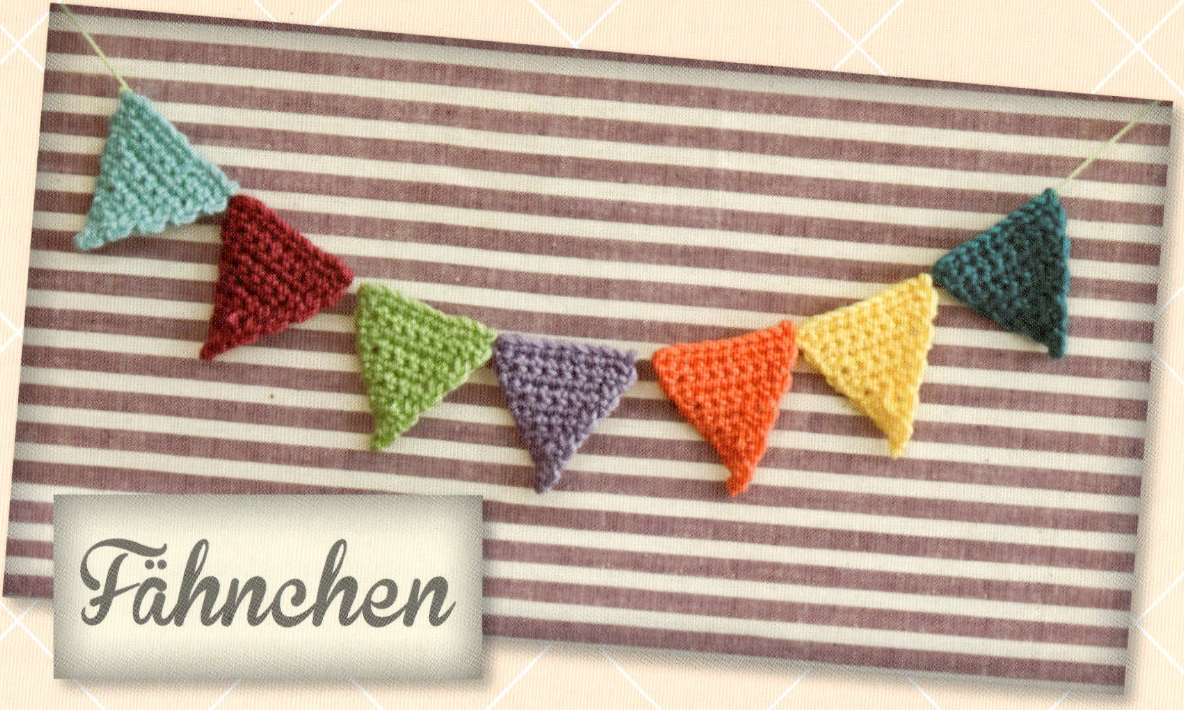

# Fähnchen

## Material

- Feines Garn (Gemisch aus Wolle und Acryl) in Mintblau, Weinrot, Limettengrün, Lavendel, sattem Orange, Gelb, und Petrol, je 5,5 m (2 g)

## Handarbeitszeug

- Häkelnadel, 3,25 mm
- Stick- oder Garnnadel

## Abmessungen

Die fertige Größe eines Fähnchens beträgt 4,5 cm x 4,5 cm.

## Verwendete Maschen

**Häkeln:** Luftmasche (Lm), feste Masche (fM), einfache Abnahme (2 fM zus häkeln) und Kettmasche (Km)
**Nähen:** Überwendlingsstich. (Siehe Seiten 10–17 für detailliertere Anleitungen.)

## Anmerkungen zum Muster

Alle Abmessungen sind geschätzt und variieren je nach Spannung und Garnwahl.

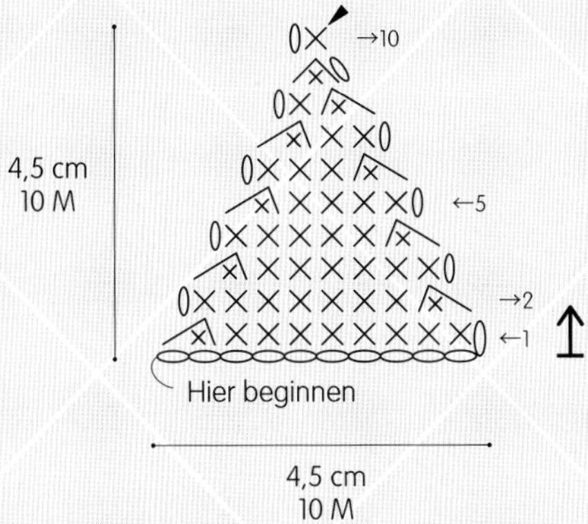


## Dreieckige Flagge

(7-mal in den gewünschten Farben häkeln)

Mit 2 Fäden 11 Lm häkeln.

**Runde 1 (Vorderseite):** Je 1 fM in die 2. Lm von der Nadel und in die nächsten 7 Lm, 2 fM zus häkeln. *(9 fM)*

**Runde 2:** 1 Lm, wenden, je 1 fM in die ersten 7 M, 2 fM zus häkeln. *(8 fM)*

**Runde 3:** 1 Lm, wenden, je 1 fM in die ersten 6 M, 2 fM zus häkeln. *(7 fM)*

**Runde 4:** 1 Lm, wenden, je 1 fM in die ersten 5 M, 2 fM zus häkeln. *(6 fM)*

**Runde 5:** 1 Lm, wenden, je 1 fM in die ersten 4 M, 2 fM zus häkeln. *(5 fM)*

**Runde 6:** 1 Lm, wenden, je 1 fM in die ersten 3 M, 2 fM zus häkeln. *(4 fM)*

**Runde 7:** 1 Lm, wenden, je 1 fM in die ersten 2 M, 2 fM zus häkeln. *(3 fM)*

**Runde 8:** 1 Lm, wenden, 1 fM in die 1. M, 2 fM zus häkeln. *(2 fM)*

**Runde 9:** 1 Lm, wenden, 2 fM zus häkeln. *(1 fM)*

**Runde 10:** 1 Lm, wenden, 1 fM in die M häkeln.

Garn befestigen.

## Die Einzelteile zusammennähen

Nähen Sie mit dem limettengrünen Garn und einer Sticknadel die Flaggen auf einen Faden, indem Sie die oberen Kanten nur an den hinteren Schlingen annähen. Die Enden vernähen.

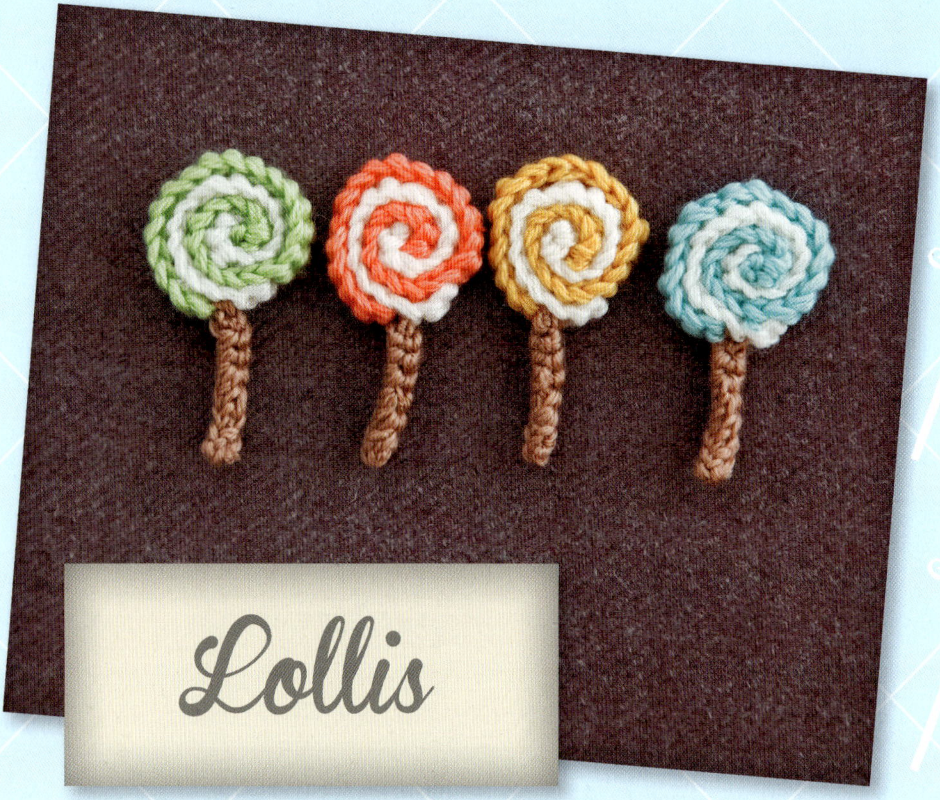

# Lollis

## Material

- Feines Garn (Gemisch aus Wolle und Acryl) in Gelb, Mintblau, Limettengrün oder Pink, je 4 m (1 g)
- Feines Garn (Gemisch aus Wolle und Acryl) in Weiß, 4 m (1 g)
- Feines Garn (Gemisch aus Wolle und Acryl) in Braun, 4 m (1 g)

## Abmessungen

Die fertige Größe eines Lollis beträgt 3 cm x 5,5 cm.

## Handarbeitszeug

- Häkelnadel, 3,25 mm
- Stick- oder Garnnadel

## Verwendete Maschen

**Häkeln:** Luftmasche (Lm), feste Masche (fM) und Kettmasche (Km). **Nähen:** Überwendlingsstich. (Siehe Seiten 10–17 für detailliertere Anleitungen.)

## Anmerkungen zum Muster

Alle Abmessungen sind geschätzt und variieren je nach Spannung und Garnwahl.

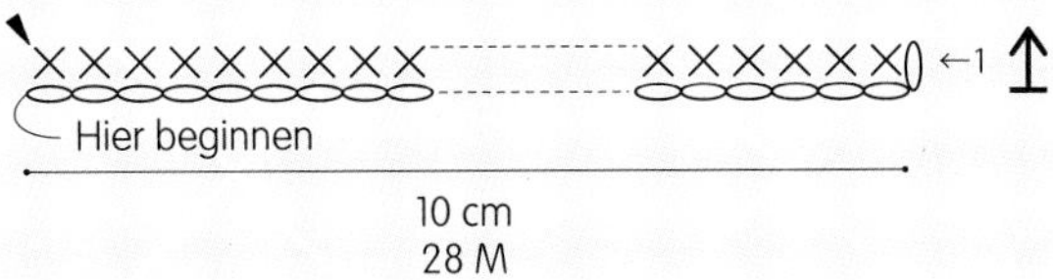


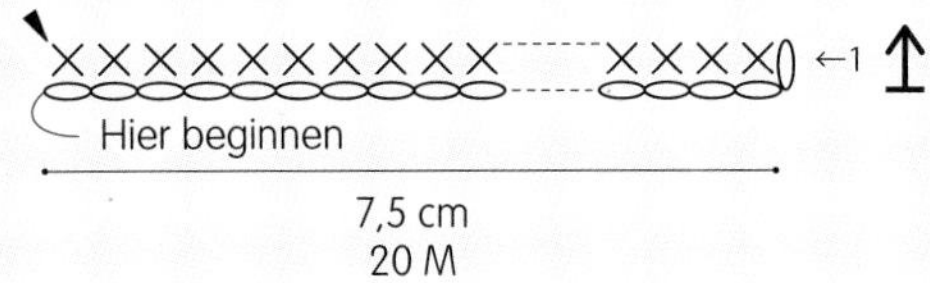


## Äußerer Bonbon-Wirbel

Mit 2 Fäden in Gelb, Mintblau, Limettengrün oder Pink 29 Lm häkeln.

**Reihe 1:** Je 1 fM in die 2. Lm von der Nadel und in jede weitere Lm häkeln. *(28 fM)*

Garn befestigen und einen langen Faden zum Nähen stehenlassen.

## Innerer Bonbon-Wirbel

Mit 2 Fäden in Weiß 21 Lm häkeln.

**Reihe 1:** Je 1 fM in die 2. Lm von der Nadel und in jede weitere Lm häkeln. *(20 fM)*

Garn befestigen und einen langen Faden zum Nähen stehenlassen.

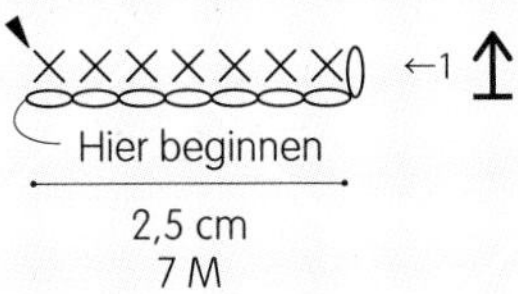


## Stäbchen

Mit 2 braunen Fäden 8 Lm häkeln.

**Reihe 1:** Je 1 fM in die 2. Lm von der Nadel und in jede weitere Lm häkeln. *(7 fM)*

Garn befestigen und einen langen Faden zum Nähen stehenlassen. Das Stäbchen der Länge nach in der Mitte zusammenlegen und entlang der langen Kanten zusammennähen.

## Die Einzelteile zusammennähen

Den inneren auf den äußeren Bonbon-Wirbel legen, sodass die langen Fäden bei beiden an derselben Seite herauskommen und der innere Wirbel etwa 1 cm hinter dem äußeren liegt. Rollen Sie das Stück von dem Ende ohne Fäden, ausgehend in Richtung der Enden mit den Fäden, ein. Fädeln Sie den Faden des äußeren Wirbels in eine Nähnadel und führen Sie diese einige Male geradewegs durch das eingerollte Werkstück wie in der Abbildung gezeigt, um die Wirbel zu befestigen. Wiederholen Sie diesen Vorgang mit dem Garn des inneren Wirbels. Nähen Sie das Stäbchen dort, wo der äußere Wirbel endet, mit einem kurzen Ende an den Wirbeln an.

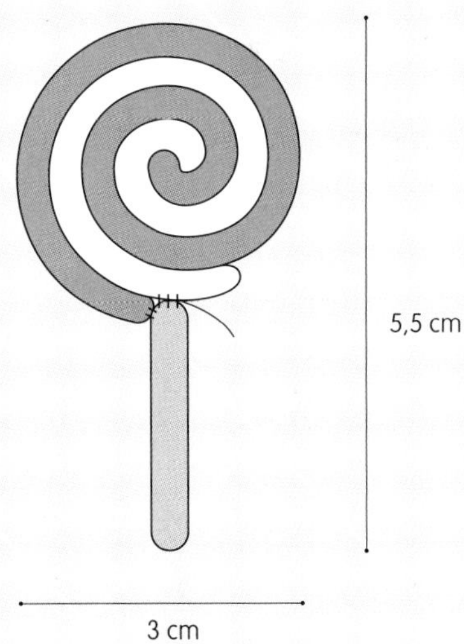

# Mi & Ma, die Raupenkinder

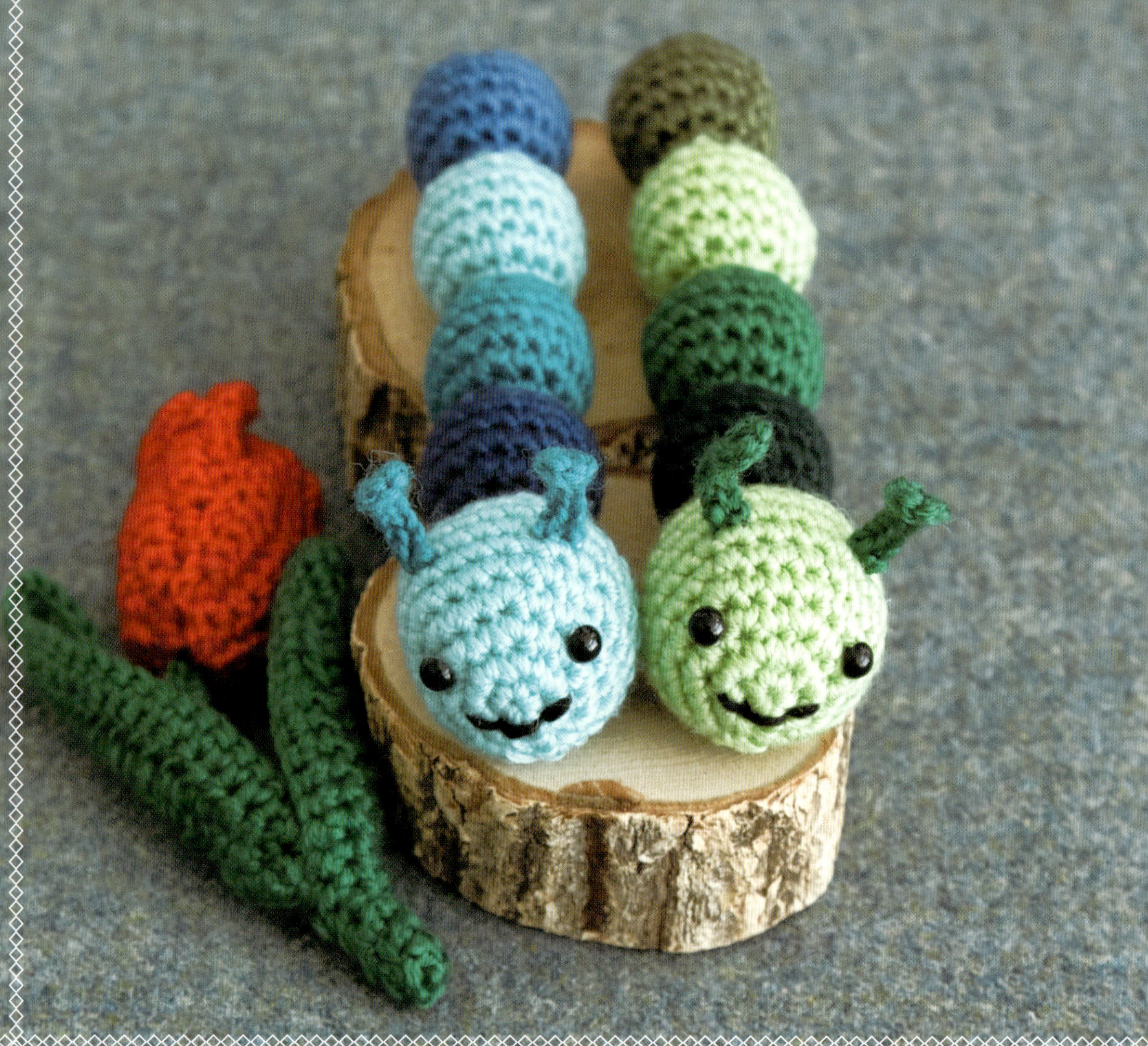

## Material

**Für die blaue Raupe**

- Feines Garn (Gemisch aus Wolle und Acryl) in Mintblau, 27,5 m (7 g)
- Feines Garn (Gemisch aus Wolle und Acryl) in Himmelblau, 15 m (4 g)
- Feines Garn (Gemisch aus Wolle und Acryl) in Marineblau, 11 m (3 g)
- Feines Garn (Gemisch aus Wolle und Acryl) in Blau, 11 m (3 g)

**Für die grüne Raupe**

- Feines Garn (Gemisch aus Wolle und Acryl) in Limettengrün, 27,5 m (7 g)
- Feines Garn (Gemisch aus Wolle und Acryl) in Grün, 15 m (4 g)
- Feines Garn (Gemisch aus Wolle und Acryl) in Dunkelgrün, 11 m (3 g)
- Feines Garn (Gemisch aus Wolle und Acryl) in Graugrün, 11 m (3 g)

**Für jede Raupe**

- Feines Garn (Gemisch aus Wolle und Acryl) in Schwarz, kleine Menge
- Füllwatte
- 2 schwarze Knöpfe oder Sicherheitsaugen, 6 mm Durchmesser

## Handarbeitszeug

- Häkelnadel, 3,25 mm
- Nähnadel und Nähseide (falls Sie Knöpfe für die Augen verwenden)
- Stick- oder Garnnadel

## Abmessungen

Die fertige Größe einer Raupe beträgt 15 cm x 35 cm.

## Verwendete Maschen

**Häkeln:** Luftmasche (Lm), feste Masche (fM), einfache Abnahme (2 fM zus häkeln), einfache Zunahme (1 fM zun) und Kettmasche (Km). **Nähen:** Überwendlingsstich (Siehe Seiten 10–17 für detailliertere Anleitungen.)

## Anmerkungen zum Muster

1. Alle Abmessungen sind geschätzt und variieren je nach Spannung und Garnwahl.
2. Wenn Sie dazu angewiesen werden, in der ersten (zweiten) Farbe zu häkeln, verwenden Sie die Farbe, die als erstes (zweites) in der Materialliste für die Raupe, die Sie häkeln, aufgelistet ist.
3. Alle Einzelstücke werden mit durchgehend 2 Fäden gehäkelt.
4. Eine Raupe besteht aus 7 Teilen: 1 Kopf, 4 Körperteile und 2 Fühler. Die Einzelteile werden am Ende zusammengenäht.

## Kopf

Mit 2 Fäden der ersten Farbe einen Fadenring zum Rundhäkeln bilden.

**Runde 1 (Vorderseite):** 6 fM in den Ring häkeln; Rd mit 1 Km in die 1. M schließen. *(6 fM)*

**Runde 2:** 1 Lm, je 1 fM zun in jeder M; Rd mit 1 Km in die 1. M schließen. *(12 fM)*

**Runde 3:** 1 Lm, 1 fM in die Verbindungs-M, 1 fM zun in der nächsten M, * 1 fM in die nächste M, 1 fM zun in der nächsten M; ab * bis zum Ende der Rd wiederholen; Rd mit 1 Km in die 1. M schließen. *(18 fM)*

**Runde 4:** 1 Lm, 1 fM in die Verbindungs-M, 1 fM in die nächste M, 1 fM zun in der nächsten M, * 1 fM in die nächsten 2 M, 1 fM zun in der nächsten M; ab * bis zum Ende der Rd wiederholen; Rd mit 1 Km in die 1. M schließen. *(24 fM)*

**Runde 5–8:** 1 Lm, je 1 fM in jede M häkeln; Rd mit 1 Km in 1. M schließen.

**Runde 9:** 1 Lm, 1 fM in die Verbindungs-M, 1 fM in die nächste M, 2 fM zus häkeln, * 1 fM in die nächsten 2 M, 2 fM zus häkeln; ab * bis zum Ende der Rd wiederholen; Rd mit 1 Km in die 1. M schließen. *(18 fM)*

**Runde 10:** 1 Lm, 1 fM in die Verbindungs-M, 2 fM zus häkeln, * 1 fM in die nächste M, 2 fM zus häkeln; ab * bis zum Ende der Rd wiederholen; Rd mit 1 Km in die 1. M schließen. *(12 fM)*

**Runde 11:** 1 Lm, [2 fM zus häkeln] 6-mal; Rd mit 1 Km in die 1. M schließen. *(6 fM)*

Garn befestigen und einen langen Faden stehenlassen.

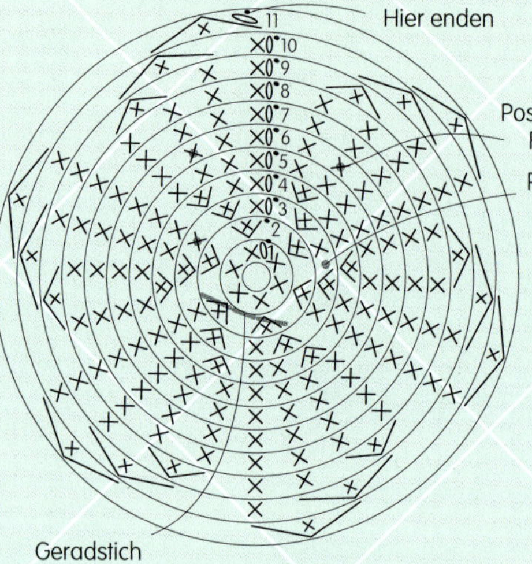


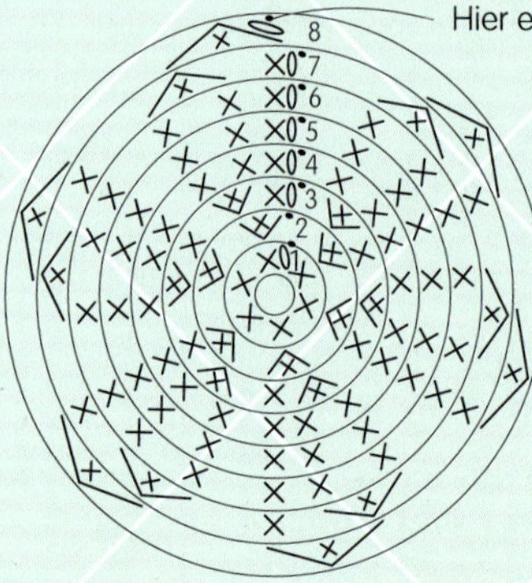


## Körper

(4-mal häkeln)

**Anmerkung:** Je 1 in jeder der 4 Farben häkeln.

Mit 2 Fäden einen Fadenring zum Rundhäkeln bilden.

**Runde 1 (Vorderseite):** 6 fM in den Ring häkeln; Rd mit 1 Km in die 1. M schließen. *(6 fM)*

**Runde 2:** 1 Lm, je 1 fM zun in jeder M; Rd mit 1 Km in die 1. M schließen. *(12 fM)*

**Runde 3:** 1 Lm, 1 fM in die Verbindungs-M, 1 fM zun in der nächsten M, * 1 fM in die nächste M, 1 fM zun in der nächsten M; ab * bis zum Ende der Rd wiederholen; Rd mit 1 Km in die 1. M schließen. *(18 fM)*

**Runde 4–6:** 1 Lm, je 1 fM in jede M häkeln; Rd mit 1 Km in 1. M schließen.

**Runde 7:** 1 Lm, 1 fM in die Verbindungs-M, 2 fM zus häkeln, * 1 fM in die nächste M, 2 fM zus häkeln; ab * bis zum Ende der Rd wiederholen; Rd mit 1 Km in die 1. M schließen. *(12 fM)*

**Runde 8:** 1 Lm, [2 fM zus häkeln] 6-mal; Rd mit 1 Km in die 1. M schließen. *(6 fM)*

Garn befestigen und einen langen Faden stehenlassen.

## Fühler

(2-mal häkeln)

Mit der 2. Farbe 11 Lm häkeln.

**Reihe 1:** Je 1 Km in die 6. Lm von der Nadel und die nächsten 5 Lm. *(6 Km)*

Das Garn befestigen und einen langen Faden zum Annähen der Fühler an den Kopf stehenlassen.

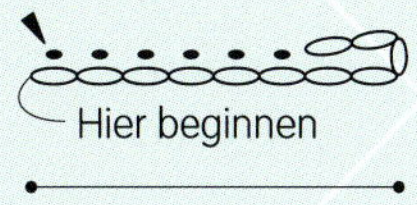


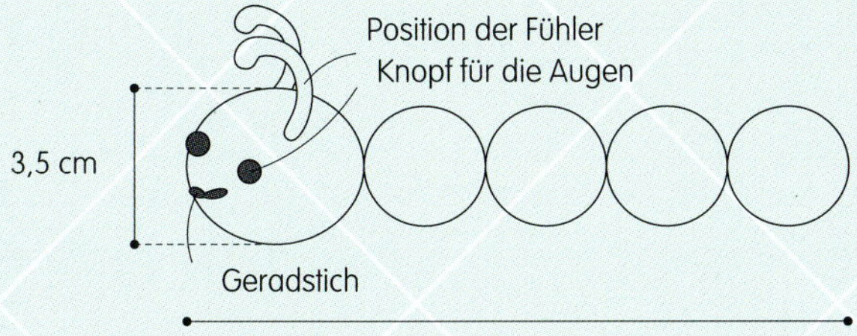


## Die Einzelteile zusammennähen

Bringen Sie die Knöpfe (mit Nähseide und Nähnadel) oder die Sicherheitsaugen vorne am Kopf an.

Füllen Sie den Kopf und jeden Körperteil. Ordnen Sie die Einzelteile gerade hintereinander in der folgenden Reihenfolge an:

**Blaue Raupe:** Mintblauer Kopf, marineblauer Körperteil, mintblauer Körperteil, himmelblauer Körperteil, blauer Körperteil.

**Grüne Raupe:** Limettengrüner Kopf, dunkelgrüner Körperteil, grüner Körperteil, limettengrüner Körperteil, graugrüner Körperteil.

Verwenden Sie die Fäden an den Einzelteilen, um einen Teil an den nächsten anzunähen.

Nähen Sie die Fühler oben an den Kopf. Orientieren Sie sich am Foto, um den Mund mit einem Geradstich unter den Augen aufzusticken, und vernähen Sie die Enden.

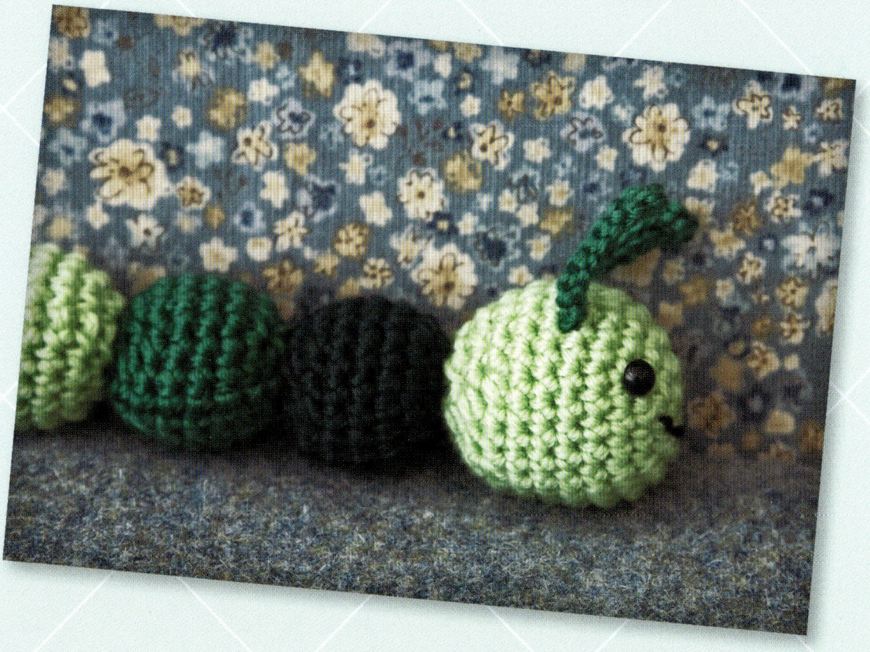

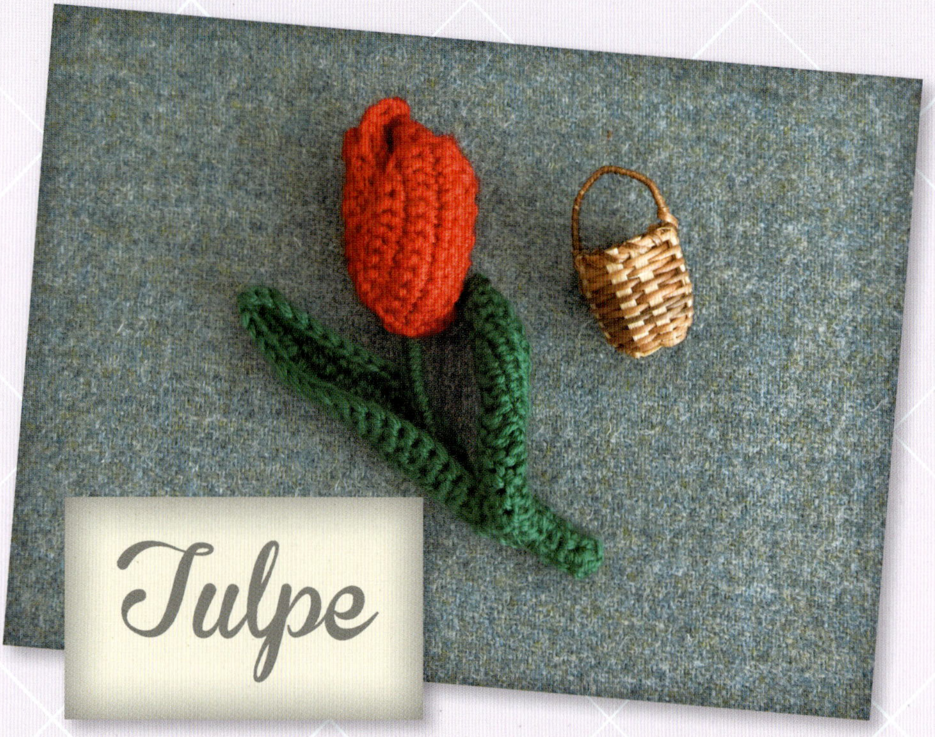

# Tulpe

## Material

- Feines Garn (Gemisch aus Wolle und Acryl) in Rot, 38,5 m (10 g)
- Feines Garn (Gemisch aus Wolle und Acryl) in Grün, 15,5 m (4 g)
- 10 cm Blumendraht

## Abmessungen

Die fertige Größe einer Tulpe beträgt 5 cm x 13 cm.

## Handarbeitszeug

- Häkelnadel, 3,25 mm
- Stick- oder Garnnadel

## Verwendete Maschen

**Häkeln:** Luftmasche (Lm), Stäbchen (Stb), halbes Stäbchen (hStb), feste Masche (fM), einfache Abnahme (2 fM zus häkeln), einfache Zunahme (1 fM zun) und Kettmasche (Km). **Nähen:** Überwendlingsstich. (Siehe Seiten 10–17 für detailliertere Anleitungen.)

## Anmerkungen zum Muster

1. Alle Abmessungen sind geschätzt und variieren je nach Spannung und Garnwahl.
2. Eine Tulpe besteht aus 4 Teilen: Blütenblätter, 2 Blätter und Stängel. Alle Einzelteile werden am Ende zusammengenäht.

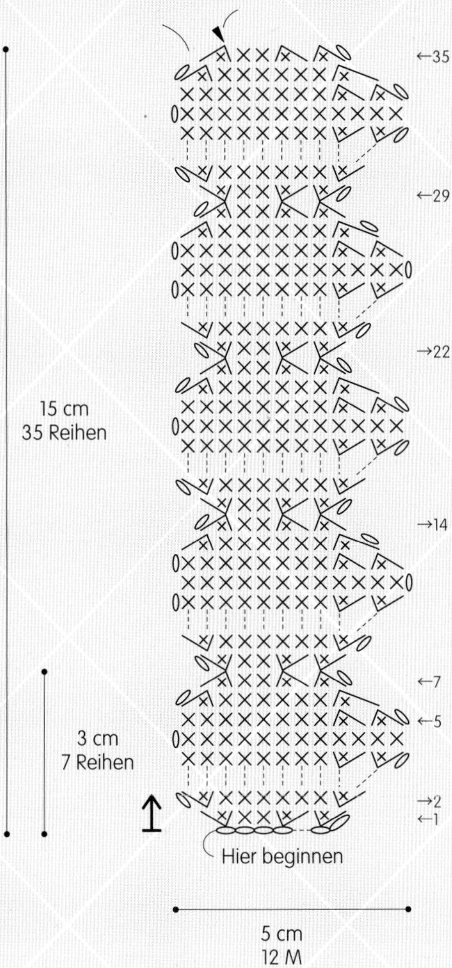


## Blütenblätter

Mit 2 Fäden des roten Garns 6 Lm häkeln.

**Reihe 1 (Vorderseite):** 1 Lm, wenden, je 1 fM zun in der 2. Lm von der Nadel und der nächsten Lm, je 1 fM in die nächsten 2 Lm, 1 fM zun in der letzten Lm. *(8 fM)*

**Reihe 2:** 1 Lm, wenden, 1 fM zun in der 1. M, je 1 fM in die nächsten 6 M, 1 fM zun in der letzten M. *(10 fM)*

**Reihe 3:** 1 Lm, wenden, je 1 fM zun in den ersten 2 M, je 1 fM in die restl M häkeln. *(12 fM)*

**Reihe 4:** 1 Lm, wenden, je 1 fM in jede M häkeln.

**Reihe 5:** 1 Lm, wenden, [2 fM zus häkeln] 2-mal, je 1 fM in die restl M häkeln. *(10 fM)*

**Reihe 6:** 1 Lm, wenden, 2 fM zus häkeln, je 1 fM in die nächsten 6 M, 2 fM zus häkeln. *(8 fM)*

**Reihe 7:** 1 Lm, wenden, [2 fM zus häkeln] 2-mal, je 1 fM in die nächsten 2 M, 2 fM zus häkeln. *(5 fM)*

**Reihe 8:** 1 Lm, wenden, 1 fM zun in der 1. M, je 1 fM in die nächsten 2 M, je 1 fM zun in den letzten 2 M. *(8 fM)*

**Reihe 9:** 1 Lm, wenden, 1 fM zun in der 1. M, je 1 fM in die nächsten 6 M, 1 fM zun in der letzten M. *(10 fM)*

**Reihe 10:** 1 Lm, wenden, je 1 fM in jede M bis zu den letzten 2 M, je 1 fM zun in den letzten 2 M. *(12 fM)*

**Reihe 11:** 1 Lm, wenden, je 1 fM in jede M häkeln.

**Reihe 12:** 1 Lm, wenden, je 1 fM in jede M bis zu den letzten 4 M, [2 fM zus häkeln] 2-mal. *(10 fM)*

**Reihe 13:** 1 Lm, wenden, 2 fM zus häkeln, je 1 fM in die nächsten 6 fM, 2 fM zus häkeln. *(8 fM)*

**Reihe 14:** 1 Lm, wenden, 2 fM zus häkeln, je 1 fM in die nächsten 2 fM, [2 fM zus häkeln] 2-mal. *(5 fM)*

**Reihe 15:** 1 Lm, wenden, je 1 fM zun in den ersten 2 M, je 1 fM in die nächsten 2 M, 1 fM zun in der letzten M. *(8 fM)*

**Reihe 16–29:** Reihe 2–15 wiederholen.

**Reihe 30–35:** Reihe 2–7 wiederholen.

Das Garn abschneiden und einen langen Faden zum Formen und Befestigen des Häkelstücks stehenlassen.

# Blätter

(2-mal häkeln)

Mit 2 Fäden des grünen Garns 19 Lm häkeln.

**Runde 1:** 1 fM in die 2. Lm von der Nadel, 1 fM in die nächste Lm, je 1 hStb in die nächsten 3 Lm, je 1 Stb in die nächsten 6 Lm, je 1 hStb in die nächsten 3 Lm, je 1 fM in die nächsten 3 Lm (1 fM, 2 Lm, 1 fM) in die letzte Lm; entlang der anderen Seite der Anfangs-Lm weiterhäkeln, je 1 fM in die nächsten 3 Lm, je 1 hStb in die nächsten 3 Lm, je 1 Stb in die nächsten 6 Lm, je 1 hStb in die nächsten 3 Lm, je 1 fM in die nächsten 2 Lm, 2 Lm; Rd mit 1 Km in die 1. M schließen. *(36 M und 2 Lm-Ketten)*

**Runde 2:** 1 Lm, [je 1 fM in jede M bis zur nächsten Lm-Kette, (1 fM, 2 Lm, 1 fM) in die Lm-Kette] 2-mal; Rd mit 1 Km in die 1. M schließen. *(40 fM und 2 Lm-Ketten)*

Das Garn befestigen und einen langen Faden zum Annähen der Blätter an die Blütenblätter stehenlassen.

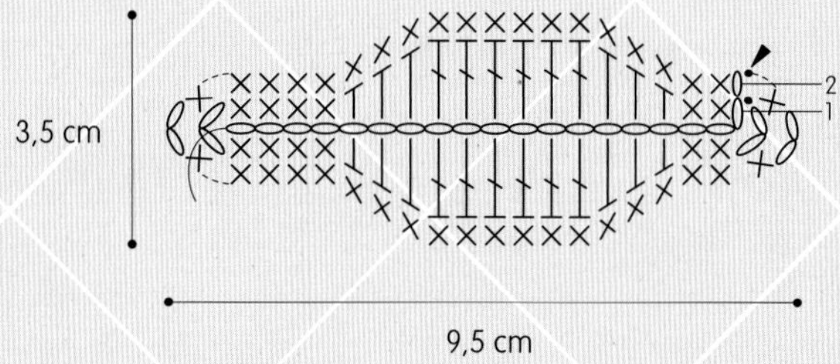


# Stiel

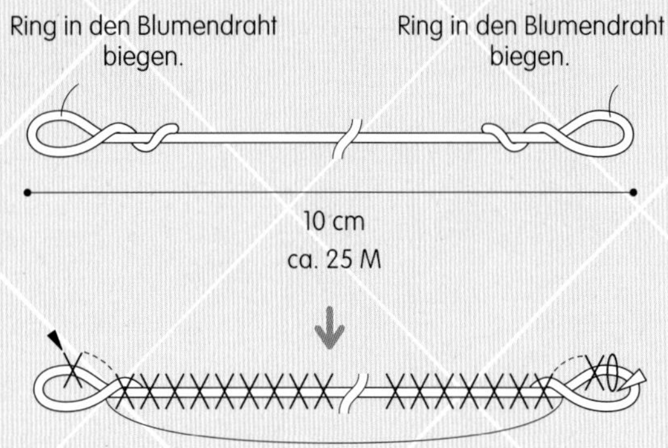


Biegen Sie die Enden des Blumendrahts zu Ringen und achten Sie darauf, dass die Ringe groß genug sind, sodass die Sticknadel hindurchpasst.

Mit 2 Fäden des grünen Garns an einem Ende des Drahts 1 fM in den Ring häkeln und entlang des Drahtes ausreichend fM weiterhäkeln, sodass der Draht vollständig bedeckt ist (ca. 25 fM), 1 fM in das andere Ende des Drahtes häkeln. Die Ringe flachdrücken, um die Maschen an jedem Ende zu befestigen.

## Die Einzelteile zusammennähen

Rollen Sie die Blütenblätter zu einer Tulpenform zusammen. Stecken Sie den Stängel unten an die Blüte und nähen Sie ihn mit dem Überwendlingsstich an. Wickeln Sie ein Ende eines jeden Blattes um den Stiel und nähen Sie es ebenfalls mit dem Überwendlingsstich an. Die Enden vernähen.

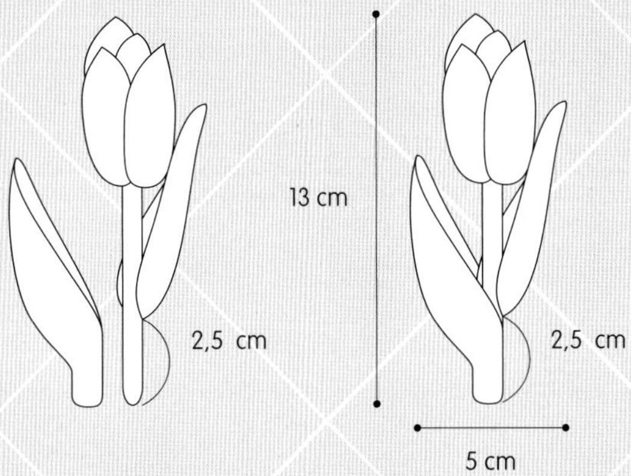

# Familie Pieps

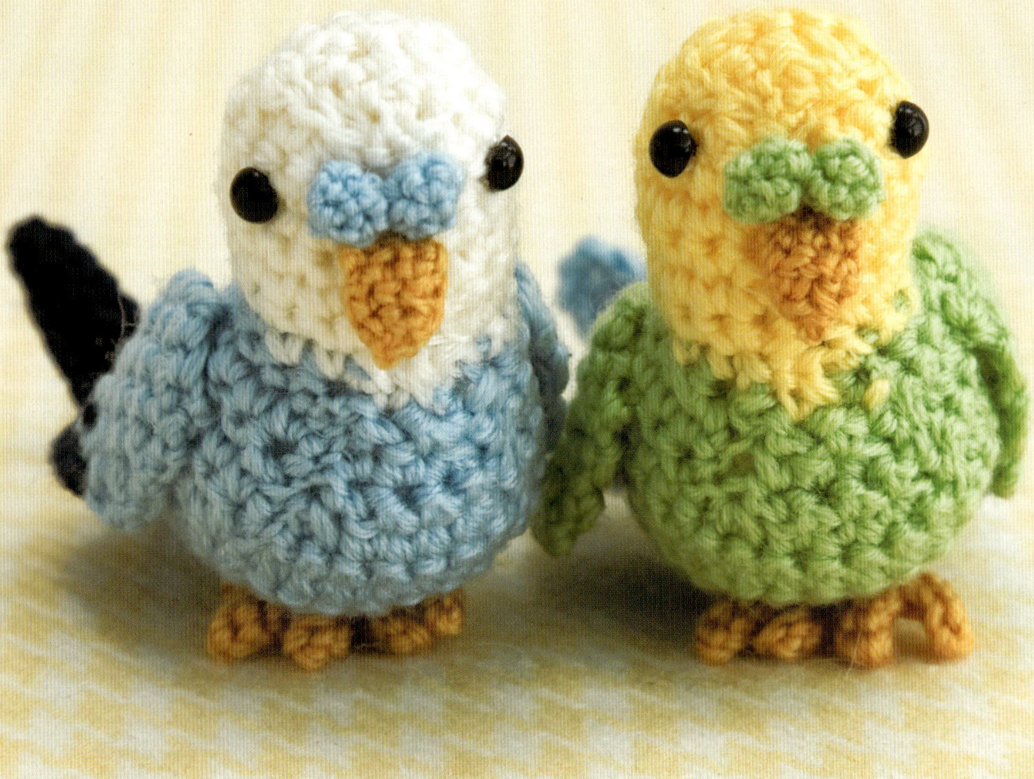

## Material

**Für den gelben Wellensittich**

- Feines Garn (Gemisch aus Wolle und Acryl) in Gelb, 46 m (12 g)
- Feines Garn (Gemisch aus Wolle und Acryl) in Weiß, 11 m (3 g)
- Feines Garn (Gemisch aus Wolle und Acryl) in Senfgelb, 4 m (1 g)

**Für den blauen Wellensittich**

- Feines Garn (Gemisch aus Wolle und Acryl) in Mintblau, 36,5 m (9 g)
- Feines Garn (Gemisch aus Wolle und Acryl) in Weiß, 11 m (3 g)
- Feines Garn (Gemisch aus Wolle und Acryl) in Marineblau, 11 m (3 g)
- Feines Garn (Gemisch aus Wolle und Acryl) in Senfgelb, 4 m (1 g)

**Für den grünen Wellensittich**

- Feines Garn (Gemisch aus Wolle und Acryl) in Grün, 36,5 m (9 g)
- Feines Garn (Gemisch aus Wolle und Acryl) in Gelb, 11 m (3 g)
- Feines Garn (Gemisch aus Wolle und Acryl) in Mintblau, 11 m (3 g)
- Feines Garn (Gemisch aus Wolle und Acryl) in Senfgelb, 4 m (1 g)

**Für jeden Wellensittich**

- Füllwatte
- 2 schwarze Knöpfe oder Sicherheitsaugen, 6 mm Durchmesser

## Handarbeitszeug

- Häkelnadel, 2,25 mm
- Häkelnadel, 3,25 mm
- Nähnadel und Nähseide (falls Sie Knöpfe für die Augen verwenden)
- Stick- oder Garnnadel

## Abmessungen

Die fertige Größe eines Wellensittichs beträgt 13 cm x 7,5 cm.

## Verwendete Maschen

**Häkeln:** Luftmasche (Lm), feste Masche (fM), einfache Abnahme (2 fM zus häkeln), einfache Zunahme (1 fM zun) und Kettmasche (Km). **Nähen:** Überwendlingsstich. (Siehe Seiten 10–17 für detailliertere Anleitungen.)

## Anmerkungen zum Muster

1. Alle Abmessungen sind geschätzt und variieren je nach Spannung und Garnwahl.
2. Um die Farbe zu wechseln, erst die letzte Masche in der alten Farbe bis zum letzten Umschlag häkeln. Umschlag mit der neuen Farbe, diese dann durch alle Schlingen auf der Nadel durchziehen und die Masche fertighäkeln. Mit dem neuen Garn fortfahren und das alte befestigen.
3. Ein Wellensittich besteht aus 13 Teilen: 2 Körper-Seitenteile, 1 Bauchteil, 1 Hinterkopf, 2 Flügel, 1 Schwanz, 2 Wachshäute, 2 Füße und 2 Schnabelteile. Die Einzelteile werden zusammengenäht, um den Wellensittich zu gestalten. Für den Kamm werden oben am Kopf einzelne Fäden angebracht.

# Wellensittich: Schritt für Schritt

Die Grundtechnik, die für den Wellensittich verwendet wird, ist dieselbe wie die beim Dackel, der Vogel ist aber kleiner und einfacher zu häkeln, weshalb er ein gutes Häkelprojekt zum Lernen ist. Hier finden Sie die Fotos der einzelnen Teile und ihre Zusammensetzung. Orientieren Sie sich an den Seiten 148–151 für die Diagramme und die vollständige Anleitung.

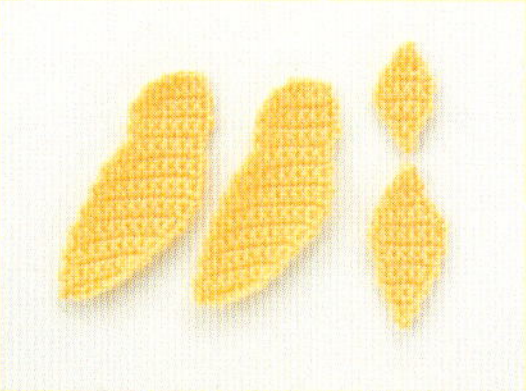

**1** Häkeln Sie zwei Seitenteile für den Körper (wenn gewünscht, andere Farbe für den Kopf verwenden), den Bauch und den Hinterkopf.

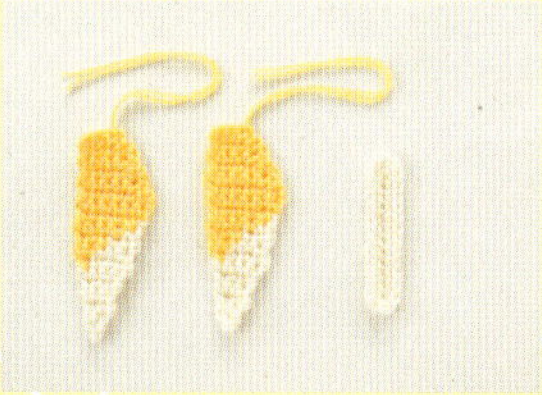

**2** Häkeln Sie 2 Flügel, halten Sie sich dabei an das Muster für den Farbwechsel und lassen Sie Fäden stehen, um die Stücke am Körper anzubringen. Häkeln Sie einen Schwanz aus Luftmaschen und festen Maschen

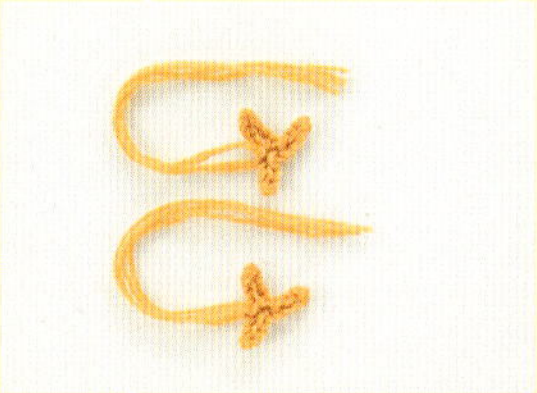

**3** Verwenden Sie Luftmaschen und Kettmaschen, um die Füße zu häkeln und lassen Sie auch hier Fäden zum Annähen stehen.

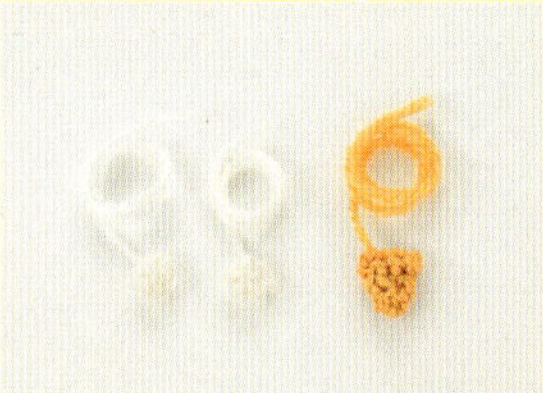

**4** Für die Wachshäute müssen Sie rund häkeln. Häkeln Sie zwei Schnabelteile und nähen Sie sie mit dem Überwendlingsstich zusammen. Fäden zum Annähen stehenlassen.

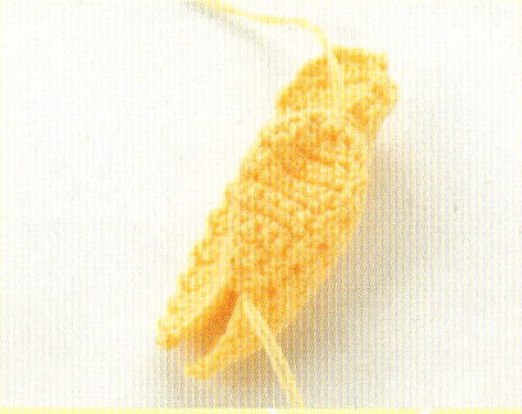

**5** Die beiden Seitenteile des Körpers von Punkt D nach C am Bauch annähen und einen Faden an jedem Ende der Naht stehenlassen.

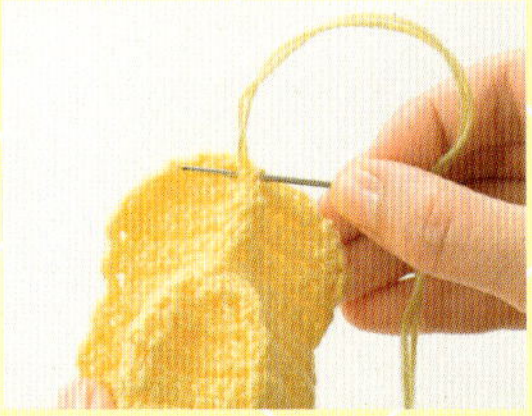

**6** Verwenden Sie das obere Garn, um die beiden Seitenteile von C nach B mit dem Überwendlingsstich zusammenzunähen.

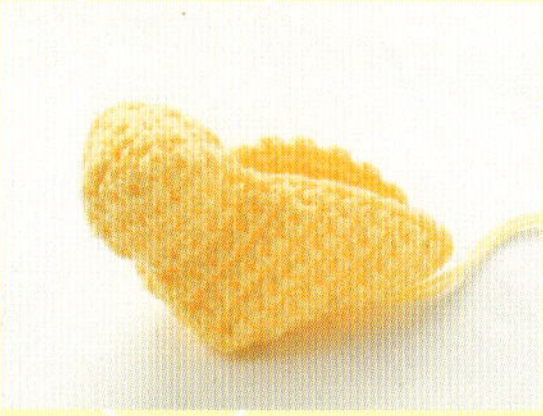

**7** Nähen Sie den Hinterkopf mit dem Überwendlingsstich von B nach A an den beiden Seitenteilen an. Das Garn vernähen.

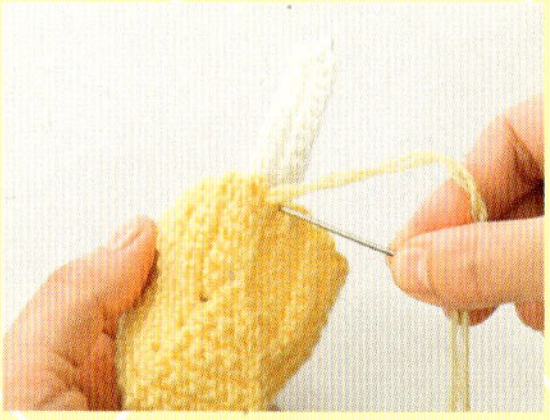

**8** Die restlichen Ränder der Seitenteile mit dem Überwendlingsstich am Bauch annähen und dann den Schwanz annähen.

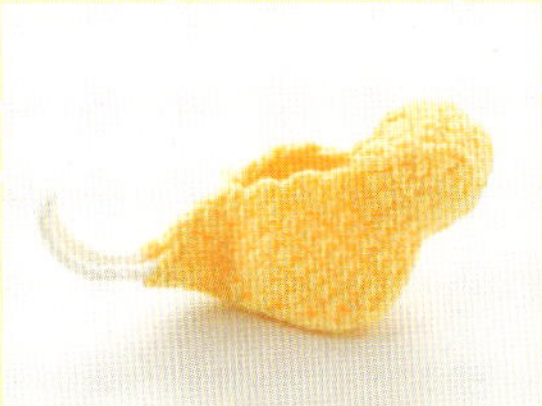

9 Mit demselben Garn fortfahren und die Seitenteile teilweise am Rücken zusammennähen.

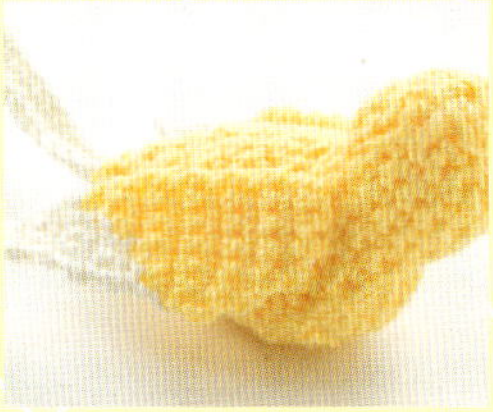

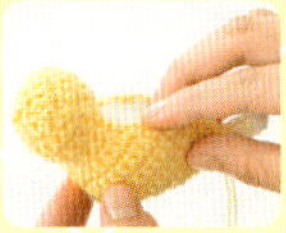

Füllen Sie das Tierchen so fest, dass es seine Form behält.

10 Erst den Kopf, dann den Körper füllen und die noch offenen Ränder der Seitenteile zusammennähen. Halten Sie sich für die Position an die Abbildung und nähen Sie die Flügel mit ihren Fäden im Überwendlingsstich an den Seitenteilen an. Sie werden so angenäht wie die Ohren an den Dackel (siehe Seite 69).

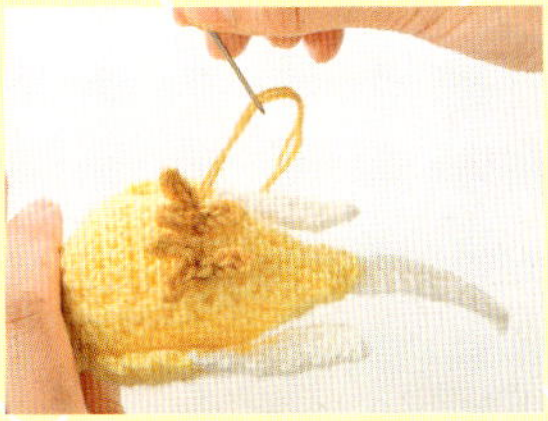

11 Nähen Sie die Füße am Körper an und richten Sie ihre Position so aus, dass der Wellensittich darauf stehen kann. Verknoten Sie das Garn am Ende der Näharbeiten und verstecken Sie den Faden im Körper.

## Das Gesicht gestalten

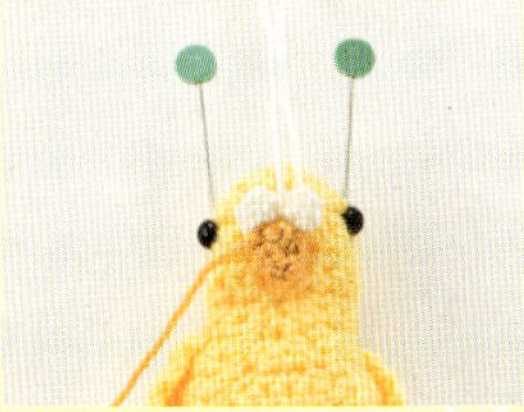

12 Verwenden Sie Stecknadeln, um die Position der Augen festzulegen, und bringen Sie dann die Wachshäute und den Schnabel mit ihren jeweiligen Fäden an. Verstecken Sie diese dann im Körper. Folgen Sie der Anleitung für den Dackel auf Seite 69, um die Augen am Körper anzubringen.

## Kamm

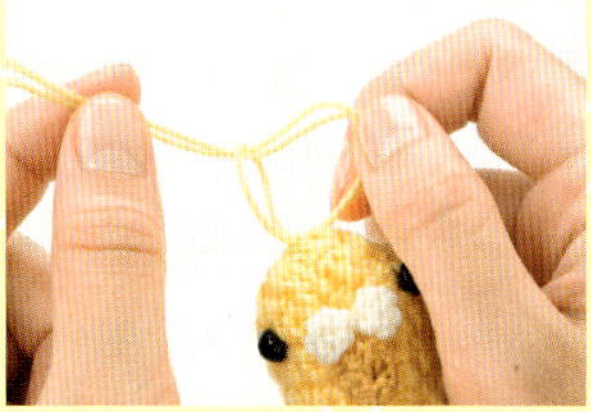

13 Folgen Sie der Anleitung auf Seite 151, um einen Kamm am Kopf des Vogels anzubringen, wenn Sie das möchten.

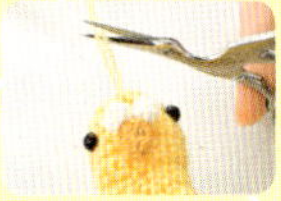

Die Fransen für den Kamm auf die gewünschte Länge zuschneiden.

## Die Farben wechseln

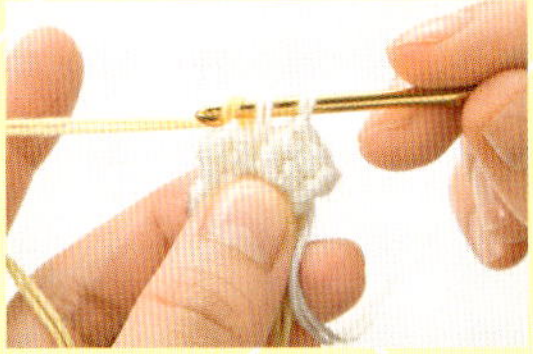

1 Um die Farben zu wechseln, häkeln Sie die letzte Masche der alten Farbe bis zum letzten Umschlag. Mit der neuen Farbe das Garn umschlagen und durch alle Schlingen auf der Nadel ziehen, um die Masche fertigzuhäkeln.

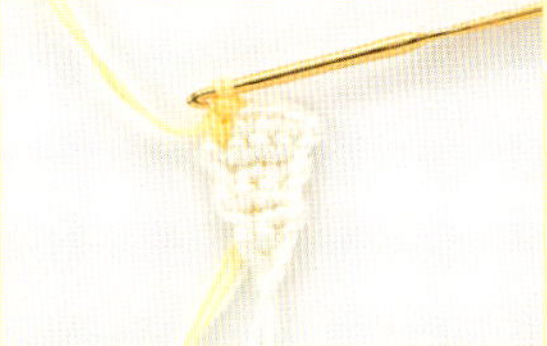

2 Mit der neuen Farbe fortfahren.

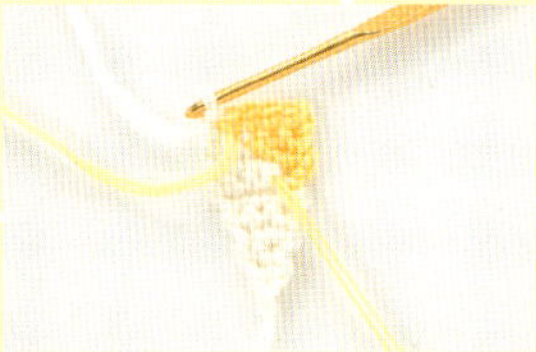

3 Die nicht verwendete Farbe auf der Rückseite mitführen, bis sie das nächste Mal benötigt wird, oder befestigen und abschneiden, wenn sie nicht mehr gebraucht wird.

## Seitenteil

(2-mal häkeln)

Mit der größeren Nadel und dem Garn in der Farbe des Körpers 7 Lm häkeln.

**Reihe 1 (Vorderseite):** 1 fM zun in der 2. Lm von der Nadel, je 1 fM in die nächsten 5 Lm. *(7 fM)*

**Reihe 2:** 1 Lm, wenden, 2 fM zus häkeln, je 1 fM in die nächsten 4 M, 1 fM zun in der letzten M.

**Reihe 3:** 1 Lm, wenden, 1 fM zun in der 1. M, je 1 fM in jede M häkeln. *(8 fM)*

**Reihe 4–7:** Die Reihen 2 und 3 noch 2-mal wiederholen. *(10 fM)*

**Reihe 8:** 1 Lm, wenden, 2 fM zus häkeln, je 1 fM in jede M häkeln. *(9 fM)*

**Reihe 9:** 1 Lm, wenden, 1 fM zun in der 1. M, je 1 fM in jede M häkeln. *(10 fM)*

**Reihe 10:** 1 Lm, wenden, 2 fM zus häkeln, je 1 fM in jede M häkeln. *(9 fM)*

**Reihe 11:** 1 Lm, wenden, je 1 fM in jede M häkeln.

**Reihe 12:** 1 Lm, wenden, 2 fM zus häkeln, je 1 fM in jede M häkeln. *(8 fM)*

**Reihe 13:** 1 Lm, wenden, je 1 fM in jede M bis zu den letzten 2 M häkeln, 2 fM zus häkeln. *(7 fM)*

**Reihe 14:** 1 Lm, wenden, 2 fM zus häkeln, je 1 fM in jede M häkeln. *(6 fM)*

**Reihe 15:** In der Farbe des Kopfes 1 Lm, wenden, je 1 fM in die ersten 2 M; in der Farbe des Körpers je 1 fM in die letzten 4 M.

Zur Farbe des Kopfes wechseln und den Rest nur noch in dieser häkeln. Das Garn in der Farbe des Körpers befestigen, das Garn in der Farbe des Kopfes nicht befestigen.

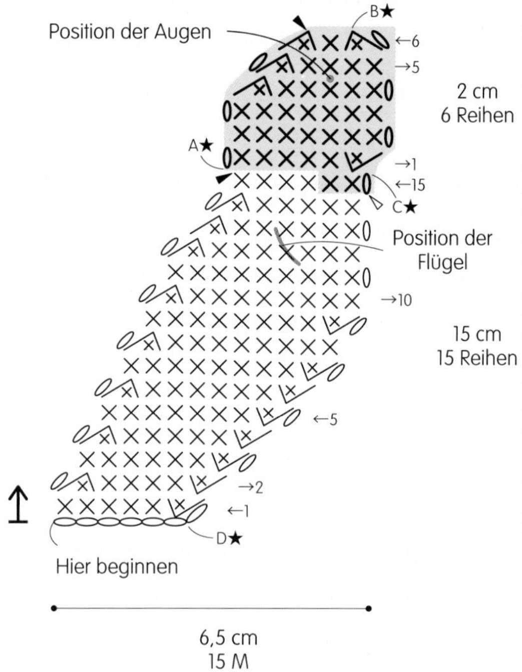


### Kopf

**Reihe 1 (Rückseite):** 1 Lm, wenden, je 1 fM in jede M bis zur letzten M häkeln, 1 fM zun in der letzten M. *(7 fM)*

**Reihe 2 und 3:** 1 Lm, wenden, je 1 fM in jede M häkeln.

**Reihe 4:** 1 Lm, wenden, je 1 fM in die ersten 5 M, 2 fM zus häkeln. *(6 fM)*

**Reihe 5:** 1 Lm, wenden, 2 fM zus häkeln, je 1 fM in jede M häkeln. *(5 fM)*

**Reihe 6:** 1 Lm, wenden, 2 fM zus häkeln, 1 fM in die nächste M häkeln, 2 fM zus häkeln. *(3 fM)*

Das Garn befestigen.

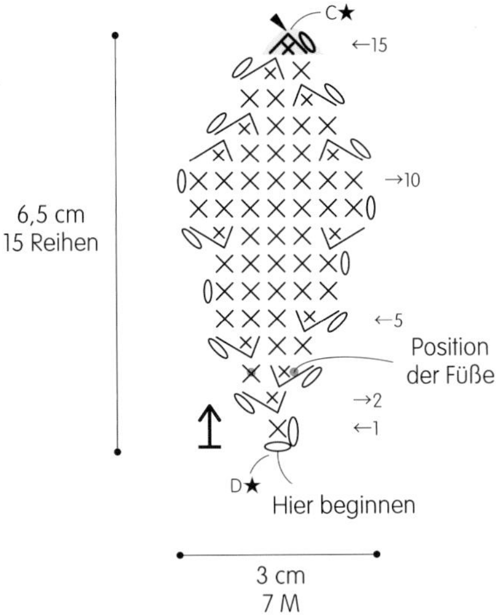


## Bauchteil

Mit der größeren Nadel und dem Garn in der Farbe des Körpers 2 Lm häkeln.

**Reihe 1 (Vorderseite):** 1 fM in die 2. Lm von der Nadel häkeln. *(1 fM)*

**Reihe 2:** 1 Lm, wenden, 1 fM zun in der M. *(2 fM)*

**Reihe 3:** 1 Lm, wenden, 1 fM zun in der 1. M, 1 fM in die letzte M häkeln. *(3 fM)*

**Reihe 4:** 1 Lm, wenden, 1 fM zun in der 1. M, je 1 fM in die letzten 2 M häkeln. *(4 fM)*

**Reihe 5:** 1 Lm, wenden, 1 fM zun in der 1. M, je 1 fM in die letzten 3 M häkeln. *(5 fM)*

**Reihe 6 und 7:** 1 Lm, wenden, je 1 fM in jede M häkeln.

**Reihe 8:** 1 Lm, wenden, 1 fM zun in der 1. M, je 1 fM in die nächsten 3 M häkeln, 1 fM zun in der letzten M. *(7 fM)*

**Reihe 9 und 10:** 1 Lm, wenden, je 1 fM in jede M häkeln.

**Reihe 11:** 1 Lm, wenden, 2 fM zus häkeln, je 1 fM in die letzten 3 M, 2 fM zus häkeln. *(5 fM)*

**Reihe 12:** 1 Lm, wenden, 2 fM zus häkeln, je 1 fM in die letzten 3 M. *(4 fM)*

**Reihe 13:** 1 Lm, wenden, 2 fM zus häkeln, je 1 fM in die letzten 2 M. *(3 fM)*

**Reihe 14:** 1 Lm, wenden, 2 fM zus häkeln, 1 fM in die letzte M. *(2 fM)*

Zum Garn in der Farbe des Kopfes wechseln und das Garn in der Farbe des Körpers befestigen.

**Reihe 15:** 1 Lm, wenden, 2 fM zus häkeln. *(1 fM)*

Das Garn befestigen.

## Hinterkopf

Mit der größeren Nadel und dem Garn in der Farbe des Kopfes 2 Lm häkeln.

**Reihe 1 (Vorderseite):** 1 fM in die 2. Lm von der Nadel häkeln. *(1 fM)*

**Reihe 2:** 1 Lm, wenden, 1 fM zun in der M. *(2 fM)*

**Reihe 3:** 1 Lm, wenden, 1 fM zun in der 1. M, 1 fM in die letzte M häkeln. *(3 fM)*

**Reihe 4:** 1 Lm, wenden, 1 fM zun in der 1. M, je 1 fM in die letzten 2 M häkeln. *(4 fM)*

**Reihe 5:** 1 Lm, wenden, 1 fM zun in der 1. M, je 1 fM in die letzten 3 M häkeln. *(5 fM)*

**Reihe 6:** 1 Lm, wenden, je 1 fM in jede M häkeln.

**Reihe 7:** 1 Lm, wenden, je 1 fM in die ersten 3 M, 2 fM zus häkeln. *(4 fM)*

**Reihe 8:** 1 Lm, wenden, je 1 fM in die ersten 2 M, 2 fM zus häkeln. *(3 fM)*

**Reihe 9:** 1 Lm, wenden, 1 fM in die 1. M, 2 fM zus häkeln. *(2 fM)*

**Reihe 10:** 1 Lm, wenden, 2 fM zus häkeln. *(1 fM)*

Das Garn befestigen.

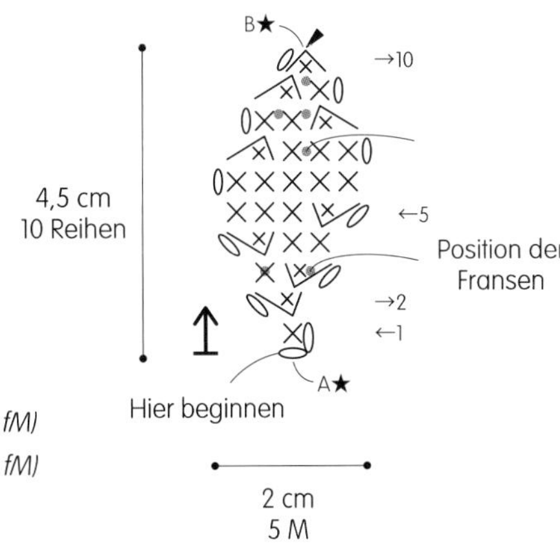

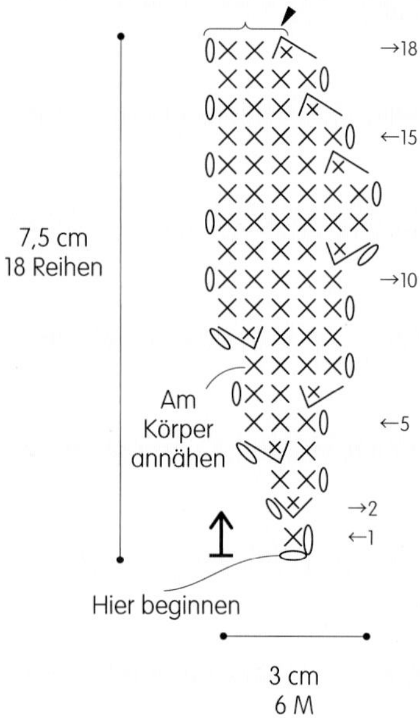


## Flügel

(2-mal häkeln)

Mit der größeren Nadel und der Farbe für den Schwanz 2 Lm häkeln.

**Reihe 1 (Vorderseite):** 1 fM in die 2. Lm von der Nadel häkeln. *(1 fM)*

**Reihe 2:** 1 Lm, wenden, 1 fM zun in der M. *(2 fM)*

**Reihe 3:** 1 Lm, wenden, je 1 fM in jede M häkeln.

**Reihe 4:** 1 Lm, wenden, 1 fM zun in der 1. M, 1 fM in die letzte M häkeln. *(3 fM)*

**Reihe 5:** 1 Lm, wenden, je 1 fM in jede M häkeln.

**Reihe 6:** 1 Lm, wenden, je 1 fM in die ersten 2 M häkeln, 1 fM zun in der letzten M. *(4 fM)*

**Reihe 7:** 1 Lm, wenden, je 1 fM in die ersten 3 M häkeln; in der Farbe des Körpers 1 fM in die letzte M häkeln.

**Reihe 8:** In der Farbe des Körpers 1 Lm, wenden, 1 fM zun in der 1. M; in der Farbe des Schwanzes je 1 fM in die letzten 3 M häkeln. *(5 fM)*

**Reihe 9:** In der Farbe des Schwanzes 1 Lm, wenden, je 1 fM in die ersten 2 M; in der Farbe des Körpers je 1 fM in die letzten 3 M häkeln.

**Reihe 10:** In der Farbe des Körpers 1 Lm, wenden, je 1 fM in die ersten 4 M; in der Farbe des Schwanzes 1 fM in die letzte M häkeln.

Das Garn in der Farbe des Schwanzes befestigen und den restlichen Flügel nur in der Farbe des Körpers häkeln.

**Reihe 11:** 1 Lm, wenden, 1 fM zun in der 1. M, je 1 fM in jede M häkeln. *(6 fM)*

**Reihe 12 und 13:** 1 Lm, wenden, je 1 fM in jede M häkeln.

**Reihe 14:** 1 Lm, wenden, je 1 fM in die ersten 4 M, 2 fM zus häkeln. *(5 fM)*

**Reihe 15:** 1 Lm, wenden, je 1 fM in jede M häkeln.

**Reihe 16:** 1 Lm, wenden, je 1 fM in die ersten 3 M, 2 fM zus häkeln. *(4 fM)*

**Reihe 17:** 1 Lm, wenden, je 1 fM in jede M häkeln.

**Reihe 18:** 1 Lm, wenden, je 1 fM in die ersten 2 M, 2 fM zus häkeln. *(3 fM)*

Das Garn befestigen.

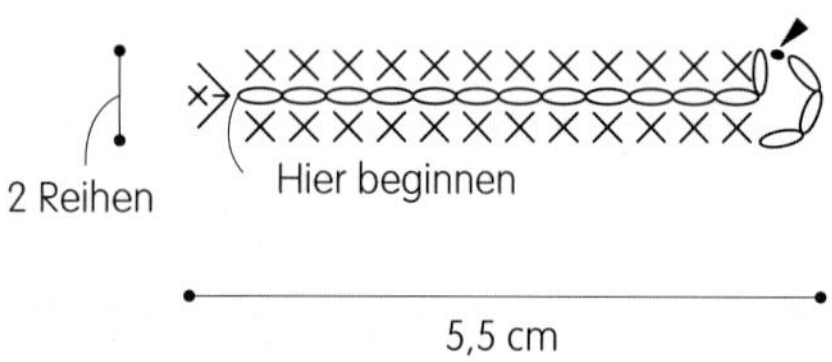


## Schwanz

Mit der größeren Nadel und der Farbe des Schwanzes 13 Lm häkeln.

**Runde 1:** Je 1 fM in die 2. Lm von der Nadel und in die nächsten 10 Lm, 5 fM in die letzte Lm häkeln; auf der anderen Seite der Anfangs-Lm häkeln, je 1 fM in die nächsten 11 Lm, 3 Lm; Rd mit 1 Km in die 1. M beenden.

Garn befestigen.

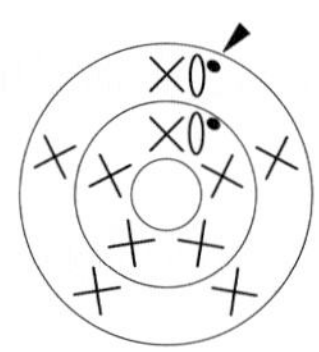

## Wachshaut

(2-mal häkeln)

Mit der kleineren Nadel und der Farbe für den Körper (bei blauem und grünem Wellensittich) oder der Farbe für den Schwanz (bei gelbem Wellensittich) einen Fadenring zum Rundhäkeln bilden.

**Runde 1:** 1 Lm, 5 fM in den Ring; Rd mit 1 Km in die 1. M beenden. *(5 fM)*

**Runde 2:** 1 Lm, je 1 fM in jede M häkeln; Rd mit 1 Km in die 1. M beenden.

Das Garn befestigen.

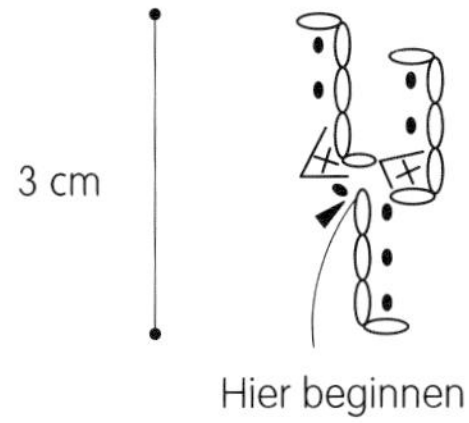


## Füße

(2-mal häkeln)

Mit der größeren Nadel und dem senfgelben Garn 4 Lm häkeln.

**Hintere Kralle:** Je 1 Km in die 2. Lm von der Nadel und in die nächsten 2 Lm häkeln. *(3 Km)*

Das Garn nicht befestigen.

**Erste Zehe:** 5 Lm, wenden, je 1 Km in die 2. Lm von der Nadel und in die nächste Lm, 2 fM zus häkeln. Das Garn nicht befestigen.

**Zweite Zehe:** 5 Lm, wenden, je 1 Km in die 2. Lm von der Nadel und in die nächste Lm, 2 fM zus häkeln, 1 Km in die Luftmasche unter der letzten Lm der hinteren Kralle.

Das Garn befestigen.

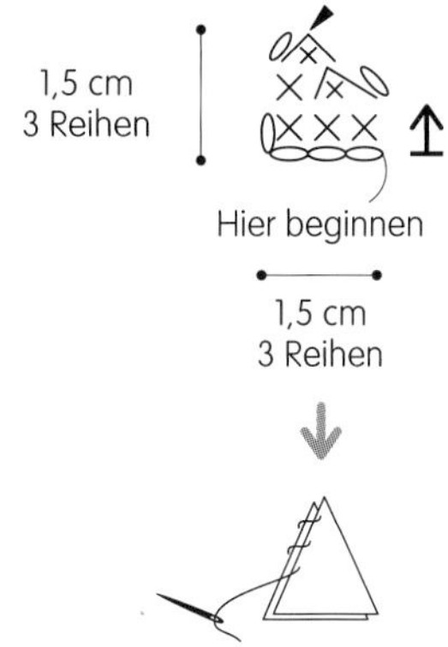


## Schnabel

(2-mal häkeln)

Mit der kleineren Häkelnadel und dem senfgelben Garn 4 Lm häkeln.

**Reihe 1:** Je 1 fM in die 2. Lm von der Nadel und in die nächsten 2 Lm. *(3 fM)*

**Reihe 2:** 1 Lm, wenden, 2 fM zus häkeln, 1 fM in die letzte M. *(2 fM)*

**Reihe 3:** 1 Lm, wenden, 2 fM zus häkeln. *(1 fM)*

Das Garn befestigen und einen langen Faden an einem der Schnabelteile zum Zusammennähen im Überwendlingsstich stehenlassen.

# Die Einzelteile zusammennähen

Legen Sie die Punkte A, B, C und D (in den Diagrammen mit Sternchen eingezeichnet) von Seitenteilen, Bauchteil und Hinterkopf aufeinander, nähen Sie sie mit dem Überwendlingsstich mit passendem Garn zusammen und füllen Sie die Figur, bevor Sie die Näharbeiten beendet haben. Nähen Sie die Flügel seitlich und den Schwanz hinten am Körper an. Der Schnabel wird im Gesicht angebracht, direkt darüber die Wachshäute, die Füße werden unten am Körper angenäht. Die Enden vernähen. Bringen Sie die Knöpfe (mit Nähseide und Nähnadel) oder die Sicherheitsaugen an den Seitenteilen des Körpers an, wie auf der Abbildung gezeigt.

**Kamm (optional):** Schneiden Sie 3 etwa 15 cm lange Fäden in der Farbe des Kopfes zu. Falten Sie einen Faden in der Mitte. Führen Sie die kleinere Häkelnadel unter eine Masche oben am Kopf und legen Sie den gefalteten Faden darauf. Ziehen Sie diesen durch, fädeln Sie die Enden des Fadens durch die soeben entstandene Schlinge und ziehen Sie sie fest. Diesen Vorgang mit den restlichen 2 Fäden wiederholen und die Fäden gleichmäßig auf dem Kopf verteilen.

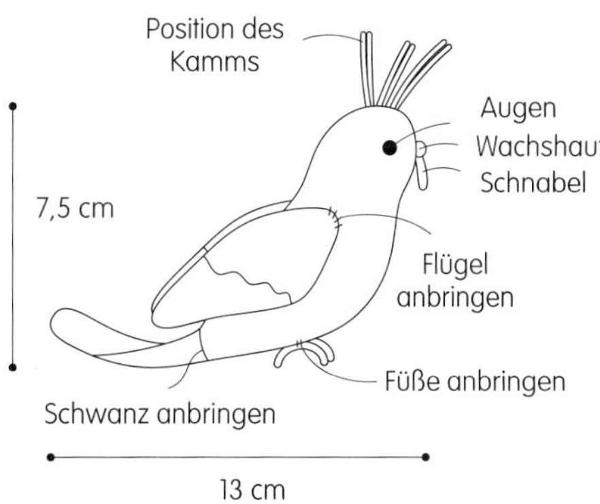

# Hausschuhe

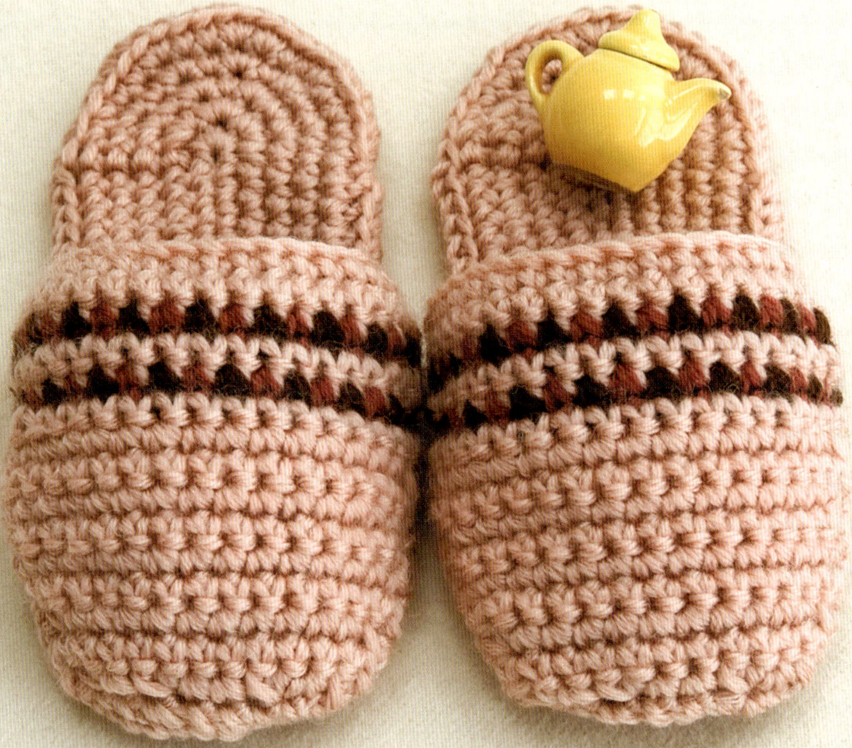

## Material

- Feines Garn (Gemisch aus Wolle und Acryl) in Rosa, 74 m (55 g)
- Feines Garn (Gemisch aus Wolle und Acryl) in Dunkelbraun, 4 m (1 g)
- Feines Garn (Gemisch aus Wolle und Acryl) in Dunkelrosa, 4 m (1 g)
- 10 cm Blumendraht

## Abmessungen

Die fertige Größe beträgt 6,5 cm x 14,5 cm.

## Handarbeitszeug

- Häkelnadel, 4 mm
- Stick- oder Garnnadel

## Verwendete Maschen

**Häkeln:** Luftmasche (Lm), feste Masche (fM), einfache Abnahme (2 fM zus häkeln), einfache Zunahme (1 fM zun), doppelte Zunahme (2 fM zun) und Kettmasche (Km). **Nähen:** Überwendlingsstich. (Siehe Seiten 10–17 für detailliertere Anleitungen.)

## Anmerkungen zum Muster

1. Alle Abmessungen sind geschätzt und variieren je nach Spannung und Garnwahl.
2. Um die Farbe zu wechseln, erst die letzte Masche in der alten Farbe bis zum letzten Umschlag häkeln. Umschlag mit der neuen Farbe, diese dann durch alle Schlingen auf der Nadel ziehen und die Masche fertighäkeln. Mit dem neuen Garn fortfahren und das alte auf der Rückseite mitführen. Bei Farbwechseln am Diagramm orientieren.
3. Jeder Hausschuh besteht aus 3 Teilen: 2 Sohlen und 1 Oberteil. Die Einzelteile werden zusammengenäht, um die Hausschuhe fertigzustellen. Die Anleitung bezieht sich auf 1 Paar Hausschuhe.

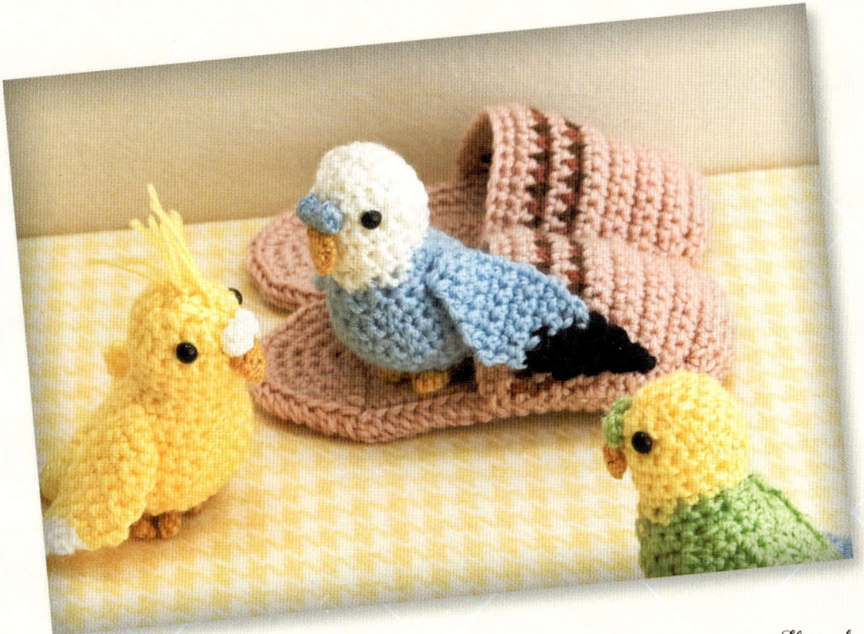

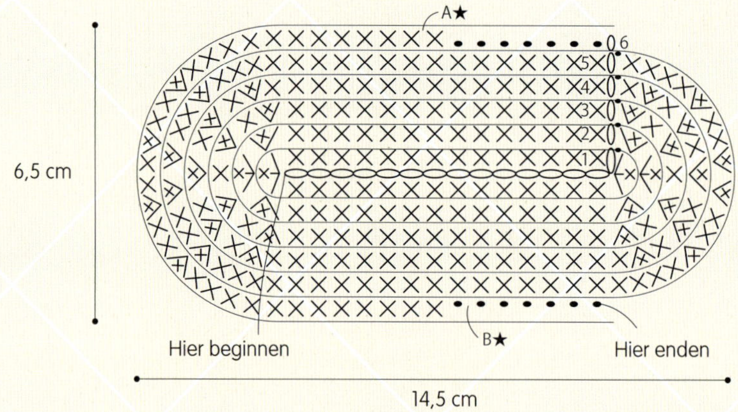


## Sohle

(4-mal häkeln)

Mit 2 Fäden des rosafarbenen Garns 15 Lm häkeln.

**Runde 1 (Vorderseite):** Je 1 fM in die 2. Lm von der Nadel und die nächsten 12 Lm häkeln, 5 fM in die letzte Lm; auf der anderen Seite der Anfangs-Lm je 1 fM in die nächsten 12 Lm häkeln, 4 fM in die letzte Lm häkeln; die Rd mit 1 Km in die 1. M beenden. *(34 fM)*

**Runde 2:** 1 Lm, je 1 fM in die nächsten 14 M häkeln, 1 fM zun in der nächsten M, 2 fM zun in der nächsten M, 1 fM zun in der nächsten M, je 1 fM in die nächsten 14 M, 1 fM zun in der nächsten M, 2 fM zun in der nächsten M, 1 fM zun in der letzten M; die Rd mit 1 Km in die 1. M beenden. *(42 fM)*

**Runde 3:** 1 Lm, je 1 fM in die nächsten 14 M häkeln, 1 fM zun in der nächsten M, [1 fM in die nächste M, 1 fM zun in der nächsten M] 3-mal wiederholen, je 1 fM in die nächsten 14 M, 1 fM zun in der nächsten M, [1 fM in die nächste M, 1 fM zun in der nächsten M] 3-mal wiederholen; die Rd mit 1 Km in die 1. M beenden. *(50 fM)*

**Runde 4:** 1 Lm, je 1 fM in die nächsten 15 M häkeln, 1 fM zun in der nächsten M, [1 fM in die nächste M, 1 fM zun in der nächsten M] 4-mal wiederholen, je 1 fM in die nächsten 16 M, 1 fM zun in der nächsten M, [1 fM in die nächste M, 1 fM zun in der nächsten M] 4-mal wiederholen, 1 fM in die letzte M häkeln; die Rd mit 1 Km in die 1. M beenden. *(60 fM)*

**Runde 5:** 1 Lm, je 1 fM in die nächsten 18 M häkeln, 1 fM zun in der nächsten M, je 1 fM in die nächsten 2 M, je 1 fM zun in den nächsten 2 M, je 1 fM in die nächsten 2 M, 1 fM zun in der nächsten M, je 1 fM in die nächsten 22 M, 1 fM zun in der nächsten M, je 1 fM in die nächsten 2 M, je 1 fM zun in den nächsten 2 M, je 1 M in die nächsten 2 M, 1 fM zun in der nächsten M, je 1 fM in die letzten 4 M; die Rd mit 1 Km in die 1. M beenden. *(68 fM)*

**Runde 6:** 1 Lm, je 1 Km in die nächsten 7 M, je 1 fM in die nächsten 12 M, 1 fM zun in der nächsten M, [je 1 fM in die nächsten 2 M, 1 fM zun in der nächsten M] 3-mal wiederholen, je 1 fM in die nächsten 12 M, je 1 Km in die nächsten 7 M; die restl M ungehäkelt lassen.

Das Garn befestigen und einen langen Faden zum Zusammennähen der beiden Sohlenteile stehenlassen.

## Oberteil

(2-mal häkeln)

Mit 2 Fäden des rosafarbenen Garns 21 Lm häkeln.

**Reihe 1 (Vorderseite):** Je 1 fM in die 2. Lm von der Nadel und in jede weitere Lm häkeln. *(20 fM)*

**Reihe 2:** 1 Lm, wenden, je 1 fM in jede M häkeln.

**Reihe 3:** Mit 2 Fäden in Dunkelrosa 1 Lm, 1 fM in die 1. M, mit 2 Fäden in Dunkelbraun 1 fM in die nächste M; * mit 2 Fäden in Dunkelrosa 1 fM in die nächste M; mit 2 Fäden in Dunkelbraun 1 fM in die nächste M; ab * wiederholen.

Das dunkelbraune und das dunkelrosafarbene Garn abschneiden.

**Reihe 4:** Mit dem rosafarbenen Garn 1 Lm, wenden, 2 fM zus häkeln, je 1 fM in die nächsten 16 M, 2 fM zus häkeln. *(18 fM)*

**Reihe 5:** Reihe 3 wiederholen.

Das dunkelbraune und das dunkelrosafarbene Garn abschneiden. Den Rest des Hausschuhs nur in Rosa häkeln.

**Reihe 6:** Mit dem rosafarbenen Garn 1 Lm, wenden, je 1 fM in jede M häkeln.

**Reihe 7:** 1 Lm, wenden, 2 fM zus häkeln, je 1 fM in die nächsten 14 M, 2 fM zus häkeln. *(16 fM)*

**Reihe 8 und 9:** 1 Lm, wenden, je 1 fM in jede M häkeln.

**Reihe 10:** 1 Lm, wenden, 2 fM zus häkeln, je 1 fM in die nächsten 12 M, 2 fM zus häkeln. *(14 fM)*

**Reihe 11 und 12:** 1 Lm, wenden, je 1 fM in jede M häkeln.

**Reihe 13:** 1 Lm, wenden, 2 fM zus häkeln, je 1 fM in die nächsten 10 M, 2 fM zus häkeln. *(12 fM)*

**Reihe 14:** 1 Lm, wenden, je 1 fM in jede M häkeln.

**Reihe 15:** 1 Lm, wenden, 2 fM zus häkeln, 1 fM in die nächste M, 2 fM zus häkeln, je 1 fM in die nächsten 2 M, 2 fM zus häkeln, 1 fM in die nächste M, 2 fM zus häkeln. *(8 fM)*

Das Garn befestigen und einen langen Faden zum Annähen des Oberteils an die Sohle stehenlassen.

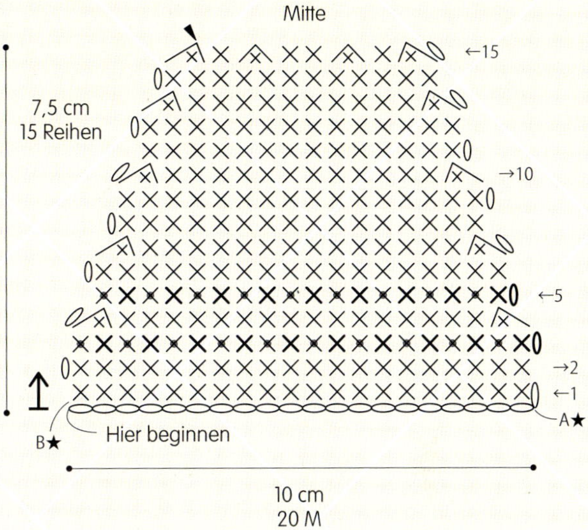


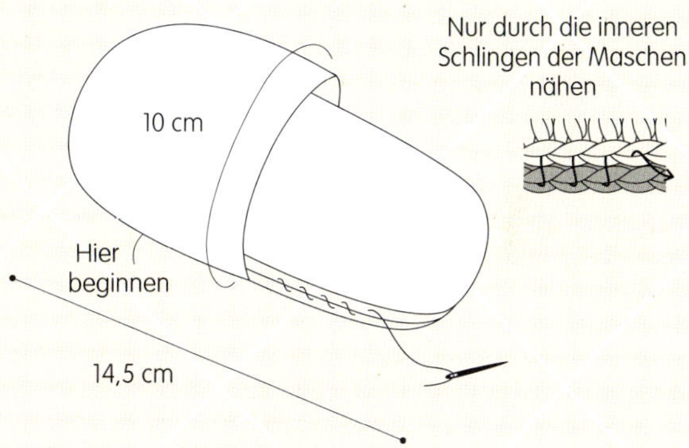


## Die Einzelteile zusammennähen

Nähen Sie 2 Sohlen mit dem Überwendlingsstich zusammen. Nähen Sie dabei nur durch die inneren Maschenglieder der Einzelteile. Legen Sie die Punkte A und B (mit einem Sternchen versehen) der Diagramme der Sohle und des Oberteils passend aufeinander und nähen Sie die Teile mit passendem Garn mit dem Überwendlingsstich zusammen. Die Enden vernähen.

# Oma Gartenbunt

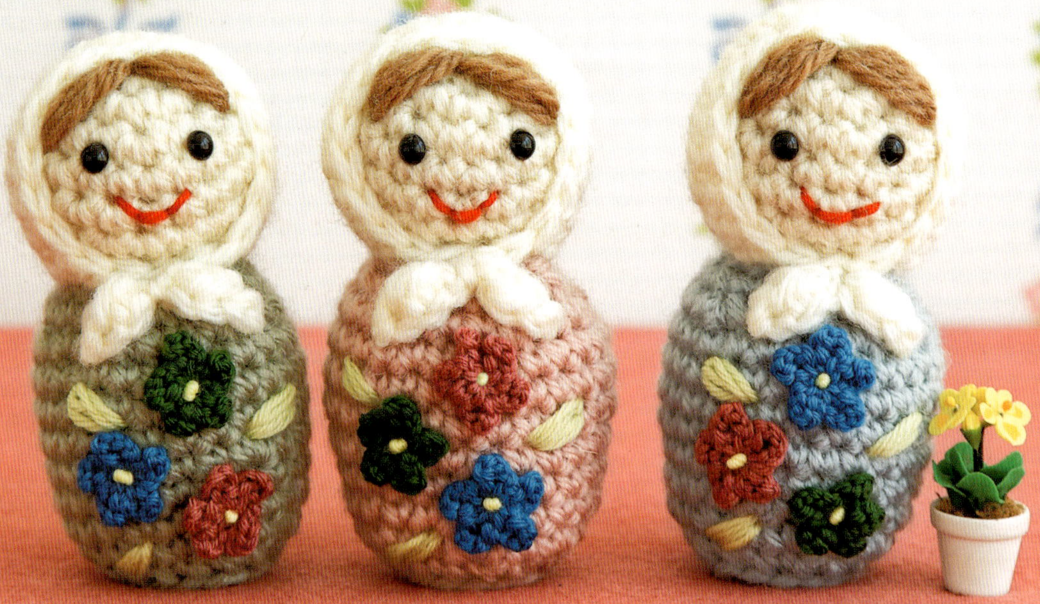

## Material

- Dickes Garn (Gemisch aus Wolle und Acryl) in Blau, Pink oder Grün, 15,5 m (10 g)
- Dickes Garn (Gemisch aus Wolle und Acryl) in Beige, 9,5 m (6 g)
- Dickes Garn (Gemisch aus Wolle und Acryl) in Ecru, 11 m (7 g)
- Dickes Garn (Gemisch aus Wolle und Acryl) in Hellbraun, 2 m (1 g)
- Dünnes Garn (Wolle) in Grün, Blau, Rot/Violett und Limettengrün, je 4 m (1 g)
- Dünnes Garn (Wolle) in Rot, kleine Menge
- Füllwatte
- 2 schwarze Knöpfe oder Sicherheitsaugen, 6 mm Durchmesser

## Handarbeitszeug

- Häkelnadel, 5 mm
- Häkelnadel, 2,75 mm
- Nähnadel und Nähseide (falls Sie Knöpfe für die Augen verwenden)
- Stick- oder Garnnadel

## Abmessungen

Die fertige Größe beträgt 5,7 cm x 11,5 cm

## Verwendete Maschen

**Häkeln:** Luftmasche (Lm), feste Masche (fM), halbes Stäbchen (hStb), einfache Abnahme (2 fM zus häkeln), einfache Zunahme (1 fM zun) und Kettmasche (Km). **Nähen:** Überwendlingsstich. (Siehe Seiten 10–17 für detaillierte Anleitungen.)

## Anmerkungen zum Muster

1. Alle Abmessungen sind geschätzt und variieren je nach Spannung und Garnwahl.
2. Eine Puppe besteht aus 7 Teilen: Körper, Kopf, Kopftuch, Knoten des Tuchs und 3 Blumen. Alle Teile werden zusammengenäht und die fertige Puppe wird bestickt.

## Körper

Mit der größeren Nadel und dem Garn für den Körper (Blau, Rosa oder Grün) zum Rundhäkeln einen Fadenring bilden.

**Runde 1 (Vorderseite):** 1 Lm, 7 fM in den Ring häkeln; die Rd mit 1 Km in die 1. M beenden. *(7 fM)*

**Runde 2:** 1 Lm, 1 fM zun in jeder M; die Rd mit 1 Km in die 1. M beenden. *(14 fM)*

**Runde 3:** 1 Lm, je 1 fM in jede M häkeln, die Rd mit 1 Km in die 1. M beenden.

**Runde 4:** 1 Lm, 1 fM in die Verbindungs-M, 1 fM zun in der nächsten M, * 1 fM in die nächste M, 1 fM zun in der nächsten M; ab * bis zum Ende der Rd wiederholen; die Rd mit 1 Km in die 1. M beenden. *(21 fM)*

**Runde 5 und 6:** 1 Lm, je 1 fM in jede M häkeln, die Rd mit 1 Km in die 1. M beenden.

**Runde 7:** 1 Lm, je 1 fM in die Verbindungs-M und in die nächsten 3 M, 1 fM zun in der nächsten M, [je 1 fM in die nächsten 4 M, 1 fM zun in der nächsten M] 3-mal, 1 fM in die letzte M; die Rd mit 1 Km in die 1. M beenden. *(25 fM)*

**Runde 8–10:** 1 Lm, je 1 fM in jede M häkeln, die Rd mit 1 Km in die 1. M beenden.

**Runde 11:** 1 Lm, je 1 fM in die Verbindungs-M und in die nächsten 2 M, 2 fM zus häkeln, * je 1 fM in die nächsten 3 M, 2 fM zus häkeln; ab * bis zum Ende der Rd wiederholen; die Rd mit 1 Km in die 1. M beenden. *(20 fM)*

**Runde 12** 1 Lm, je 1 fM in die Verbindungs-M und die nächsten 4 M, 2 fM zus häkeln, je 1 fM in die nächsten 5 M, 2 fM zus häkeln, je 1 fM in die nächsten 4 M, 2 fM zus häkeln, die Rd mit 1 Km in die 1. M beenden. *(17 fM)*

Garn befestigen und einen langen Faden zum Annähen des Kopfes an den Körper stehenlassen.

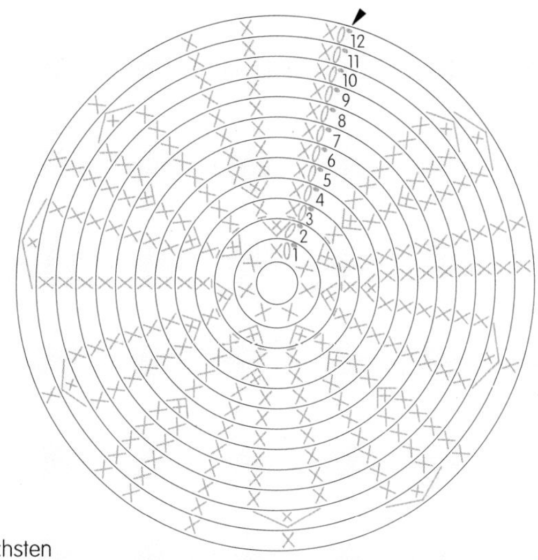

## Kopf

Mit der größeren Nadel und dem beigen Garn einen Fadenring zum Rundhäkeln bilden.

**Runde 1 (Vorderseite):** 1 Lm, 6 fM in den Ring häkeln; die Rd mit 1 Km in die 1. M beenden. *(6 fM)*

**Runde 2:** 1 Lm, 1 fM zun in jeder M; die Rd mit 1 Km in die 1. M beenden. *(12 fM)*

**Runde 3:** 1 Lm, 1 fM in die Verbindungs-M, 1 fM zun in der nächsten M, * 1 fM in die nächste M, 1 fM zun in der nächsten M; ab * bis zum Ende der Rd wiederholen; die Rd mit 1 Km in die 1. M beenden. *(18 fM)*

**Runde 4–6:** 1 Lm, je 1 fM in jede M häkeln, die Rd mit 1 Km in die 1. M beenden.

Die Knöpfe (mit Nähseide und Nähnadel) oder die Sicherheitsaugen im Gesicht zwischen der 3. und der 4. Runde anbringen.

**Runde 7:** 1 Lm, je 1 fM in die Verbindungs-M, 2 fM zus häkeln, * 1 fM in die nächste M, 2 fM zus häkeln; ab * bis zum Ende der Rd wiederholen; die Rd mit 1 Km in die 1. M beenden. *(12 fM)*

**Runde 8:** 1 Lm, 2 fM zus häkeln bis zum Ende der Rd; die Rd mit 1 Km in die 1. M beenden. *(6 fM)*

Das Garn befestigen und einen langen Faden stehenlassen.

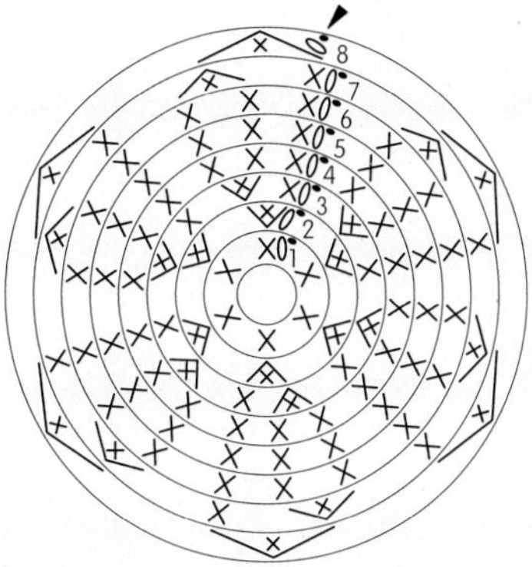

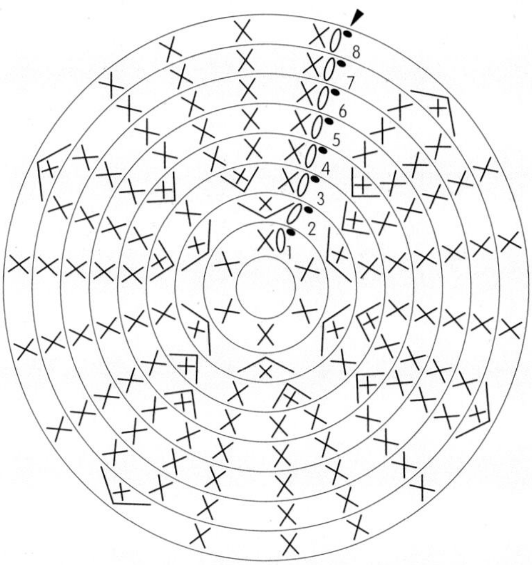

## Kopftuch

Mit der größeren Nadel und dem naturweißen Garn einen Fadenring zum Rundhäkeln bilden.

**Runde 1 (Vorderseite):** 1 Lm, 6 fM in den Ring häkeln; die Rd mit 1 Km in die 1. M beenden. *(6 fM)*

**Runde 2:** 1 Lm, 1 fM zun in jeder M; die Rd mit 1 Km in die 1. M beenden. *(12 fM)*

**Runde 3:** 1 Lm, 1 fM in die Verbindungs-M, 1 fM zun in der nächsten M, * 1 fM in die nächste M, 1 fM zun in der nächsten M; ab * bis zum Ende der Rd wiederholen; die Rd mit 1 Km in die 1. M beenden. *(18 fM)*

**Runde 4:** 1 Lm, je 1 fM in die Verbindungs-M und in die nächsten 2 M häkeln, 1 fM zun in der nächsten M, je 1 fM in die nächsten 4 M, 1 fM zun in der nächsten M, je 1 fM in die nächsten 3 M, 1 fM zun in der nächsten M, je 1 fM in die nächsten 4 M, 1 fM zun in der nächsten M; die Rd mit 1 Km in die 1. M beenden. *(22 fM)*

**Runde 5–7:** 1 Lm, je 1 fM in jede M häkeln, die Rd mit 1 Km in die 1. M beenden.

**Runde 8:** 1 Lm, je 1 fM in die Verbindungs-M und in die nächsten 3 M häkleln, 2 fM zus häkeln, je 1 fM in die nächsten 3 M, 2 fM zus häkeln, je 1 fM in die nächsten 4 M, 2 fM zus häkeln, je 1 fM in die nächsten 3 M, 2 fM zus häkeln; die Rd mit 1 Km in die 1. M beenden. *(18 fM)*

Das Garn befestigen und einen langen Faden stehenlassen, um das Tuch an den Kopf zu nähen.

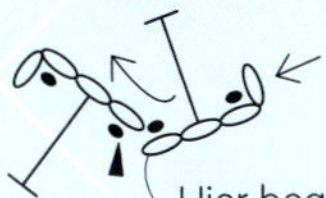


## Knoten des Tuchs

Mit der größeren Häkelnadel und dem naturweißen Garn 4 Lm bilden.

**Reihe 1 (Vorderseite):** 1 Km in die 2. Lm von der Nadel, 1 hStb in die nächste Lm, 1 Km in die letzte Lm, 4 Lm, wenden, 1 Km in die 2. Lm von der Nadel, 1 hStb in die nächste Lm, 1 Km in die nächste Lm.

Das Garn befestigen und einen langen Faden stehenlassen, um den Knoten an das Tuch zu nähen.

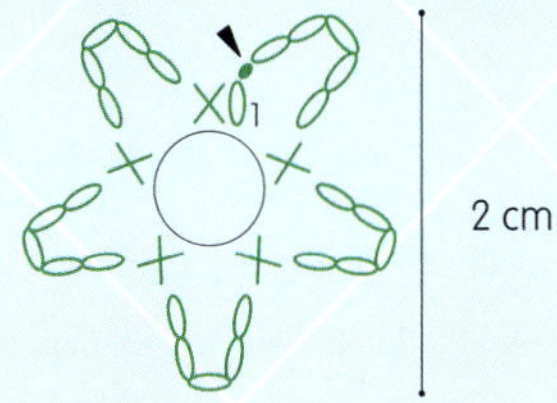


## Blumen

(3-mal häkeln, je 1 in Grün, Blau und Rot/Violett)

Mit der kleineren Nadel einen Fadenring zum Rundhäkeln machen.

**Runde 1 (Vorderseite):** 1 Lm, 1 fM in den Ring häkeln, [5 Lm, 1 fM in den Ring häkeln] 4-mal, 5 Lm; die Rd mit 1 Km in die 1. M beenden. *(5 Blütenblätter)*

Das Garn befestigen und einen langen Faden zum Annähen der Blumen an den Körper stehenlassen.

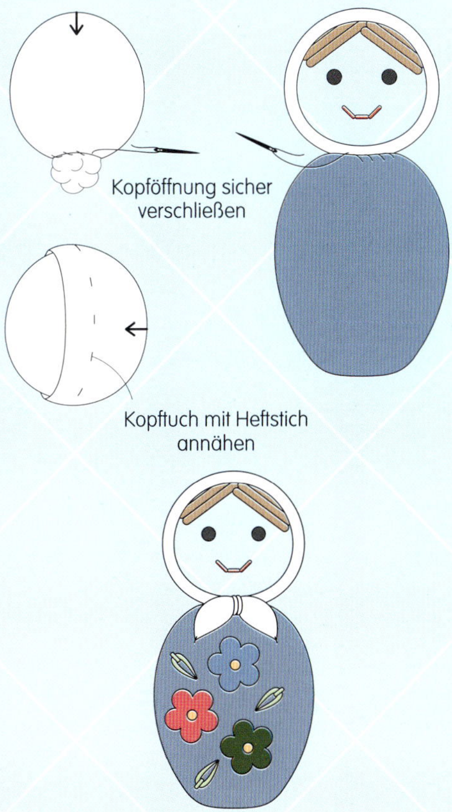


## Die Einzelteile zusammennähen

Füllen Sie den Kopf fest. Führen Sie den Faden durch die Maschen der letzten Runde des Kopfes und ziehen Sie die Öffnung zu. Das Ende vernähen. Mit einem kurzen Stück roten Garns ein Lächeln im Rückstich in der Mitte unter den Augen sticken. Legen Sie das Tuch auf den Kopf. Verwenden Sie einen langen Faden, um es mit dem Heftstich nahe des Saums anzunähen. Mit hellbraunem Garn das Haar in geraden Stichen oben am Kopf ganz nah am Kopftuch aufsticken. Mit dem langen Faden des Körpers den Kopf mit dem Überwendlingsstich am Körper annähen. Den Knoten des Tuchs vorne an das Tuch und die Blumen vorne am Körper annähen. Mit einem kurzen limettengrünen Faden in die Mitte der Blumen einen Französischen Knoten (siehe Seite 58) sticken. Ebenfalls mit Limettengrün Gänseblümchenblätter zwischen die Blumen sticken. Die Enden vernähen.

# Rundes Häuschen

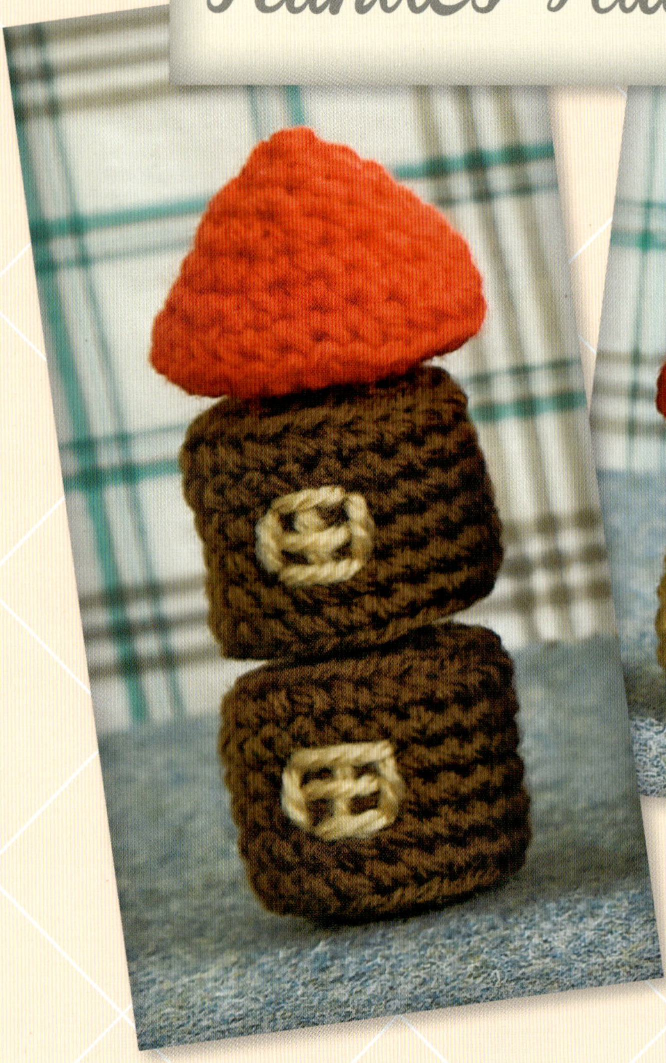

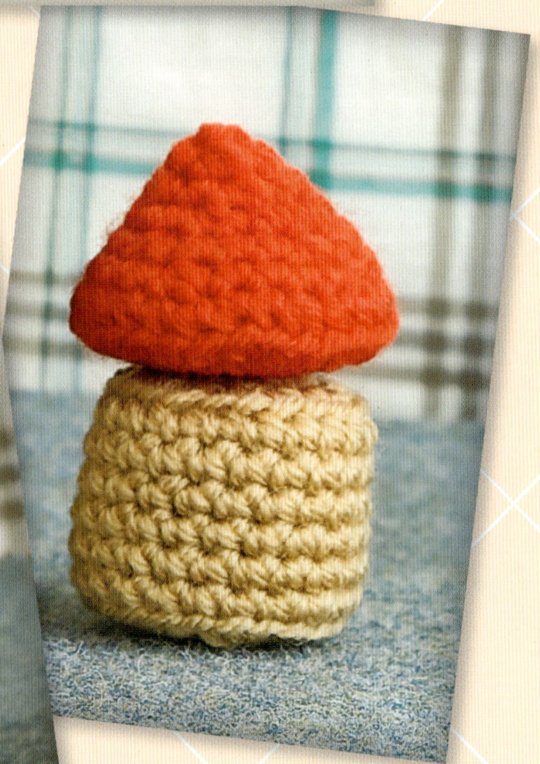

## Material

- Mitteldickes Garn (Acryl) in Hell- oder Dunkelbraun, 11 m (6 g)
- Mitteldickes Garn (Acryl) in Rot 9,5 m (5 g)
- Mitteldickes Garn (Acryl) in Hell- oder Dunkelbraun, kleine Menge
- Kleiner Schwamm als Füllmaterial
- Füllwatte

## Handarbeitszeug

- Häkelnadel, 3,5 mm
- Stick- oder Garnnadel

## Abmessungen

Die fertige Größe beträgt 4 cm im Durchmesser und 6,5 cm in der Höhe.

## Verwendete Maschen

**Häkeln:** Luftmasche (Lm), feste Masche (fM), einfache Abnahme (2 fM zus häkeln), einfache Zunahme (1 fM zun) und Kettmasche (Km). **Nähen:** Überwendlingsstich. (Siehe Seiten 10–17 für detaillierte Anleitungen.)

## Anmerkungen zum Muster

1. Alle Abmessungen sind geschätzt und variieren je nach Spannung und Garnwahl.
2. Ein Haus besteht aus 2 Teilen: Hauptteil und Dach. Am Hauptteil wird eine Stickerei angebracht, um das Haus fertigzustellen.
3. Wenn Sie wollen, können Sie auch mehrere Hauptteile mit einem Dach häkeln. Stapeln Sie die Hauptteile übereinander und setzen Sie das Dach darauf, um ein größeres Haus oder eine Burg zu gestalten.

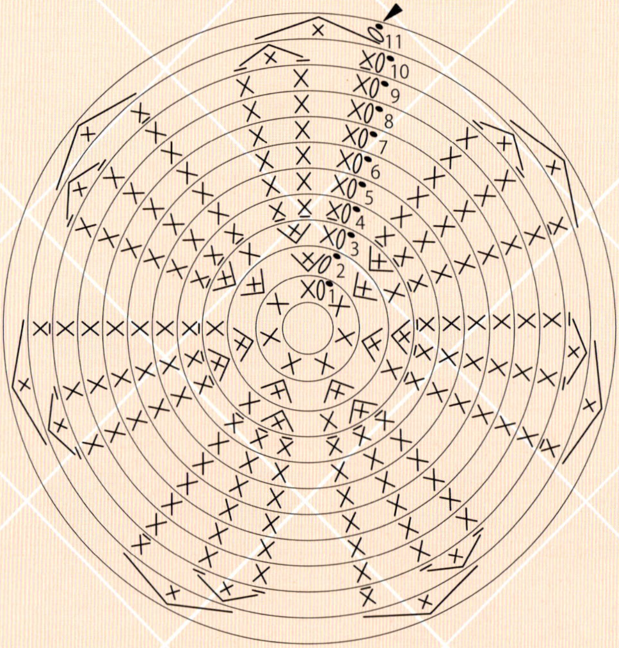

## Hauptteil

Mit dem hell- oder dunkelbraunen Garn einen Fadenring zum Rundhäkeln bilden.

**Runde 1 (Vorderseite):** 1 Lm, 7 fM in den Ring häkeln; die Rd mit 1 Km in die 1. M beenden. *(7 fM)*

**Runde 2:** 1 Lm, 1 fM zun in jeder M; die Rd mit 1 Km in die 1. M beenden. *(14 fM)*

**Runde 3:** 1 Lm, 1 fM in die Verbindungs-M, 1 fM zun in der nächsten M, * 1 fM in die nächste M, 1 fM zun in der nächsten M; ab * bis zum Ende der Rd wiederholen; die Rd mit 1 Km in die 1. M beenden. *(21 fM)*

**Runde 4:** 1 Lm, nur in das hintere Maschenglied häkeln und je 1 fM in jede M häkeln; die Rd mit 1 Km in die 1. M beenden.

**Runde 5–9:** 1 Lm, je 1 fM in jede M häkeln, die Rd mit 1 Km in die 1. M beenden.

Den Schwamm zuschneiden und in den Hauptteil stecken.

**Runde 10:** 1 Lm, nur in das hintere Maschenglied häkeln und 1 fM in die Verbindungs-M, 2 fM zus häkeln, * 1 fM in die nächste M, 2 fM zus häkeln; ab * bis zum Ende der Rd wiederholen; die Rd mit 1 Km in die 1. M beenden. *(14 fM)*

**Runde 11:** 1 Lm, 2 fM zus häkeln bis zum Ende der Rd; die Rd mit 1 Km in die 1. M beenden. *(7 fM)*

Das Garn befestigen und einen langen Faden stehenlassen, um die obere Öffnung zu schließen. Den Faden durch die Maschen der letzten Runde führen und die Öffnung zuziehen. Das Ende vernähen.

# Dach

Mit dem roten Garn einen Fadenring zum Rundhäkeln bilden.

**Runde 1 (Vorderseite):** 1 Lm, 7 fM in den Ring häkeln; die Rd mit 1 Km in die 1. M beenden. *(7 fM)*

**Runde 2:** 1 Lm, 1 fM zun in jeder M; die Rd mit 1 Km in die 1. M beenden. *(14 fM)*

**Runde 3:** 1 Lm, 1 fM in die Verbindungs-M, 1 fM zun in der nächsten M, * 1 fM in die nächste M, 1 fM zun in der nächsten M; ab * bis zum Ende der Rd wiederholen; die Rd mit 1 Km in die 1. M beenden. *(21 fM)*

**Runde 4:** 1 Lm, je 1 fM in die Verbindungs-M und die nächste M, 1 fM zun in der nächsten M, * 1 fM in die nächsten 2 M, 1 fM zun in der nächsten M; ab * bis zum Ende der Rd wiederholen; die Rd mit 1 Km in die 1. M beenden. *(28 fM)*

**Runde 5:** 1 Lm, nur in das hintere Maschenglied häkeln und je 1 fM in die Verbindungs-M und die nächsten 4 M, 2 fM zus häkeln, * je 1 fM in die nächsten 5 M, 2 fM zus häkeln; ab * bis zum Ende der Rd wiederholen; die Rd mit 1 Km in die 1. M beenden. *(24 fM)*

**Runde 6:** 1 Lm, je 1 fM in die Verbindungs-M und in die nächste M, 2 fM zus häkeln, [je 1 fM in die nächsten 4 M, 2 fM zus häkeln] 3-mal, je 1 fM in die letzten 2 M häkeln; die Rd mit 1 Km in die 1. M beenden. *(20 fM)*

**Runde 7:** 1 Lm, je 1 fM in die Verbindungs-M und in die nächsten 2 M, 2 fM zus häkeln, * je 1 fM in die nächsten 3 M, 2 fM zus häkeln; ab * bis zum Ende der Rd wiederholen; die Rd mit 1 Km in die 1. M beenden. *(16 fM)*

**Runde 8:** 1 Lm, je 1 fM in die Verbindungs-M und in die nächsten M, 2 fM zus häkeln, * je 1 fM in die nächsten 2 M, 2 fM zus häkeln; ab * bis zum Ende der Rd wiederholen; die Rd mit 1 Km in die 1. M beenden. *(12 fM)*

Beginnen Sie damit, Ihr Häuschen zu füllen, und fahren Sie damit im Verlauf der Arbeit fort.

**Runde 9:** 1 Lm, 1 fM in die Verbindungs-M, 2 fM zus häkeln, * 1 fM in die nächste M, 2 fM zus häkeln; ab * bis zum Ende der Rd wiederholen; die Rd mit 1 Km in die 1. M beenden. *(8 fM)*

**Runde 10:** 1 Lm, 2 fM zus häkeln bis zum Ende der Rd; die Rd mit 1 Km in die 1. M beenden. *(4 fM)*

Das Garn befestigen und einen langen Faden stehenlassen, um die obere Öffnung zu schließen. Den Faden durch die Maschen der letzten Runde führen und die Öffnung zuziehen. Das Ende vernähen.

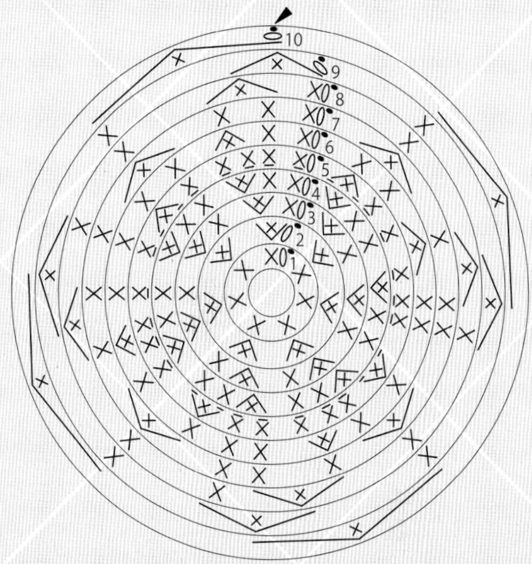

# Die Einzelteile zusammennähen

Mit einem kurzen Stück hellbraunen oder dunkelbraunen Garns im Geradstich Fenster an die Seite(n) des Hauses nähen (s. Foto) und die Enden vernähen.

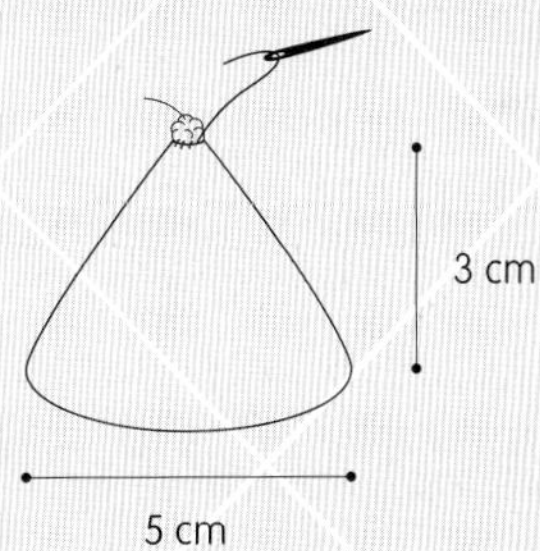


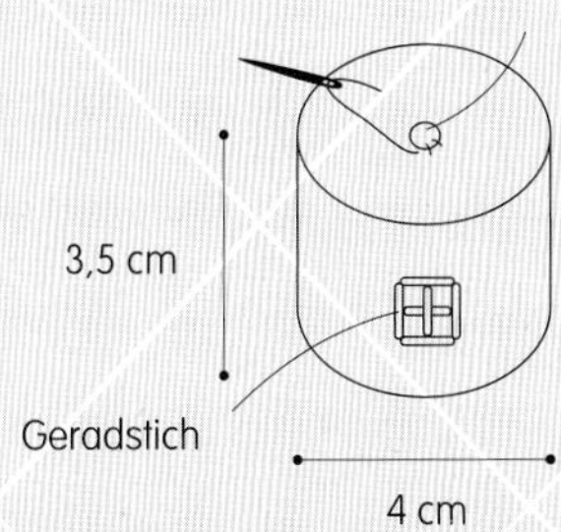

# Quadratisches Häuschen

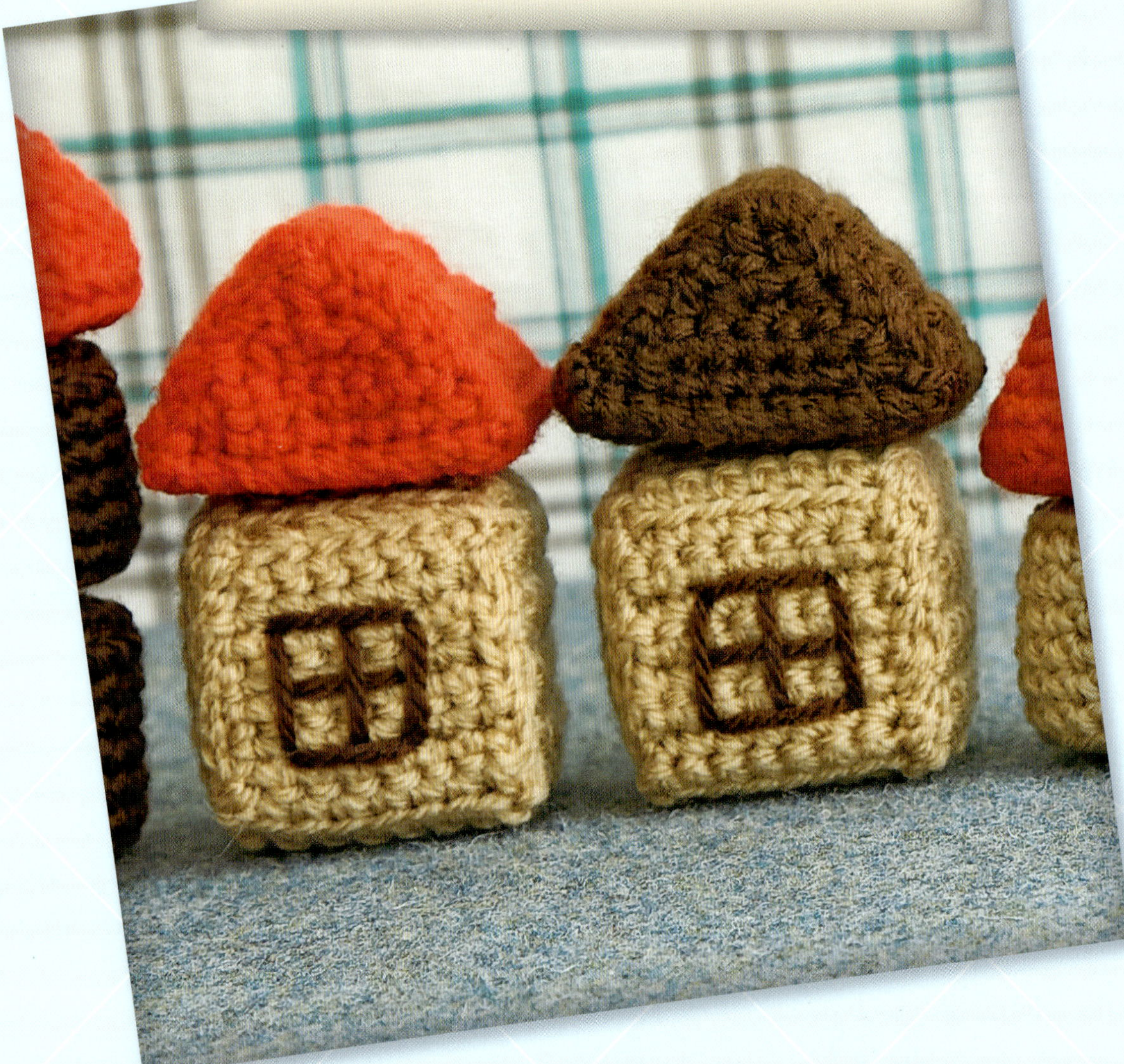

## Material

- Mitteldickes Garn (Acryl) in Hellbraun, 21 m (12 g)
- Mitteldickes Garn (Acryl) in Dunkelbraun oder Rot 18,5 m (10 g)
- Mitteldickes Garn (Acryl) in Dunkelbraun, kleine Menge
- Kleiner Schwamm als Füllmaterial
- Füllwatte

## Handarbeitszeug

- Häkelnadel, 3,5 mm
- Stick- oder Garnnadel

## Abmessungen

Die fertige Größe beträgt 5 x 5 x 9 cm.

## Verwendete Maschen

**Häkeln:** Luftmasche (Lm), feste Masche (fM), einfache Abnahme (2 fM zus häkeln).
**Nähen:** Überwendlingsstich. (Siehe Seiten 10–17 für detaillierte Anleitungen.)

## Anmerkungen zum Muster

1. Alle Abmessungen sind geschätzt und variieren je nach Spannung und Garnwahl.
2. Ein Haus besteht aus 6 Teilen: Hauptteil, 2 Seitenteile, Dachsattel und 2 Giebel. Alle Teile werden zusammengenäht und das Haus wird zur Fertigstellung mit einer Stickerei versehen.
3. Wenn Sie wollen, können Sie auch mehrere Häuser mit nur einem Dach häkeln. Stapeln Sie die Hauptteile übereinander und setzen Sie das Dach darauf, um ein größeres Haus oder eine Burg zu gestalten.

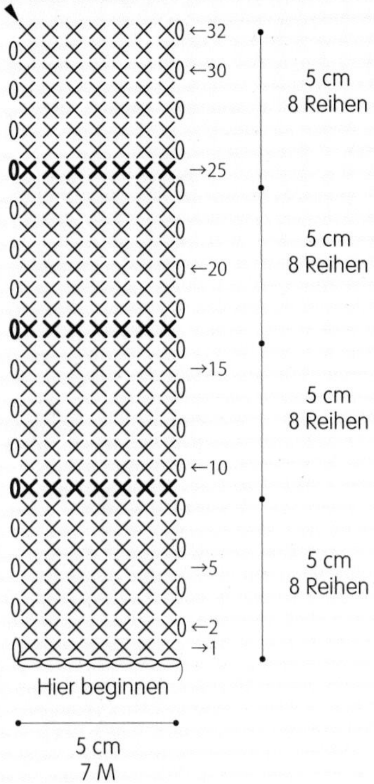


## Hauptteil

Mit dem hellbraunen Garn 8 Lm häkeln.

**Reihe 1 (Rückseite):** 1 Lm, je 1 fM in die 2. Lm von der Nadel und in die restl Lm häkeln. *(7 fM)*

**Reihe 2–8:** 1 Lm, wenden, je 1 fM in jede M häkeln.

**Reihe 9:** 1 Lm, wenden, nur in die vorderen Maschenglieder häkeln, je 1 fM in jede M häkeln.

**Reihe 10–16:** 1 Lm, wenden, je 1 fM in jede M häkeln.

**Reihe 17:** 1 Lm, wenden, nur in die vorderen Maschenglieder häkeln, je 1 fM in jede M häkeln.

**Reihe 18–24:** 1 Lm, wenden, je 1 fM in jede M häkeln.

**Reihe 25:** 1 Lm, wenden, nur in die vorderen Maschenglieder häkeln, je 1 fM in jede M häkeln.

**Reihe 26–32:** 1 Lm, wenden, je 1 fM in jede M häkeln.

Das Garn befestigen und einen langen Faden zum Zusammennähen der Ränder der 1. und der letzten Reihe stehenlassen.

## Seitenteil

(2-mal häkeln)

Mit dem hellbraunen Garn 8 Lm häkeln.

**Reihe 1 (Rückseite):** 1 Lm, je 1 fM in die 2. Lm von der Nadel und in die restl Lm häkeln. *(7 fM)*

**Reihe 2–8:** 1 Lm, wenden, je 1 fM in jede M häkeln.

Das Garn befestigen und einen langen Faden zum Annähen an den Hauptteil stehenlassen.

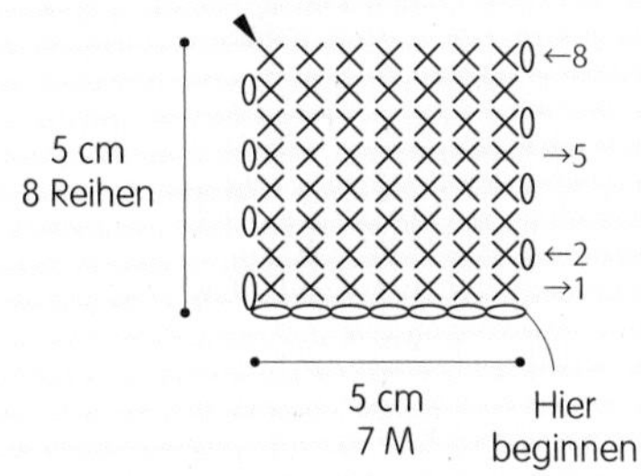


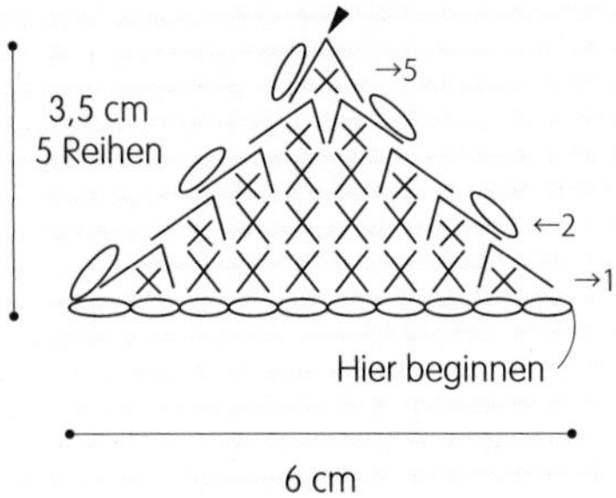


## Giebel

(2-mal häkeln)

Mit dem roten oder dem dunkelbraunen Garn 11 Lm häkeln.

**Reihe 1 (Rückseite):** Mit der 2. Lm von der Nadel beginnen, 2 fM zus häkeln, je 1 fM in die nächsten 6 Lm, 2 fM zus häkeln. *(8 fM)*

**Reihe 2:** 1 Lm, wenden, 2 fM zus häkeln, je 1 fM in die nächsten 4 M, 2 fM zus häkeln. *(6 fM)*

**Reihe 3:** 1 Lm, wenden, 2 fM zus häkeln, je 1 fM in die nächsten 2 M, 2 fM zus häkeln. *(4 fM)*

**Reihe 4:** 1 Lm, wenden, [2 fM zus häkeln] 2-mal. *(2 fM)*

**Reihe 5:** 1 Lm, wenden, 2 fM zus häkeln. *(1 fM)*

Das Garn befestigen und einen langen Faden zum Annähen an den Dachsattel stehenlassen.

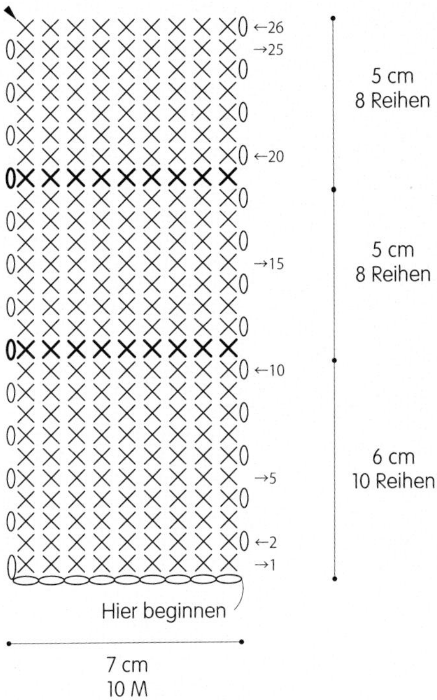


## Dachsattel

Mit dem roten oder dem dunkelbraunen Garn 10 Lm häkeln.

**Reihe 1 (Rückseite):** Je 1 fM in die 2. Lm von der Nadel und in die restl Lm häkeln. *(9 fM)*

**Reihe 2–10:** 1 Lm, wenden, je 1 fM in jede M häkeln.

**Reihe 11:** 1 Lm, wenden, nur in die vorderen Maschenglieder häkeln, je 1 fM in jede M häkeln.

**Reihe 12–18:** 1 Lm, wenden, je 1 fM in jede M häkeln.

**Reihe 19:** 1 Lm, wenden, nur in die vorderen Maschenglieder häkeln, je 1 fM in jede M häkeln.

**Reihe 20–26:** 1 Lm, wenden, je 1 fM in jede M häkeln.

Das Garn befestigen und einen langen Faden zum Zusammennähen der Ränder der 1. und der letzten Reihe stehenlassen.

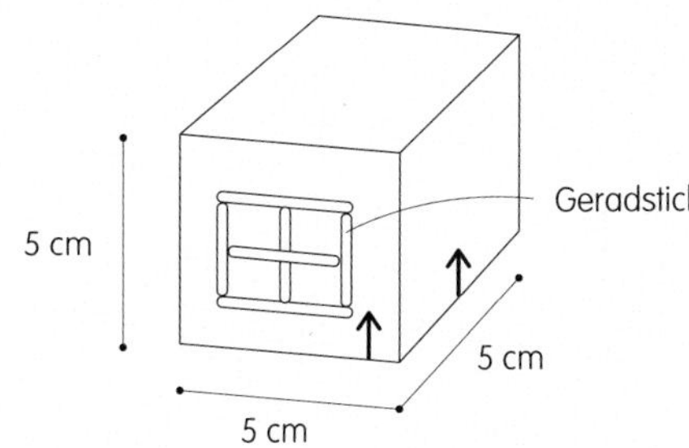


## Die Einzelteile zusammennähen

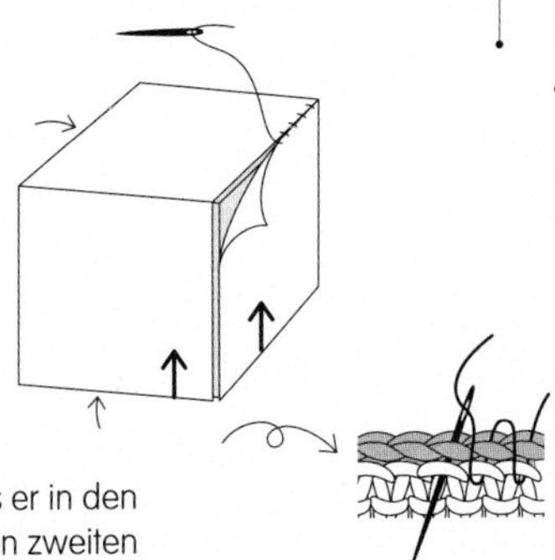

Die erste und letzte Reihe des Hauptteils zusammennähen und nur durch eine Schlinge der Maschen an jedem Rand stechen. Einen Seitenteil im Überwendlingsstich an ein Ende des Hauptteils nähen. Den Schwamm zuschneiden, sodass er in den Hauptteil hineinpasst, und hineinstecken. Den zweiten Seitenteil an das noch offene Ende des Hauptteils annähen. Die erste und die letzte Reihe des Dachsattels mit dem Überwendlingsstich zusammennähen und dabei nur durch 1 Schlinge der Maschen an jedem Rand stechen. Einen Giebel an ein Ende des Dachsattels nähen. Das Dach fest füllen und den verbleibenden Giebel an das noch offene Ende des Dachsattels nähen. Mit einem kurzen Stück dunkelbraunen Garns am Foto orientieren und im Geradstich Fenster an die Seite(n) des Hauses sticken (s. Foto). Die Enden vernähen.

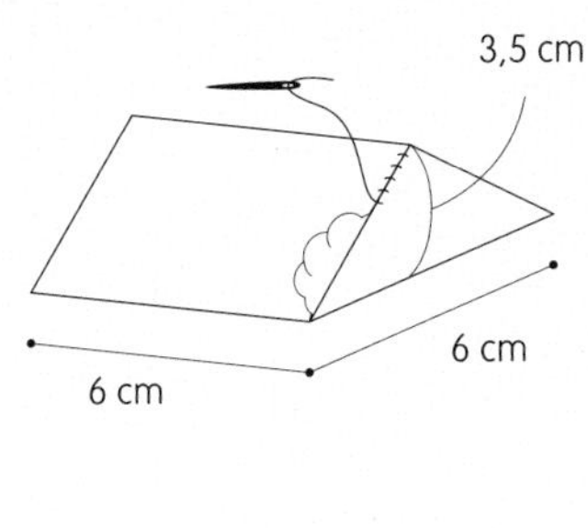

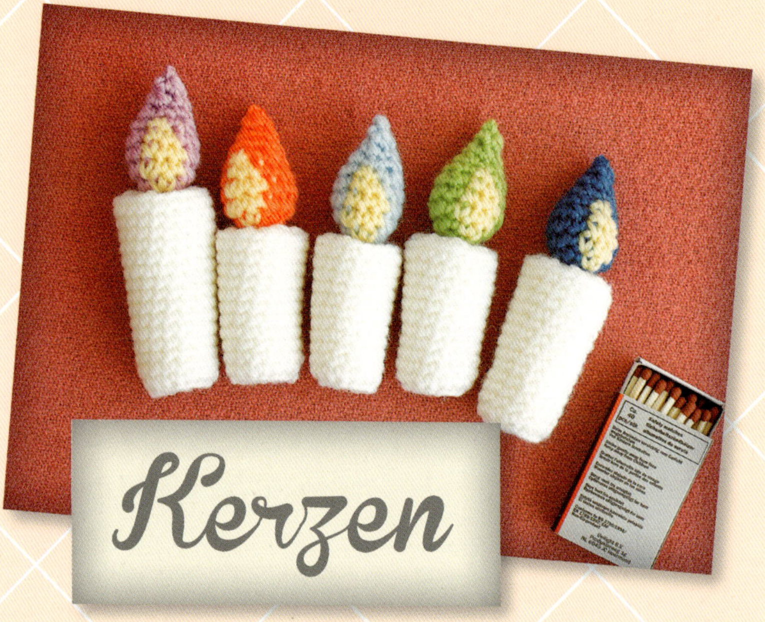


## Handarbeitszeug

- Häkelnadel, 3,5 mm
- Stick- oder Garnnadel

## Abmessungen

Die fertige Größe der kleinen Kerze beträgt 2,5 cm x 9,5 cm.

Die fertige Größe der mittleren Kerze beträgt 2,5 cm x 10 cm.

Die fertige Größe der großen Kerze beträgt 2,5 cm x 10,5 cm.

## Verwendete Maschen

**Häkeln:** Luftmasche (Lm), feste Masche (fM), einfache Abnahme (2 fM zus häkeln), einfache Zunahme (1 fM zun) und Kettmasche (Km). (Siehe Seiten 10–17 für detaillierte Anleitungen.)

## Material

**Für die kleine Kerze**

- Mitteldickes Garn (Gemisch aus Wolle und Acryl) in Weiß, 13 m (5 g)
- Mitteldickes Garn (Gemisch aus Wolle und Acryl) in Blau, Orange oder Limettengrün, 5,5 m (2 g)

**Für die mittlere Kerze**

- Mitteldickes Garn (Gemisch aus Wolle und Acryl) in Weiß, 15 m (6 g)
- Mitteldickes Garn (Gemisch aus Wolle und Acryl) in Blau, 5,5 m (2 g)

**Für die große Kerze**

- Mitteldickes Garn (Gemisch aus Wolle und Acryl) in Weiß, 17,5 m (7 g)
- Mitteldickes Garn (Gemisch aus Wolle und Acryl) in Violett, 5,5 m (2 g)

**Für jede Kerze**

- Mitteldickes Garn (Acryl) in Hellgelb, 3 m (1 g)
- Füllwatte

## Anmerkungen zum Muster

1. Alle Abmessungen sind geschätzt und variieren je nach Spannung und Garnwahl.
2. Um die Farbe zu wechseln, erst die letzte Masche in der alten Farbe bis zum letzten Umschlag häkeln. Umschlag mit der neuen Farbe, diese dann durch alle Schlingen auf der Nadel ziehen und die Masche fertighäkeln. Mit dem neuen Garn fortfahren und das alte Garn dorthin führen, wo es als nächstes benötigt wird. Orientieren Sie sich dabei am Diagramm für die Flamme.
3. Eine Kerze besteht aus 2 Teilen: Kerze und Flamme. Die Teile werden zusammengenäht, um die Kerze fertigzustellen.

# Große Kerze

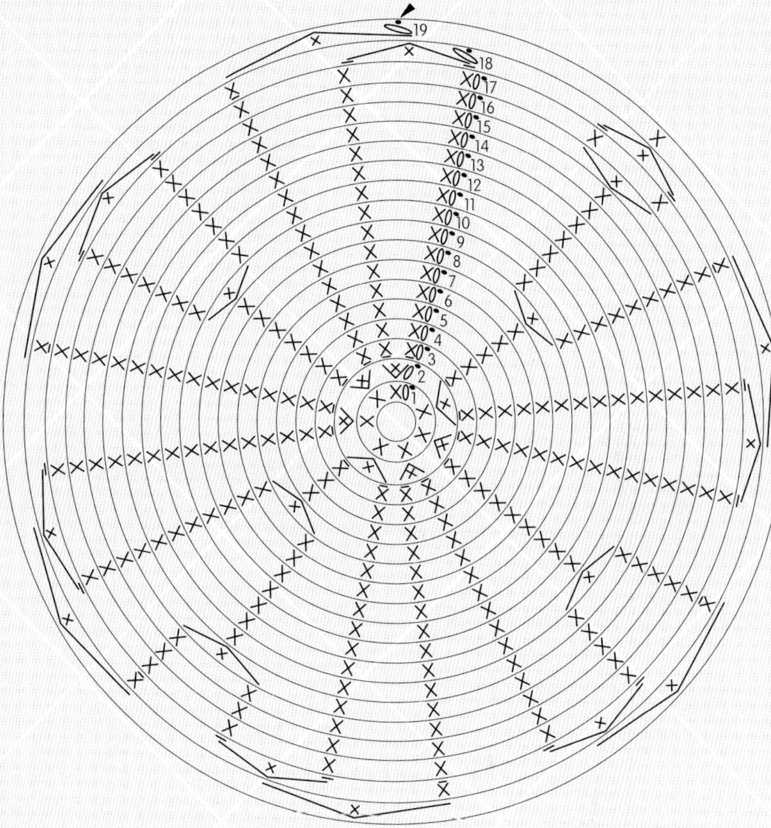


Mit dem weißen Garn einen Fadenring zum Rundhäkeln bilden.

**Runde 1 (Vorderseite):** 1 Lm, 7 fM in den Ring häkeln; die Rd mit 1 Km in die 1. M beenden. *(7 fM)*

**Runde 2:** 1 Lm, 1 fM zun in jeder M; die Rd mit 1 Km in die 1. M beenden. *(14 fM)*

**Runde 3:** 1 Lm, nur in das hintere Maschenglied häkeln und je 1 fM in jede M häkeln; die Rd mit 1 Km in die 1. M beenden.

**Runde 4 und 5:** 1 Lm, je 1 fM in jede M häkeln, die Rd mit 1 Km in die 1. M beenden.

**Runde 6**: 1 Lm, je 1 fM in die Verbindungs-M und in die nächsten 5 M, 1 fM zun in der nächsten M, je 1 fM in die nächsten 7 M häkeln; die Rd mit 1 Km in die 1. M beenden. *(15 fM)*

**Runde 7:** 1 Lm, je 1 fM in jede M häkeln, die Rd mit 1 Km in die 1. M beenden.

**Runde 8:** 1 Lm, je 1 fM in die Verbindungs-M und in die nächsten 13 M, 1 fM zun in der letzten M; die Rd mit 1 Km in die 1. M beenden. *(16 fM)*

**Runde 9:** 1 Lm, je 1 fM in jede M häkeln, die Rd mit 1 Km in die 1. M beenden.

**Runde 10:** 1 Lm, je 1 fM in die Verbindungs-M und in die nächsten 2 M, 1 fM zun in der nächsten M, je 1 fM in die restl M häkeln; die Rd mit 1 Km in die 1. M beenden. *(17 fM)*

**Runde 11:** 1 Lm, je 1 fM in jede M häkeln, die Rd mit 1 Km in die 1. M beenden.

**Runde 12:** 1 Lm, je 1 fM in die Verbindungs-M und in die nächsten 11 M, 1 fM zun in der nächsten M, je 1 fM in die restl M häkeln; die Rd mit 1 Km in die 1. M beenden. *(18 fM)*

**Runde 13:** 1 Lm, je 1 fM in jede M häkeln, die Rd mit 1 Km in die 1. M beenden.

**Runde 14:** 1 Lm, je 1 fM in die Verbindungs-M und in die nächsten 7 M, 1 fM zun in der nächsten M, je 1 fM in die restl M häkeln; die Rd mit 1 Km in die 1. M beenden. *(19 fM)*

**Runde 15:** 1 Lm, je 1 fM in jede M häkeln, die Rd mit 1 Km in die 1. M beenden.

**Runde 16:** 1 Lm, je 1 fM in die Verbindungs-M und in die nächsten 17 M, 1 fM zun in der letzten M; die Rd mit 1 Km in die 1. M beenden. *(20 fM)*

## Große Kerze, Fortsetzung

**Runde 17:** 1 Lm, je 1 fM in jede M häkeln, die Rd mit 1 Km in die 1. M beenden.

Während des Häkelns damit beginnen, die Arbeit sukzessive zu füllen.

**Runde 18:** 1 Lm, nur ins hintere Maschenglied häkeln und mit der Verbindungs-M beginnen; 2 fM zus häkeln, * 1 fM in die nächste M, 2 fM zus häkeln; ab * wiederholen; die Rd mit 1 Km beenden. *(13 fM)*

**Runde 19:** 1 Lm, mit der Verbindungs-M beginnen und [2 fM zus häkeln] 6-mal, 1 fM in die letzte M häkeln; die Rd mit 1 Km beenden. *(7 fM)*

Das Garn befestigen und einen langen Faden zum Schließen der oberen Öffnung und zum Formen der Kerze stehenlassen.

## Mittlere Kerze

Mit dem weißen Garn einen Fadenring zum Rundhäkeln bilden.

**Runde 1–15:** Folgen Sie der Anleitung für die Rd 1–15 der großen Kerze. *(19 fM)*

**Runde 16:** 1 Lm, nur ins hintere Maschenglied häkeln und 1 fM in die Verbindungs-M; 2 fM zus häkeln, [1 fM in die nächste M, 2 fM zus häkeln] 5-mal, 1 fM in die letzte M häkeln; die Rd mit 1 Km beenden. *(13 fM)*

**Runde 17:** Folgen Sie der Anleitung für Rd 19 der großen Kerze. *(7 fM)*

Das Garn befestigen und einen langen Faden zum Schließen der oberen Öffnung und zum Formen der Kerze stehenlassen.

## Kleine Kerze

Mit dem weißen Garn einen Fadenring zum Rundhäkeln bilden.

**Runde 1–13:** Folgen Sie der Anleitung für die Rd 1–13 der großen Kerze. *(18 fM)*

**Runde 14:** 1 Lm, nur ins hintere Maschenglied häkeln und 1 fM in die Verbindungs-M; 2 fM zus häkeln, [1 fM in die nächste M, 2 fM zus häkeln] 5-mal; die Rd mit 1 Km beenden. *(12 fM)*

**Runde 15:** 1 Lm, mit der Verbindungs-M beginnen und immer 2 fM zus häkeln; die Rd mit 1 Km beenden. *(6 fM)*

Das Garn befestigen und einen langen Faden zum Schließen der oberen Öffnung und zum Formen der Kerze stehenlassen.

## Flamme

In der Farbe der Flamme einen Fadenring zum Rundhäkeln bilden.

**Runde 1 (Vorderseite):** 1 Lm, 5 fM in den Ring häkeln; die Rd mit 1 Km in die 1. M beenden. *(5 fM)*

**Runde 2:** 1 Lm, je 1 fM zun in der Verbindungs-M und in der nächsten M; mit Hellgelb 1 fM zun in der nächstem M; mit der Farbe der Flamme je 1 fM zun in den letzten 2 M; die Rd mit 1 Km in die 1. M beenden. *(10 fM)*

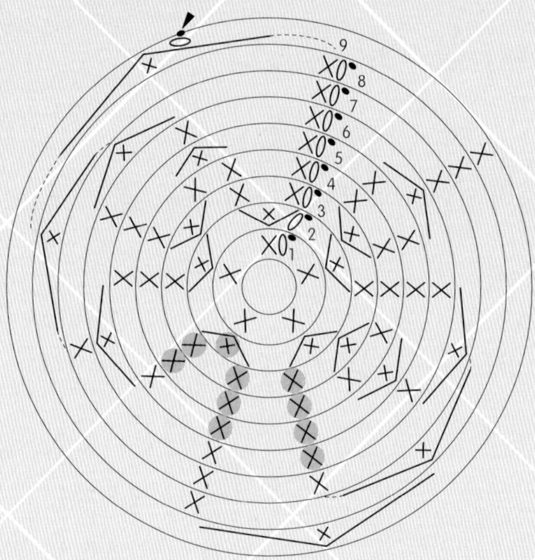

**Runde 3:** Mit der Farbe der Flamme 1 Lm, je 1 fM in die Verbindungs-M und die nächste M, 1 fM zun in der nächsten M, 1 fM in die nächste M; mit Hellgelb je 1 fM in die nächsten 3 M; mit der Farbe der Flamme 1 fM zun in der nächsten M, 1 fM in die nächste M, 1 fM zun in der letzten M; die Rd mit 1 Km in die 1. M beenden. *(13 fM)*

**Runde 4:** Mit der Farbe der Flamme 1 Lm, je 1 fM in die Verbindungs-M und in die nächsten 4 M; mit Hellgelb je 1 fM in die nächsten 3 M; mit der Farbe der Flamme je 1 fM in die letzten 5 M; die Rd mit 1 Km in die 1. M beenden.

**Runde 5:** Mit der Farbe der Flamme 1 Lm, 1 fM in die Verbindungs-M häkeln, 2 fM zus häkeln, je 1 fM in die nächsten 3 M; mit Hellgelb je 1 fM in die nächsten 2 M; mit der Farbe der Flamme 2 fM zus häkeln, je 1 fM in die letzten 3 M; die Rd mit 1 Km in die 1. M beenden. *(11 fM)*

**Runde 6:** Mit der Farbe der Flamme 1 Lm, je 1 fM in die Verbindungs-M und in die nächsten 2 M häkeln, 2 fM zus häkeln, 1 fM in die nächste M; mit Hellgelb 1 fM in die nächste M häkeln; mit der Farbe der Flamme je 1 fM in die nächsten 2 M, 2 fM zus häkeln; die Rd mit 1 Km in die 1. M beenden. *(9 fM)*

Das hellgelbe Garn abschneiden und die verbleibenden Runden nur in der Farbe der Flamme häkeln. Während des Häkelns damit beginnen, die Arbeit sukzessive zu füllen.

**Runde 7:** 1 Lm, 1 fM in die Verbindungs-M, 2 fM zus häkeln, je 1 fM in die nächsten 3 M, 2 fM zus häkeln, 1 fM in die letzte M; die Rd mit 1 Km in die 1. M beenden. *(7 fM)*

**Runde 8:** 1 Lm, 1 fM in die Verbindungs-M, 2 fM zus häkeln, 1 fM in die nächste M, 2 fM zus häkeln, 1 fM in die letzte M; die Rd mit 1 Km in die 1. M beenden. *(5 fM)*

**Runde 9:** 1 Lm, mit der Verbindungs-M beginnen, [2 fM zus häkeln] 2-mal, 1 fM in die letzte M; die Rd mit 1 Km in die 1. M beenden. *(3 fM)*

Das Garn befestigen und einen langen Faden stehenlassen, um die obere Öffnung zu schließen.

## Die Einzelteile zusammennähen

Bringen Sie den Faden durch die Maschen der letzten Runde der Flamme und ziehen Sie die Öffnung zu. Das Ende vernähen, dann den Faden der Kerze durch die Maschen der letzten Runde der Kerze führen und die Öffnung zuziehen. Das Garn durch die Mitte der Kerze erst nach unten und dann wieder nach oben bringen, um eine Vertiefung zu erhalten. Verwenden Sie das restliche Garn der Kerze, um die Flamme darauf anzunähen, und vernähen Sie die Enden.

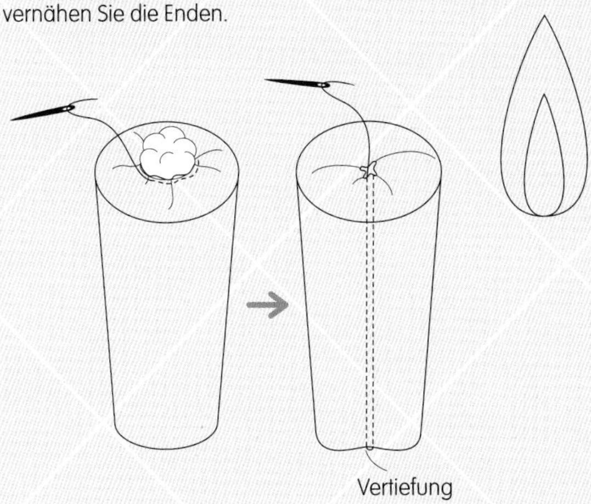


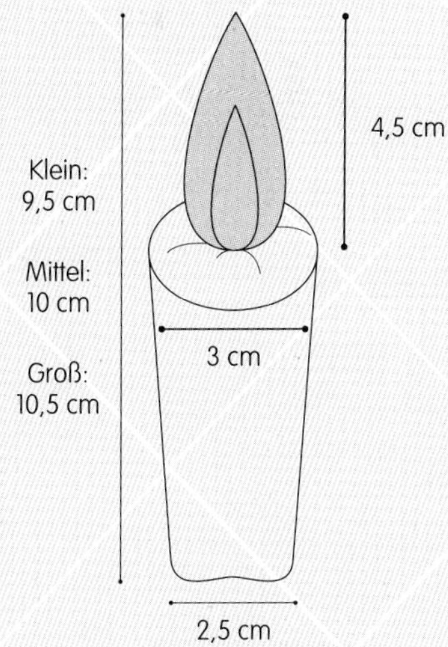

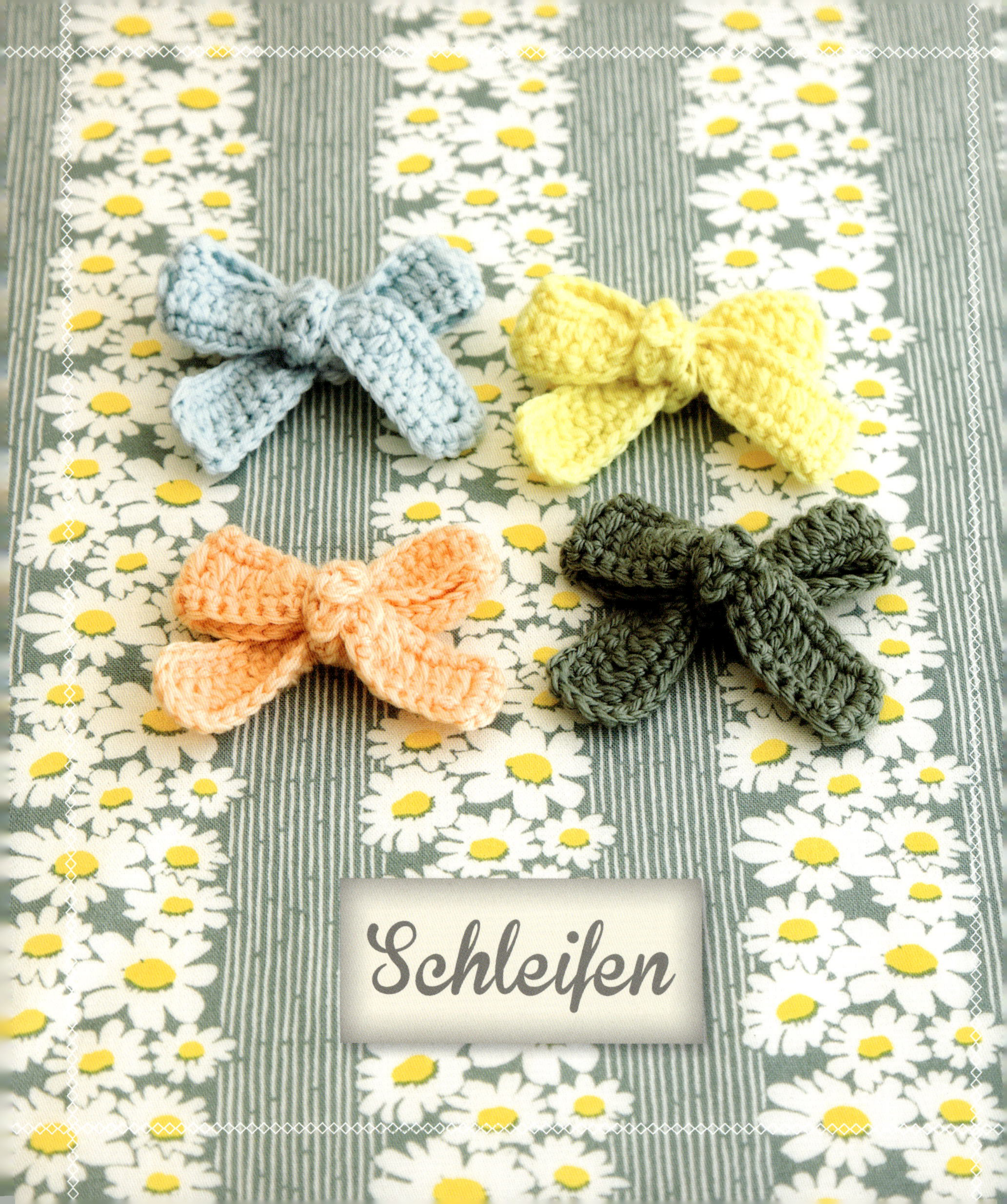
Schleifen

## Material

- Mitteldickes Garn (Gemisch aus Wolle und Acryl) in Rosa, Dunkelgrün, Blassblau oder Gelb, je 14 m (8 g)

## Handarbeitszeug

- Häkelnadel, 3,25 mm
- Stick- oder Garnnadel

## Abmessungen

Die fertige Größe beträgt 5,5 cm x 4 cm, wenn das Stück zu einer Schleife gebunden ist.

## Verwendete Maschen

**Häkeln:** Luftmasche (Lm), Stäbchen (Stb), feste Masche (fM) und Kettmasche (Km). (Siehe Seiten 10–17 für detailliertere Anleitungen.)

## Anmerkungen zum Muster

Alle Abmessungen sind geschätzt und variieren je nach Spannung und Garnwahl.

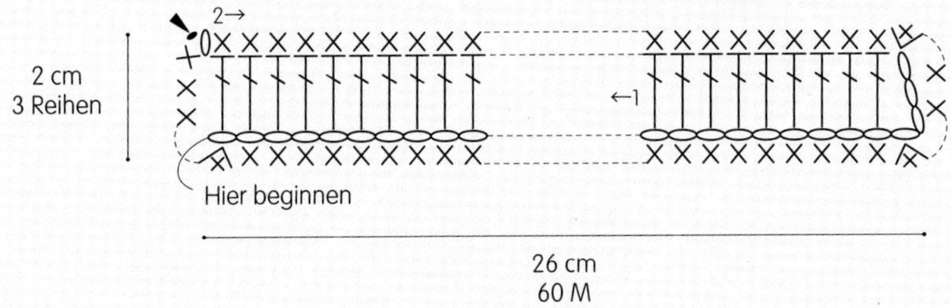


## Schleife

Mit der Farbe Ihrer Wahl 63 Lm häkeln.

**Reihe 1:** Je 1 Stb in die 5. Lm von der Nadel und in jede weitere Lm häkeln.

**Reihe 2:** 1 Lm, wenden, je 1 fM in jedes Stb häkeln, 1 fM zun in der 1. Lm; nicht wenden, sondern weiter entlang des äußeren Randes von R 1 häkeln, je 1 fM in die nächsten 2 Lm, 1 fM zun in der nächsten Lm, je 1 fM in jede Lm entlang der Unterkante häkeln, 1 fM zun in der letzten Lm, 3 fM in die seitliche Kante häkeln; die Reihe mit 1 Km in die Anfangs-Lm beenden.

Das Garn befestigen.

## Fertigstellung

Alle Enden vernähen, das Werkstück zu einer Schleife binden und zur gewünschten Form zurechtziehen.

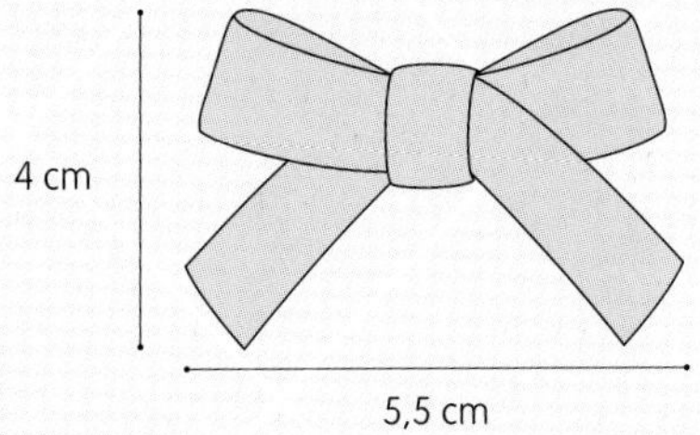

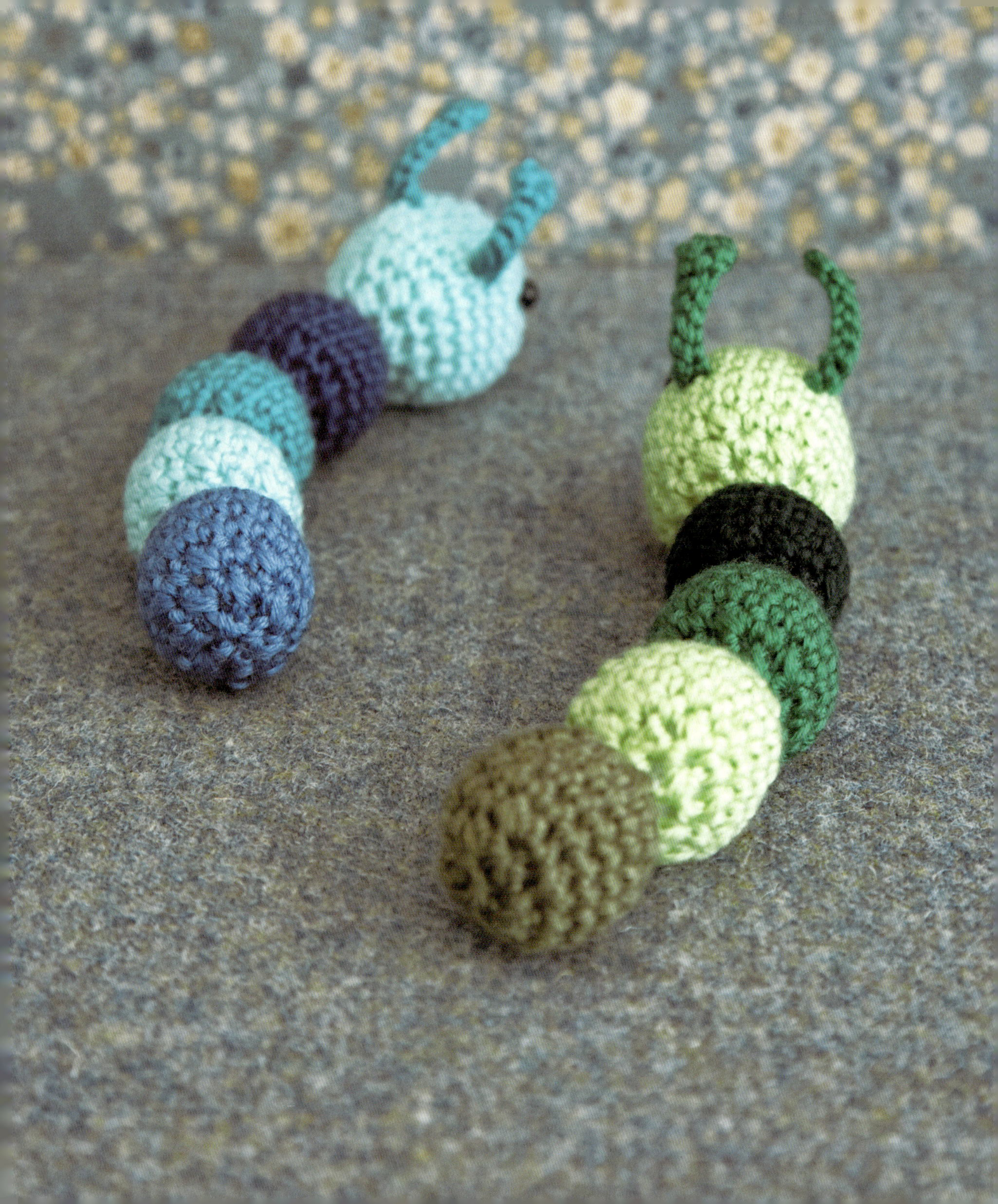

# Abkürzungen

Hier ist eine kleine Übersicht über alle Abkürzungen, die in diesem Buch verwendet wurden.

| | |
|---|---|
| **(), []** | Anleitung so oft, wie angegeben, häkeln |
| **1 fM zun** | 1 feste Masche zunehmen (einfache Zunahme) |
| **2 fM zun** | 2 feste Maschen aus 1 Masche zunehmen (doppelte Zunahme) |
| **2 fM zus häkeln** | 2 feste Maschen zusammenhäkeln (einfache Abnahme) |
| **2 Stb zus häkeln** | 2 Stäbchen zusammenhäkeln (Abnahme) |
| **3 fM zus häkeln** | 3 feste Maschen zusammenhäkeln (doppelte Abnahme) |
| **3 Stb zus häkeln** | 3 Stäbchen zusammenhäkeln (Abnahme) |
| **ausl** | auslassen |
| **Bm 2 Stb** | Büschelmasche aus 2 Stäbchen |
| **Bm 3 Stb** | Büschelmasche aus 3 Stäbchen |
| **cm** | Zentimeter |
| **DStb** | Doppelstäbchen |
| **fM** | feste Masche |
| **g** | Gramm |
| **hStb** | halbes Stäbchen |
| **Km** | Kettmasche |
| **Lm** | Luftmaschen |
| **M** | Masche, Maschen |
| **m** | Meter |
| **mm** | Millimeter |
| **Stb** | Stäbchen |
| **U** | Umschlag |
| **Wm** | Wendeluftmasche |
| **zun** | zunehmen |

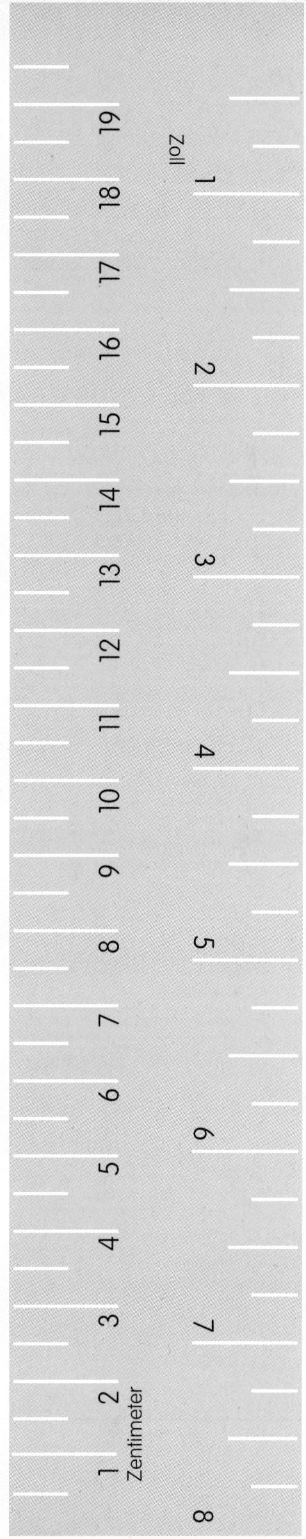

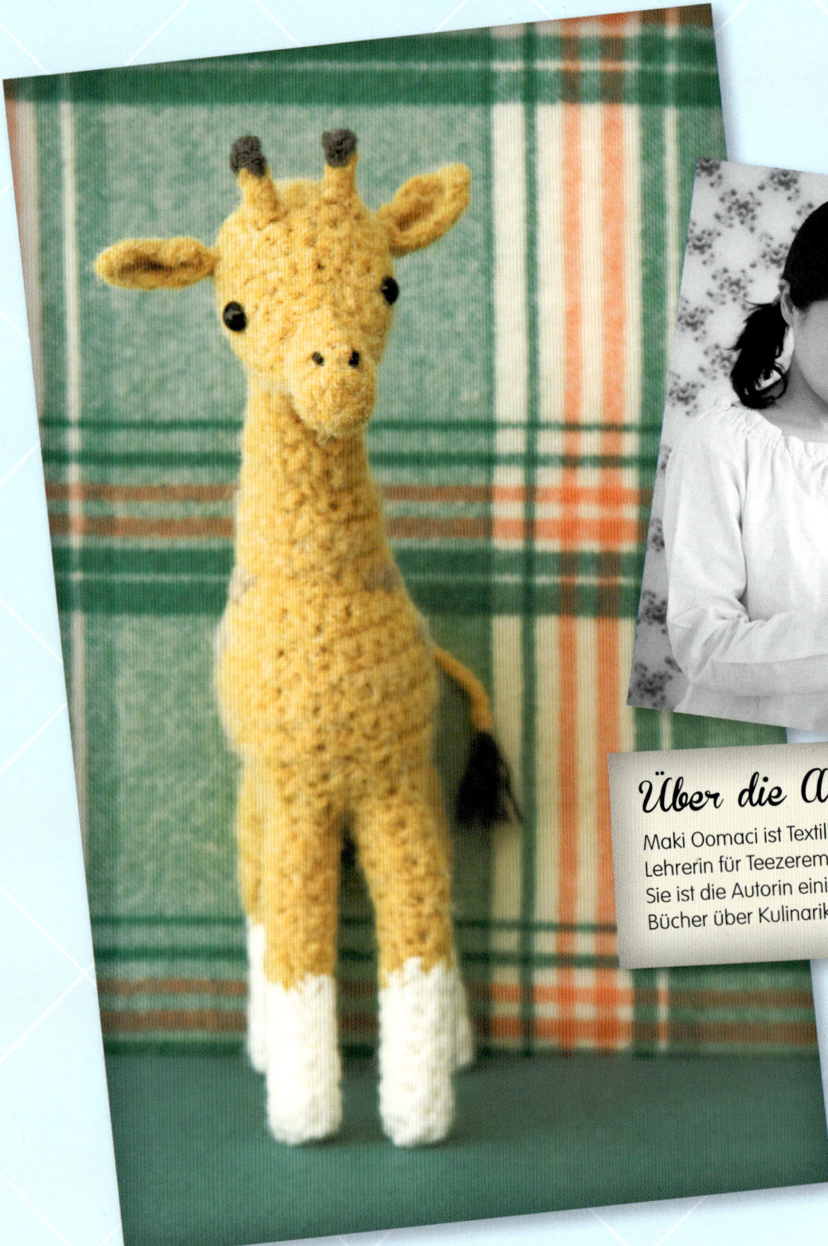

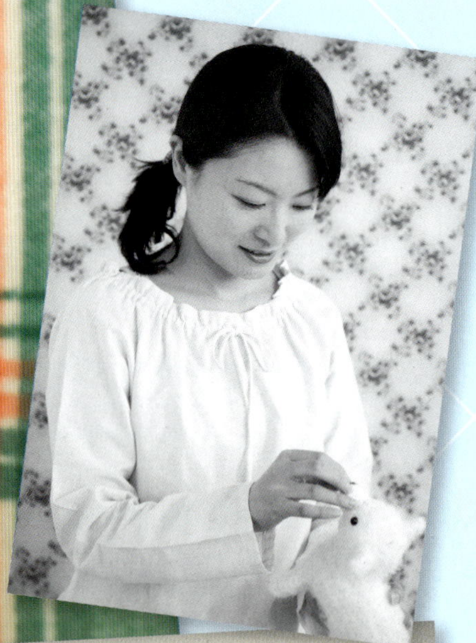

## Über die Autorin

Maki Oomaci ist Textilkünstlerin und Lehrerin für Teezeremonien in Japan. Sie ist die Autorin einiger japanischer Bücher über Kulinarik und Handarbeiten.